این است

کتاب مقدس

خلاصه‌ای از کتاب مقدس و کتاب‌های آن

دیوید پیرس

This is the Bible

A summary of the Bible and its books

David Pearce

فهرست مطالب

سرآمد کتاب‌ها

آیا می‌دانید کتاب مقدس، قدیمی‌ترین کتاب جهان است؟ نخستین بخش آن، که پیدایش یا کتاب سرآغازها نامیده می‌شود، حداقل به ۲۰۰۰ سال قبل از میلاد بازمی‌گردد که نشان می‌دهد قدمت این کتاب از قرآن و یا نوشته‌های کنفوسیوس بیشتر است. همچنین این کتاب با فروش دو و نیم میلیارد نسخه از سال ۱۸۱۵ پرفروش‌ترین کتاب جهان است، که از

پیدایش باب ۱ به زبان عبری

جدیدترین رمان‌ها نیز پیشی گرفته است. این کتاب به بیش از ۲۲۰۰ زبان و گویش ترجمه شده است. بنابراین اگر تاکنون فرصت نکرده‌اید به آن نگاهی بیاندازید، شاید اکنون شایسته توجه شما باشد.

در واقع، کتاب مقدس تنها یک کتاب نیست. مجموعه‌ای از ۶۶ کتاب است که در طول قرن‌ها توسط ۳۶ فرد مختلف که در فرهنگ‌ها و جوامع مختلف زندگی می‌کرده‌اند، نوشته شده است. کتاب مقدس به طور کلی به دو بخش تقسیم می‌شود. **عهد عتیق** که قبل از زمان عیسی مسیح نوشته شده است، و **عهد جدید** که متعلق به نیمه آخر قرن اول میلادی است. "عهد"، یک کلمه قدیمی به معنای "وعده" و "پیمان" است. عهد عتیق متعلق به قوم اسرائیل بود. خدا به آنها وعده داد که اگر از دستورات او اطاعت کنند، می‌توانند قوم خاص او باشند. متأسفانه آنها نتوانستند این کار را انجام دهند، و بنابراین او پیمان جدیدی بنا نهاد، که در زمان عیسی گسترش یافت و غیر یهودیان را نیز در بر گرفت. با این حال، این بدان معنا نیست که اکنون می‌توان عهد عتیق را نادیده گرفت. زیرا شامل بسیاری از آموزه‌ها و دستورالعمل‌های ارزشمند است که کاربردی فراگیر دارند. در واقع، عهد جدید مملو از نقل قول‌ها و ارجاعات به عهد عتیق است.

چگونه چنین کتاب کهنی حفظ شد و به بسیاری از زبان‌ها ترجمه شد؟ این خود، داستانی جذاب است. کتاب‌های عهد عتیق در اصل به زبان عبری، یعنی زبان قوم یهود نوشته شده‌اند. آنها به عنوان بزرگترین ثروت ملی، با دقت کپی‌برداری شده و به فرزندان هر نسل آموزش داده می‌شدند.

¹Βίβλος γενέσεως Ἰησοῦ Χριστοῦ υἱοῦ Δαυὶδ υἱοῦ Ἀβραάμ. ²Ἀβραὰμ ἐγέννησεν τὸν Ἰσαάκ, Ἰσαὰκ δὲ ἐγέννησεν τὸν Ἰακώβ, Ἰακὼβ δὲ ἐγέννησεν τὸν Ἰούδαν καὶ τοὺς ἀδελφοὺς αὐτοῦ, ³Ἰούδας δὲ ἐγέννησεν τὸν Φάρες καὶ τὸν Ζάρα ἐκ τῆς Θαμάρ, Φάρες δὲ ἐγέννησεν τὸν Ἑσρώμ, Ἑσρὼμ δὲ ἐγέννησεν τὸν Ἀράμ, ⁴Ἀρὰμ δὲ ἐγέννησεν τὸν Ἀμιναδάβ, Ἀμιναδὰβ δὲ ἐγέννησεν τὸν Ναασσών, Ναασσὼν δὲ ἐγέννησεν τὸν Σαλμών, ⁵Σαλμὼν δὲ ἐγέννησεν τὸν Βόες ἐκ τῆς Ῥαχάβ, Βόες δὲ ἐγέννησεν τὸν Ἰωβὴδ ἐκ τῆς Ῥούθ, Ἰωβὴδ δὲ ἐγέννησεν τὸν Ἰεσσαί, ⁶Ἰεσσαὶ δὲ ἐγέννησεν τὸν Δαυὶδ τὸν βασιλέα. Δαυὶδ δὲ ἐγέννησεν τὸν Σολομῶνα ἐκ τῆς τοῦ Οὐρίου, ⁷Σολομὼν δὲ ἐγέννησεν τὸν Ῥοβοάμ, Ῥοβοὰμ δὲ ἐγέννησεν τὸν Ἀβιά, Ἀβιὰ δὲ ἐγέννησεν τὸν Ἀσάφ, ⁸Ἀσὰφ δὲ ἐγέννησεν τὸν Ἰωσαφάτ, Ἰωσαφὰτ δὲ ἐγέννησεν τὸν Ἰωράμ, Ἰωρὰμ δὲ ἐγέννησεν τὸν Ὀζίαν, ⁹Ὀζίας δὲ ἐγέννησεν τὸν Ἰωάθαμ, Ἰωάθαμ δὲ ἐγέννησεν τὸν Ἀχάζ, Ἀχὰζ δὲ ἐγέννησεν τὸν Ἑζεκίαν,

متی باب ۱ به زبان یونانی

قدیمی‌ترین نسخه‌های عبری از کتاب‌های عهد عتیق، درست به زمان عیسی برمی‌گردند. این کتاب‌ها در حدود ۳۰۰ سال قبل از میلاد، در نسخه‌ای که به نام نسخه یونانی عهد عتیق[1] شناخته می‌شود، به زبان یونانی ترجمه شدند. از طرف دیگر عهد جدید به زبان یونانی نوشته شده بود. هزاران نسخه از نسخ خطی عهد جدید وجود دارد که برخی از آنها مربوط به قرن دوم میلادی هستند. متون عبری و یونانی در حدود سال ۴۰۰ بعد از میلاد به لاتین، زبان کلیسای روم، و سپس در طول قرنهای ۱۴ تا ۱۶ میلادی به زبان‌های اروپایی مانند آلمانی و انگلیسی ترجمه شدند. ظهور صنعت چاپ، کمک بسیاری به توزیع و گسترش کتاب مقدس کرد. تلاش‌های زیادی از جانب افرادی که می‌خواستند فقط کشیش‌ها کتاب مقدس را بخوانند، برای جلوگیری از گسترش آن انجام شد. اما امروزه می‌توان آن را در همه کشورهای جهان یافت.

مجموعه‌ای از کتاب‌ها

علاوه بر قدمت کتاب مقدس، چیز دیگری نیز وجود دارد که آن را به یک کتاب منحصر به فرد تبدیل کرده‌است. این کتاب مدعی است که هر چه را که نیاز است از جانب خالق برای مخلوقاتش افشا کرده است. می‌گوید که این سخنان خود خداست. در حال حاضر، ممکن است موافق نباشید که خالقی وجود دارد، اما زمانی که شروع به خواندن این کتاب کنید، خیلی زود خواهید دید که اگر خالقی وجود داشته باشد، این همان کتابی است که او می‌نویسد. کتاب مقدس با توضیح یک روایت ساده و مختصر، از اینکه چگونه زمانی جهان در هرج و مرج بوده است آغاز می‌شود. خدا طی یک سری اقدامات خلاقانه و سریع، با آفرینش موجودات زنده‌ای که به گونه‌ای فوق‌العاده طراحی شده بودند و توانایی تکثیر خود را داشتند، انرژی خالص خود را در زمین منتشر ساخت. انسان در راس هرم زندگی قرار داشت. اولین انسان، آدم، در مقامی بود که به خدا احترام بگذارد و محبت

Septuagint [1]

کند و به کمال خود نایل شود. او در حالی در این دنیای شگفت‌انگیز قرار گرفت که حق داشت انتخاب کند که از خدا اطاعت کند یا از خواسته‌های خود پیروی نماید. متأسفانه او و همسرش نافرمانی را انتخاب کردند و سرانجام دریافتند که خود را از هم‌نشینی نزدیک با خدا محروم کرده‌اند. با این حال، در آن روز تلخ داوری، خداوند بخشاینده، آنها را به امید روزی رها کرد که بهشت ایشان، برایشان بازپس گرفته شود. امری که از طریق محبت فداکارانه یکی از فرزندان حوا امکان‌پذیر خواهد شد.

پس از آن شروع مایوس کننده و پس از طوفان بزرگ، نژادهای بشری در زمین گسترش می‌یابند. و داستان بر خانواده ایمانداری بزرگ به نام ابراهیم، پدر یهودیان و اعراب، متمرکز می‌شود. زندگینامه این مرد برجسته، بیشتر قسمت‌های کتاب اول از کتاب مقدس را دربرمی‌گیرد. ویژگی بارز او اعتماد تزلزل ناپذیر به خدا در سخت‌ترین آزمایش‌ها است. نسل فرزندان او از پسرش اسحاق، به قوم اسرائیل تبدیل شدند، توسط موسی از بردگی در مصر رهایی یافتند و به مردمی تبدیل شدند که متعهد به انجام دستورات خدا بودند. سفر حماسی به سرزمین موعود و شریعتی که خداوند به بنی‌اسرائیل داد تا صلح و رفاه آنها را تضمین کند، موضوع چهار کتاب بعدی است. پس از آن، به شرح زندگی داوران و پادشاهان آنها پرداخته شده است. نه به صورت روایتی خشک، بلکه همراه با چاشنی نظرات خداوند در مورد شکست‌ها و پیروزی‌های ایشان تا بتوانیم از آنها سرمشق بگیریم. کتاب‌های شعر، مانند مزامیر، و کتاب‌های حکمت مانند امثال و جامعه نیز وجود دارد. متأسفانه بنی‌اسرائیل، نیز مانند آدم، به پیمان اولیه خود عمل نکردند. علیرغم تذکرات مداوم پیامبران و معلم‌های بزرگی مانند اشعیا و دانیال و حزقیال که سخنان خدا را برای آنها آوردند، سرانجام آنها از سرزمین خود رانده شدند. اما خداوند وعده داد که در آینده‌ای دور آنها را به سرزمینشان باز خواهد گرداند و پادشاهی، نامیرا به آنها خواهد داد که از اورشلیم حکومت خواهد کرد و عدالت و صلح را بر زمین خواهد آورد. این امید، یعنی آمدن پادشاهی خدا بر روی زمین، اکنون در عهد جدید آشکار شده است.

عهد جدید، روایت آمدن عیسی است. کسی که نامش به معنی "نجات‌دهنده" است. سرانجام فرزند موعود حوا آمده بود؛ کسی که قرار بود بلای نفرینی را که به دلیل گناه بر سر بشر آمده بود، برطرف سازد. انجیل‌ها چهار روایت مکمل از زندگی عیسی ارائه می‌دهند. وجود او بواسطه قدرت روح آفریننده الهی، بدون پدر بشری و در محقرانه‌ترین شرایط شکل گرفت. کسی که قرار بود بر جهان حکومت کند، کار خود را به عنوان نجاری در یک روستای دور افتاده در اسرائیل آغاز کرد. در سن

سی سالگی خانواده خود را ترک کرد و با گروهی از پیروانش راهی شد تا مسیر پادشاهی خدا را به مردم نشان دهد. او رسم و رسوم گردآوری شده توسط شریعتمداران یهودی را بی‌ربط دانست و رد کرد و در عوض بر اعتقاد ساده اما دل‌نشین محبت به خدا و محبت به انسان پافشاری کرد. او در تمام طول زندگی خود، آرمان‌هایی را زندگی کرد که آموزش می‌داد، و خود را وقف محبت کردن و شفا دادن نمود. هیچ‌کس آنقدر فقیر یا حقیر نبود که که مورد لطف او قرار نگیرد. اما با افشای دورویی و خودخواهی رهبران مذهبی یهود، نفرت آنها از این موعظه کننده‌ی به رسمیت شناخته نشده، افزایش یافت. سرانجام او خیانت شد، به بهانه محاکمه، دستگیر و برای اعدام ظالمانه و شرم‌آور بر روی صلیب، به مقامات رومی تحویل داده شد.

برداشت اولیه می‌تواند گمراه کننده باشد. معلوم شد آنچه به نظر می‌رسید پایانی ننگین باشد، سرآغازی است. به طرز شگفت‌انگیزی (این همان جایی است که کتاب مقدس واقعاً شما را تحت تاثیر قرار می‌دهد) سقوط پسر خدا و طرد او توسط افرادی که او برای نجاتشان آمده بود، قبلاً در کتاب‌های پیامبران عهد عتیق به تصویر کشیده شده بود. برای خدا از قبل معلوم بود! حالا نوبت به خبر خوب می‌رسد. دلیلی وجود ندارد که مردی که هیچ گناهی انجام نداده است، در قبر نگه داشته شود. عدالت، مستلزم رستاخیز او برای یک زندگی جدید بود، که اکنون با ذات جاودانه‌ای که متعلق به خود خداست، پاداش داده شده بود. عیسی از قبر بیرون آمد. او بر مرگ غلبه کرد. و اگرچه ما واقعاً گناهکار هستیم، اما اگر به عیسی ایمان داشته باشیم و با صلیب‌های خود، او را دنبال کنیم، خدا آماده است تا ما را جزئی از او بشمارد؛ بعنوان بدنی که او، سرِ آن است. بنابراین با رحمت خدا، ما نیز می‌توانیم منتظر زندگی ابدی در پادشاهی خدا باشیم. بقیه کتاب‌های عهد جدید صرف بشارت آن خبر خوب توسط پیروان عیسی شده است. اعمال رسولان، سال‌های قهرمانی را به تصویر می‌کشد که انجیل از اورشلیم به امپراتوری روم، ابتدا به یهودیان و سپس به غیر یهودیان منتقل شد. نامه‌ها، روش استفاده از اصول تعلیم داده شده توسط عیسی، در موقعیت‌های واقعی می‌باشد. مکاشفه، آخرین کتاب بزرگ از کتاب مقدس، مانند کتاب‌های پیامبران عهد عتیق، وقایع جهانی را که به ظهور دوم عیسی منجر خواهد شد، به تصویر می‌کشد. کتاب مقدس با تصویری زیبا از پیروان وفادار عیسی به پایان می‌رسد که به سمت درخت زندگی در باغی که آدم از آن بیرون رانده شد بالا می‌روند، در حالی که دوباره رابطه رفاقت آنها با خداوند از طریق قربانی شدن پسرش، برقرار شده است.

کتاب‌های عهد عتیق

پیدایش - سرآغاز

آیه آغازین کتاب مقدس، این کره بزرگی را که با آشفتگی در آن زندگی می‌کنیم به تصویر می‌کشد. در اعماق تاریکی، آب‌ها به این طرف و آن طرف خروشان است. اما **خداوند خالق**، در شش روز فعالیت متمرکز و نیرومند و با توان بی‌حد و حصر قدرت روح خود، آن آشفتگی را به دنیای جدیدی از نظم و زیبایی تبدیل می‌کند. او روشنایی را در خورشید به جریان می‌اندازد، زمین را خشک می‌کند، درختان و علف‌ها را در زمین می‌رویاند، و برای دریا و زمین و آسمان، سهمی از انواع گوناگون اشکال مختلف حیات که هر کدام قادر به بازتولید خود هستند، قرار می‌دهد. سپس طراح بزرگ، دست از کار می‌کشد تا در آنچه آفریده شادمانی کند و هفتمین روز را برای انسانی که خلق کرده بود به عنوان روز استراحت اعلام می‌کند. خیلی جالب است که ما هنوز هم زندگی خود را با مقیاس گروه‌های هفت روزه اندازه می‌گیریم و آنها را هفته می‌نامیم.

داستان با جزئیات بیشتر ادامه می‌یابد. در باب دوم، ما با انسان و جانوری روبرو می‌شویم که از مواد معدنی موجود در خاک شکل گرفته و به نَفَس خدا زنده شده‌اند. این نیروی حیاتی است که برای سال‌ها ادامه می‌یابد تا زمانی که بدن ما فرسوده شود یا در تصادف، جنگ یا بیماری آسیب ببیند. سپس یک روز، برای آخرین بار، دم و بازدم می‌کنیم و قلب‌مان می‌ایستد. البته این سرنوشت غم‌انگیز در باب سوم معرفی شده است.

انسان (**آدم**) و شریکش **حوا** که از پهلوی او ساخته شده بود و در ازدواج با او یکی شده بود، در بهشت، باغی پر آب، زندگی می‌کردند. در آنجا تابع قانون خدا بودند که گفت: "تو می‌توانی از هر

یک از درختان باغ آزادانه بخوری اما از **درخت شناخت نیک و بد** زنهار نخوری." سالها بعد، روزی **مار**، حوا را فریب داد تا فرمان خدا را زیر پا بگذارد و او نیز با آدم صحبت کرد تا در انجام این نافرمانی به او بپیوندد. به زودی این جفت انسان در برابر داور بزرگ قرار گرفته و محکوم به مرگ شدند، نه بلافاصله، بلکه هلاکتی گریز ناپذیر در پایان عمر. این خبر شوم با خروج از بهشت همراه شد تا در آینده غذا را فقط با زحمت و عرق ریختن به دست آورند.

اگر خدای ما بخشنده نبود این موقعیت بشری، که همه ما آن را به میراث برده‌ایم، واقعاً شوم می‌بود (به یاد داشته باشید که همه ما قوانین خدا را زیر پا می‌گذاریم و بنابراین مستحق همان حکم آدم هستیم). نظر به‌اینکه ما در چنین مخمصه‌ای گرفتار آمدیم، خدا شیوه‌ای برای رسیدن به دوستی دوباره با او و زندگی ابدی برای ما فراهم کرده است. به پیدایش۳: ۱۵ نگاه کنید تا طعم بسیاری از شگفتی‌های پنهان درکتاب مقدس را بچشید. مار، حوا را فریب داده بود تا قانون خدا را زیر پا بگذارد که کتاب مقدس آن را گناه می‌نامد. از این لحظه به بعد، مار در کتاب مقدس مترادف گناه می‌شود. بنابراین در این عبارت مرموز، که در نگاه اول واضح به نظر می‌رسد، که انسان‌ها و مارها با یکدیگر کنار نمی‌آیند، خداوند به طرز ماهرانه‌ای وعده می‌دهد که یکی از فرزندان حوا روزی گناه را نابود خواهد کرد. او سر مار را خواهد کوبید.

حل "معمای مار" تنها زمانی آسان شد که هزاران سال بعد، عیسی آمد. عیسی، فردی از نسل حوا که همواره بر وسوسه گناه غلبه کرد، دستگیر شد و به غلط، متهم شناخته شد. داوطلبانه مُرد. حکمی که سزاوارش نبود. و درد صلیب را تحمل کرد تا بتواند کاملا در انسانیت ما سهیم شود. امکان نداشت او را که به قبر سپرده شده بود، بر اساس عدالت در آنجا بماند، زیرا مردی بی‌گناه بود. در روز سوم خداوند او را از مرگ به حیات جاویدان برخیزاند. در این مرحله، قدرت مار شکسته شد. و این امکان برای ایمانداران به مسیح فراهم شد تا گناهانشان بخشیده شود و در روز قیامت همچون عیسی از مرگ برخیزانده شوند. به طرز شگفت‌انگیزی، محتوای انجیل در بابها اولیه پیدایش آمده است!

پس از اخراج از باغ عدن، آدم و خانواده‌اش، خدا را در دروازه بهشت سابق خود عبادت کردند. از آنجا می‌توانستند **راه درخت حیات** را ببینند. کروبیان آتشین (احتمالاً فرشتگان) و شمشیری آتش‌بار، راه خوشبختی و رفاقت با خدا را مسدود کردند. با این وجود، این امید پیش روی آنها بود که روزی به وقت خداوند و زمانی که او مناسب بداند، بتوانند از میوه درخت زندگی بخورند و برای

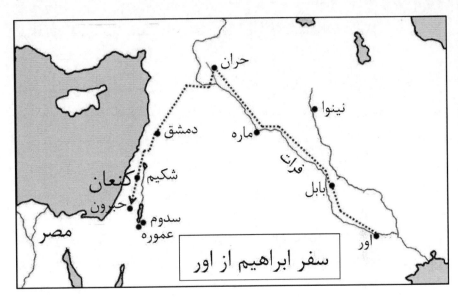

سفر ابراهیم از اور

همیشه زندگی کنند. این امر تنها از طریق مرگ پسر خدا امکان‌پذیر خواهد بود. بدین ترتیب آنها ملزم شدند تا در مکان‌های تعیین شده و در مواقع مورد نیاز، حیواناتی به جهت قربانی تقدیم کنند که طبق دستور خداوند باید بی‌عیب و نقص می‌بودند تا نمادی از پسر عزیز او باشند.

نزاع بر سر تقدیم قربانی بود که به ثبت اولین قتل منجر شد. **قائن**، پسر بزرگ آدم، از آوردن بره نخست‌زاده خودداری کرد و سبزیجاتی که در خانه پرورش داده بود را جایگزین آن کرد. اما سبزیجات، هر چند به خوبی تمیز شوند، نمی‌توانند نشان دهنده سرورمان عیسی باشند. قربانی قائن پذیرفته نشد. او با خشم ناشی از حسادت، برادر کوچکترش **هابیل** را که خواست خدا را بجا آورده بود، کشت. حیرت‌انگیز است که حتی امروزه بسیاری از مردان و زنان انتخاب می‌کنند که خداوند را در قالب ادیان اختراعی خود پرستش کنند و نه در اطاعت ساده‌ای که خداوند خواسته است. قائن از محضر خداوند رانده شد.

هزار سال بعدی تاریخ بشر، در چند آیه خلاصه شده است. باب‌های چهارم و پنجم پیدایش، شجره نامه‌های دو رقیب را ثبت می‌کند، یکی نسل قائن و دیگری نسل شیث، که جایگزین هابیل شده بود. خانواده قائن، قوی، جنگاور و خودخواه بودند و به خدا احترام نمی‌گذاشتند. در مقابل، قوم شیث ایماندار بودند و احکام خداوند را رعایت می‌کردند. سرانجام صبر طولانی خالق به سر آمد. خانواده قائن جهان را پر از خشونت و خونریزی کرده بود. راه خدا، مسیری که او برای زندگی به

بشر آموخته بود، به تباهی کشیده شد و مردم هر چه را که دوست داشتند انجام می‌دادند. زمان پاکسازی دنیا و شروع دوباره فرا رسیده بود.

ماجرای **طوفان** در باب های ششم و هفتم پیدایش به خوبی یادآور قدرت خداوند در داوری دنیای انسان‌ها و رحمت خداوند در حفظ فرزندان نوح ایماندار است. او عادل را با شریر محکوم نمی‌کند. وقتی آبها فرو نشست، نسل سه پسر نوح، زمین را دوباره پرکردند. سه شاخه اصلی انسانهای امروزی یعنی سیاهان، آسیایی- اروپایی‌ها و سامی‌های یهودی و عرب از آنها سرچشمه گرفتند.

جای تعجب نیست که قلب سرکش انسان تغییر نکرد. فرزندان نوح در بین‌النهرین که مهد تمدن، شناخته شده است مستقر شدند و شروع به ساختن شهرهای بزرگ در زمین‌های هموار کردند. در تلاش برای پیشی گرفتن از خالق، مردم برج بابل را طراحی کردند که از آنها در مقابل سیل دیگری که ممکن است بیاید محافظت کند. هرچند خدا گفته بود که دیگر سیلی نخواهد فرستاد. **فرشتگان** (پیام آوران جاویدان خدا) در تدبیری ساده، با به هم ریختن زبان آنها، مانع از انجام کار شدند. پس از آن قبایل متفرقه در زمین گسترش یافتند.

از این نقطه به بعد، کتاب پیدایش روی خانواده مردی به نام **ابراهیم** که پدر یهودیان و اعراب است تمرکز می‌کند. یکی از فرشته‌ها به قهرمان ما، عابدی مومن به خدا، می‌خواهد که خانه راحت خود را در **اور**، ترک کند. شهری که ویرانه‌هایش در عراق هنوز تماشایی است. علیرغم همه چیزهای نامعلوم و همچنین سن بالا، او راهی سرزمینی ناشناخته می‌شود. پاداش او، وعده یک خانواده بزرگ و به ارث بردن دائمی‌سرزمینی بود که خدا او را به آنجا می‌برد. زمانی که به آنجا رسید، مشخص شد که آن سرزمین، **کنعان** یا همان **اسرائیل** امروزی است.

زندگینامه جذاب پدر ایمان، ۱۳ باب کامل از کتاب مقدس را دربرمی‌گیرد. ایمان ابراهیم به خدا، بارها و بارها مورد آزمایش قرار گرفته بود. به او وعده پسری داده شده بود، اما ۲۵ سال طول کشید تا بچه به دنیا بیاید. وعده زمینی که در آن اردو زده بود به او داده شده بود، اما تا روز مرگش بجز یک قطعه قبرستان که پول آن را نقداً پرداخت کرده بود، مالک چیزی نبود. همانطور که نویسنده عبرانیان در عهد جدید بیان می‌کند او با ایمان مرد و معتقد بود خدا زمینی را که در آن دفن شده است به او می‌دهد. این بدان معناست که ایمان ابراهیم فراتر از مرگ بود. او به **رستاخیز از مرگ** اعتقاد داشت. او باور داشت که خدا روزی او را زنده خواهد کرد تا بتواند آن زمین را برای همیشه

به ارث ببرد. به همین دلیل است که پولس رسول می‌گوید "انجیل" به ابراهیم بشارت داده شده بود.

ابراهیم دو پسر داشت. یکی از آنها از کنیز او، **هاجر**، متولد شد. این پسر، اسماعیل، جد بزرگ نژادهای عرب بود. دیگری **اسحاق** بود، پسر همسر اصلی‌اش **سارا**، که به طور معجزه‌آسایی در کهنسالی سارا به دنیا آمد. خداوند انتخاب کرد که اسحاق وارث وعده‌های ابراهیم باشد و آن وعده‌ها را وقتی که این مرد جوان بزرگ شد نیز تکرار کرد. یکی از حوادث تکان‌دهنده که در باب ۲۲ آمده است، درباره آخرین و بزرگترین آزمایش ابراهیم است. فرشته خداوند از او می‌خواهد که اسحاقِ محبوب خود را به عنوان قربانی در تپه‌ای که در فاصله سه روزه در خارج از **اورشلیم** قرار داشت (احتمالاً کوه موریا) قربانی کند. داستان رنجی که پیرمرد در سرگردانی انتخاب بین عشق به پسرش و وظیفه‌اش نسبت به خداوند متحمل می‌شود و سرانجام تصمیم به اطاعت می‌گیرد، بهترین نمونه باستانی در ادبیات است. این ماجرا به ما کمک می‌کند تا بفهمیم خداوند چه رنجی را متحمل شد وقتی که اجازه داد پسر عزیزش به دست دشمنانش کشته شود تا ما از مرگ نجات پیدا کنیم. اما این خود، داستانی دیگر است.

ابراهیم از سرزمین خویشاوندانش در شمال، برای اسحاق همسری یافت. آنها صاحب دوقلوهای پسر شدند. بار دیگر نخست‌زاده، که **عیسو** بود به خاطر فرزند کوچکتر که **یعقوب** بود تنزل درجه پیدا کرد، همانطور که در برنامه بزرگ خدا، عیسی جانشین آدم که نخست به دنیا آمده بود، شد. عیسو بزرگِ **ادومیان** شد، که مانند اعراب، به حریف سرسختی برای فرزندان یعقوب (**دوازده قبیله اسرائیل**) تبدیل شدند. گردش‌های بخت و اقبال برای یعقوب هنگامی که او نیز به شمال سفر می‌کند تا همسری از خانواده عمویش پیدا کند، اما در نهایت به جای یکی از خواهران، با هر دو خواهر ازدواج می‌کند میخکوب کننده است. یعقوب بی وقفه تلاش می‌کند تا خود را با مکر و نیرنگ به موفقیت برساند. او نهایتا بعد از ۲۰ سال متوجه می‌شود که خدای ابراهیم و اسحاق بود که از او محافظت کرده و به او توفیق داده بود. به طور رسمی، نام او به اسرائیل (امیری با خدا) تغییر می‌کند. او پیروزمندانه به سرزمین محل تولدش باز می‌گردد، اما با از دست دادن ناگهانی عزیزترین همسرش **راحیل**، که به هنگام زایمان می‌میرد، ویران می‌شود. غم و اندوه ضربه‌ای دیگر بر او وارد می‌کند آن هنگام که پسر محبوبش **یوسف**، مخفیانه از او دزدیده می‌شود. زیرا برادران حسودش او را به بردگی می‌فروشند و به پدر خود وانمود می‌کنند که یوسف مرده است. وقتی در تلاش برای درک

هر کدام از این احساسات هستید ضرباتی سخت بر قلب شما تازیانه می‌زند اما کم کم متوجه می‌شوید که این سرگذشت همه فرزندان خداست. بالاخره همه ما متوجه می‌شویم که توان نجات خودمان را نداریم بلکه باید به خدای نادیده اعتماد کنیم و در آنچه موسی "بازوی جاودان" می‌نامد آرام بگیریم.

۱۴ باب آخر از کتاب پیدایش، داستان حیرت‌انگیز یوسف جوان را روایت می‌کند. او در سن ۱۷ سالگی توسط برادرانش ربوده می‌شود و به عنوان برده به سرزمینی بیگانه فرستاده می‌شود. به مدت ۲۱ سال هیچ ارتباطی با خانواده خود و یا هیچ ایماندار دیگری ندارد. با این حال از ایمان او هرگز کاسته نمی‌شود. اربابش او را از بردگی، به سرپرستی خانه ارتقا می‌دهد. بالاخره به نظر می‌رسد همه چیز برای او رو به بهبود است. اما او در عرض یک شب، بعد از اینکه همسر اربابش ادعا می‌کند که مورد تجاوز او قرار گرفته است، به زندان انداخته می‌شود. این بار دومی است که ورق شانس برمی‌گردد. او تنها و بی دفاع است، باید سست و ناتوان شده باشد. با این حال، یوسف حتی در زندان، بهترین کارها را می‌کند و راهش را ادامه می‌دهد تا جایی که به عنوان مدیر زندانیان منصوب می‌شود. سرانجام هدیه خدادادی تعبیر خواب، در را به سوی دربار **فرعون** پادشاه مصر بازمی‌کند و او در عرض یک شب، خود را ارباب آن سرزمین می‌یابد. اینجاست که او در جایگاهی قرار می‌گیرد که وسیله نجات خانواده خود را در زمان قحطی فراهم کند. همه خانواده او به مصر می‌آیند تا با او زندگی کنند و یعقوب در کهنسالی متوجه می‌شود که پسر محبوبش هنوز زنده است. خداوند به طوری نامرئی بخت و اقبال خانواده ابراهیم را از طریق نقشه‌ای هدایت کرده است که با پیچ و خم‌هایش افسانه‌ای از خود باقی می‌گذارد.

ما در گذری شتابان از ۵۰ باب کتاب پیدایش، دو هزار سال از تاریخ بشر را پیموده‌ایم. اکنون حدود سال ۱۶۰۰ قبل از میلاد است. نمایشنامه کتاب مقدس، ما را به **خروج،** که سرآغاز ملت اسرائیل است، راهنمایی می‌کند.

خروج - سفر به سوی آزادی

اهرام ثلاثه مصر

فرزندان یعقوب کـه در زمـان قحطـی بـزرگ بـه مصر پنـاه بـرده بودنـد، مـدت طـولانی پـس از پایـان قحطـی نیـز در آنجا ماندند. یوسف کـه حامـی آنهـا بـود، درگذشـت و تغییراتـی در حکومـت صـورت گرفت. بـه زودی تعـداد رو بـه افـزایش بنی‌اسـرائیل، تـوازن جمعیت را بـه خطر انـداخت و

پادشاه مصر تصمیم گرفت بـه روش بـدوی کنتـرل زاد و ولد، از شر همـه فرزندان پسـری که به دنیا می‌آمدنـد خـلاص شـود. وقتـی ایـن کـار عملـی نشـد، او اسـرائیلی‌هـا را بـه بردگـی گرفت و از آنها در پروژه‌های عظیم ساختمانی به عنوان کارگر رایگان استفاده کرد.

این یک واقعیت غیر قابل انکار است که همه اینها در پیشگویی صدها سال قبل، به ابراهیم گفته و پیش‌بینی شده بود (پیدایش باب ١٥: ١٣- ١٤ را ملاحظه کنید). آخرین بخش پیشگویی نیز در شرف تحقق یافتن بود؛ اینکه خداوند قوم ابراهیم را از اسارت رهایی خواهد بخشید و به سرزمینی که از آن آمده بودند، باز خواهد گرداند. باب‌های اولیه از کتاب خروج، داستان شگفت‌انگیز **موسی** را شرح می‌دهد. این مرد، این رهایی‌بخش برگزیده، در اردوگاه بردگان به دنیا آمده ولی بعنوان پسر یک شاهدخت، بزرگ شده بود. و پس از چهل سال زندگی در تبعید، توسط فرشته خدا در بوته سوزان مأمور شده بود که به مصر برگردد تا بنی‌اسرائیل را از چنگ مصریان نجات دهد. آن زمان که فرعون با لجاجت، از فروتنی در برابر خدای اسرائیل امتناع می‌کند، **ده بلا** (مصیبت) سخت نازل می‌شود. آن بلاها شما را در هنگام مطالعه باب‌های ٧ تا ١٢ ازکتاب خروج، متحیر می‌کنند. طنین بلای آخر تا به امروز ادامه دارد. واقعه مرگ همه نخست‌زادگان مصری و رهایی بنی‌اسرائیل، که توسط پاشیده شدن خون **بره پسخ** بر درهای خانه‌هایشان محافظت شده بودند، هر ساله توسط یهودیان در سراسر جهان گرامی‌داشته می‌شود. عهد جدید به ما یادآوری می‌کند که عیسی بره

مدل خیمه _ پارک تیمنا

پسخ ماست. خون او بر روی صلیب، ما را از قدرت مرگ رهایی می‌بخشد. هنگامی که قوم اسرائیل از مصر خارج شدند و برای آخرین بار در دریای سرخ از دست مصریان رهایی یافتند (باب ١٤ این فرار شگفت‌انگیز از مرگ را توصیف می‌کند)، سفری طولانی را آغاز کردند که آرام آرام آنها را تبدیل به یک ملت می‌کرد. آنها یک سال

کامل را در دامنه **کوه سینا** در صحرای نگب سپری کردند. غذای آنها هر روز به صورت **مَنّا** (غذایی کامل به شکل دانه‌های ریزی که هر شب در اطراف اردوگاه می‌بارید) برایشان فراهم می‌شد. علاوه بر این، آب فراوانی از صخره‌ای که به موسی گفته شد با عصای چوپانی خود به آن ضربه بزند، بیرون می‌آمد. بعدها در انجیل یوحنا، عیسی خود را به نان معجزه‌آسا از آسمان و صخره شکافته شده که آب حیات می‌بخشد، تشبیه می‌کند.

دو اتفاق مهم در این دوران رخ داد. اولاً، همانطور که در باب‌های ١٩ تا ٢٤ ثبت شده‌است، بنی‌اسرائیل موافقت کردند که از شریعت و قوانین خلاصه شده در **ده فرمان** پیروی کنند. در عوض خدا قول داد که خدای آنها خواهد بود. این قرارداد رسمی که در کتاب مقدس به عنوان **عهد** شناخته می‌شود، طبق عرف زمانه با پاشیدن خون، مهر و موم شد. متأسفانه وقتی که موسی به کوه رفته و از آنها دور شده بود، شور و شوق اولیه آنها برای خدمت به خدایشان، با خطای پرستش **گوساله طلایی**، ضایع شد (باب ٣٢ را ملاحظه کنید). این تنها یک نمونه از تمردهای فراوان آنها علیه خدایی بود که به آنها آزادی و امید داده بود.

ثانیاً، موسی دستورالعمل‌های بسیار دقیقی را برای ساخت یک **خیمه** (چادر) قابل حمل و پوشیده در پرده، به آنها ابلاغ کرد. که در آن خیمه، خدا از طریق کاهنان منتخب از قبیله لاوی پرستش می‌شد. این خیمه‌از لوازم اهدا شده توسط مردم خود ساخته شده بود. شرح آن در باب‌های ٣٥ تا ٤٠ آمده است. در مرکز خیمه دو اتاق وجود داشت. در اتاق بیرونی یک چراغدان طلایی، یک میز با نان و شراب، و یک مذبح بخور قرار داشت. این اتاق، نشان‌دهنده زندگی فانی ما، در حال سفر به

پادشاهی خدا است. در محراب داخلی فقط صندوقچه عهد قرار داشت که یک جعبه طلایی حاوی ده فرمان بود. بالای صندوقچه درپوشی از طلای خالص قرار داشت که بر روی آن تصویر کروبیان (موجودات نمادین بالدار) تعبیه شده بود و جلال خدا در ابر آتشین می‌درخشید تا حضور او را در میان قومش نشان دهد.

گزارش سفر در بیابان، در کتاب اعداد ادامه می‌یابد، اما در همین اثنا توجه ما به کتاب لاویان جلب می‌شود؛ کتابی که راهنمای کاهنان است.

لاویان - قوانین و قربانی‌ها

در گذشته، اولین پسر خانواده احتمالاً نقش **کاهن** را برای خانواده خود ایفا می‌کرد. اکنون، از بین دوازده قبیله (طایفه)، مردان قبیله لاوی مأمور شدند که از طرف ملت اسرائیل به عنوان کاهن عمل کنند. وظیفه کاهن سه چیز بود. او باید قوانین و احکام خدا را آموزش می‌داد. باید مجرمان را قضاوت می‌کرد. و وظیفه او بود که به اسرائیلیان خطاکار کمک کند تا از طریق توبه و قربانی بخشیده شوند. از آنجا که این یک شغل تمام وقت بود، شریعت موسی (به طور دقیق، شریعتی که از طریق موسی ارایه شد) باید درآمد آنها را تأمین می‌کرد. این درآمد، از طریق کسب مالیات ۱۰ درصدی بر درآمد (**عشریه**) از سایر قبایل، به علاوه حق دریافت سهمی از قربانی‌هایی که آنها برای ارائه آن کمک کرده بودند، فراهم شد (اعداد ۱۸، تثنیه ۱۲ و ۱۴ و لاویان ۶: ۱۶-۱۸ و ۷: ۳۴ را ملاحظه کنید).

کاهن اعظم در لباسش

قربانی حیوانات برای مردم امروزی منزجرکننده است. با این حال، هر چقدر هم که زنده به نظر برسد، از عدن به بعد خدای کتاب مقدس همیشه از شخصی که مرتکب گناه بزرگی شده، خواسته است که برای اصلاح امور، بره یا بز یا گاو نری را به او تقدیم کند. برای درک بهتر این قانون، باید به خاطر داشته باشیم که حیوانات باید از نظر جسمی عاری از عیب و نقص باشند (این امر در بابها اولیه لاویان تأکید شده است) تا آنها بتوانند نمادهایی از عیسی بشوند، کسی که باید کاملاً عاری از

گناه باشد. یحیای تعمید دهنده می‌گوید، عیسی "بره خدا است، که گناه از جهان برمی‌دارد." مرگ، مجازات گناه است. وقتی عیسی داوطلب شد تا بمیرد، خود را با ما یکی کرد و در مرگی که سزاوارش نبود سهیم شد، تا با برخاستن دوباره از مرگ به جاودانگی، در روز سوم، بتواند گناهان کسانی را که جویای بخشش خداوند هستند، بزداید. در عهد عتیق، اهداکننده، قبل از قربانی کردن بره، دستان خود را روی سر بره می‌گذاشت. به همین ترتیب ما می‌توانیم با اعلام ایمان خود به عیسای بیگناه، خود را با او یکی کنیم.

نکته مهم دیگر در مورد قربانی کردن حیوانات این است که بیشتر حیوانات پس از قربانی شدن، توسط کاهنی که آنها را در محراب تقدیم می‌کرد، یا توسط عبادت کننده و خانواده‌اش خورده می‌شدند. یک استثناء در این مورد، قربانی سوختنی است، اما حتی در این مورد پوست چرمی، حق کاهن بود.

قربانی‌ها فقط باید روی مذبح درون خیمه (و در آینده در معبد دائمی) انجام می‌شد. مذبح با تشریفاتی خاص تطهیر می‌شد و کسی جز یک کاهن تقدیس شده نمی‌توانست آن را لمس کند. این نماد، اصل ارتباط بین انسان و خدا را بیان می‌کرد، میزی که در آن خدای مقدس با انسان غذا می‌خورد.

باب‌های ابتدایی از کتاب لاویان را مرور کنید. در نگاه اول مجموعه‌ای از انواع مختلف قربانی، گیج‌کننده به نظر می‌رسد و به راهنما نیاز دارد. اساس کار بر این است که مقامات مسئول، بیشتر از عامه مردم مجازات شوند. بنابراین اگر یک شهروند عادی موظف است ماده بره‌ای را به خاطر گناه خود تقدیم کند، یک رهبر یا رئیس قبیله باید قوچ نری بسیار گرانتر تهیه کند. این اصلی است که ما نیز امروزه رعایت می‌کنیم؛ به عنوان مثال، نمایندگان پارلمان در انگلستان در صورت ارتکاب به جرایم جنسی، که در شهروندان عادی نادیده گرفته می‌شود، از مقام خود عزل می‌شوند، زیرا از آنها انتظار می‌رود که الگوی شایسته‌ای باشند. نهایت رسوایی این است که یک کاهن مرتکب گناه شود، زیرا او قانون را می‌داند و قرار است آن را آموزش دهد. بنابراین یک کاهن مجبور بود یک گاو نر، یعنی گرانترین قربانی، را تقدیم کند. در کف این مقیاس، یک اسرائیلی فقیر که حتی قادر به خرید یک بره ماده هم نبود، اجازه داشت که به جای آن، یک کبوتر تقدیم کند (مریم مادر عیسی از این گزینه استفاده کرد. لوقا ۲: ۲۴). حتی در بدترین شرایط ممکن، هدیه آردی که از آن کیک یا نان تهیه می‌شد نیز کافی بود.

در کتاب لاویان از باب ۱ تا آیه ۷ از باب ۶، ما سه نوع اصلی قربانی را می‌بینیم - قربانی تمام‌سوز، قربانی گناه و قربانی جبران. ادامه باب ۶ و باب ۷ نحوه اجرای قربانی‌ها را توضیح می‌دهد که هر کسی چه بخشی از حیوان را به خانه می‌برد. هیچ انسانی اجازه خوردن خون را نداشت، زیرا نشان دهنده زندگی حیوان بود که متعلق به خدا است. آن را باید ریخت یا پاشید. خوردن چربی نیز ممنوع بود، زیرا نشان دهنده نیرویی بود که باید به خدا اختصاص دهیم و همواره روی محراب سوزانده می‌شد.

قربانی تمام‌سوز معمولاً به عنوان شکرگزاری برای کمک خداوند، احتمالا در پاسخی به دعا، ارائه می‌شد. پس از کندن پوست و تمیز کردن محتویات درونش، در مذبح مقدس تا خاکستر شدن سوزانده می‌شد.

قربانی گناه، زمانی لازم بود، که یک اسرائیلی یکی از قوانین خدا را زیر پا گذاشته بود و از خدا طلب بخشش می‌کرد. او باید دستان خود را روی سر حیوان می‌گذاشت تا خود را با او یکی بداند و سپس خودش آن را بکشد. سپس کاهن شانه راست را به خانه می‌برد و بقیه در محراب سوزانده می‌شد.

قربانی جبران نشان دهنده مواردی است که فرد گناهکارٔ به حقوق دیگری تجاوز کرده باشد. در این موقعیت، او باید از طریق نوعی جبران، اوضاع را خوب کند. ممکن است او خود خدا را ناراحت کرده باشد، به عنوان مثال، اگر چیزی را که برای کاهنان مقدّس کنار گذاشته شده بود، خورده باشد. یا شاید او به همسایه خود خیانت کرده یا چیزی از او دزدیده باشد، و چیزی را که متعلق به شخص دیگری است برداشته باشد. در این حالت، هنگامی‌که وجدانش بیدار می‌شود، باید با جایگزینی کالای دزدیده شده همراه با ۲۰ درصد اضافه، همه چیز را برای کسی که به او خسارت آورده، جبران کند. پس از آن برای درست کردن همه چیز در رابطه با خدا، او باید قربانی جبران را در مذبح تقدیم کند. این رویکرد به ما این درس را می‌دهد که خطا کردن، فقط توهین به جامعه نیست. این ناکامی در زیستن با معیارهای عالی صداقت و حقیقت مطلوب خداوندی است، که هرگز به زیردستان خود دروغ نمی‌گوید و به آنها ستم نمی‌کند. این قربانی، اقرار بر این بود که خدا کارهای ما را می‌بیند، و ما را قضاوت می‌کند.

باب‌های ۸ تا ۱۰ از کتاب لاویان، برپایی و تقدیس خیمه جدید را شرح می‌دهد. این امر رضایت زیادی را برای کسانی که در آن مشارکت داشتند به ارمغان می‌آورد. در ادامه، هارون، رئیس قبیله

لاوی، و پسرانش برای کار خود به عنوان کاهن آماده شدند. روز بزرگ مراسم افتتاحیه با یک تراژدی به پایان رسید. زمانی که خیمه پر از جلال خداوند بود، دو پسر بزرگتر هارون (در جایی اشاره شده که آنها خیلی مست بودند) سعی کردند به خیمه حمله کنند و در جا کشته شدند. این یک هشدار جدی بود که ما باید با احترام و تنها با احکامی که خدا تعیین کرده است، به او نزدیک شویم.

پنج باب بعدی به قوانین مربوط به غذاهایی که باید از آنها اجتناب شود و درمان بیماری‌های مسری اختصاص داده شده است. بخشی از این مقررات برای ارتقاء سلامت بود؛ برای مثال خوردن گوشت خوک یا لاشه ماهی در آب و هوای گرم خاورمیانه خطرناک است. قوانین قرنطینه افراد مشکوک به جذام یا اسهال خونی، خطر انتقال عفونت به دیگران را کاهش می‌دهد. از این نظر قانون موسی قرن‌ها جلوتر از زمان خود بود. اما این دستورات ارزش آموزشی نیز داشت. ملت‌های اطراف اسرائیل از نظر اخلاقی ناپاک بودند. یهودی ایماندار باید با پرهیز از ارتباط نزدیک با آنها، به عنوان مثال در ازدواج، خود را از آلودگی روحانی جدا نگه دارد. جذام، موضوع دیگری که در این بخش از لاویان مورد بحث قرار گرفته است، یک بیماری لاعلاج است که به آرامی پیش می‌رود و به مرگ می‌انجامد. این نمادی آشکار برای گناه است. گناه از بدو تولد همه ما را مبتلا می‌کند و همه ما را به سوی مرگ می‌برد. به همین دلیل عیسی عمداً جذامیان، اعم از یهودی و غیریهودی را شفا داد تا نشان دهد که قدرت از بین بردن گناه را دارد.

باب ۱۶ لاویان وقایع روز کفاره را شرح می‌دهد، یک روز رسمی در ماه اکتبر زمانی که همه ملت با هم روزه می‌گرفتند و دعا می‌کردند، و قربانی ویژه دو بز، برای انبوه گناهان بخشیده نشده مردم ارائه می‌شد. یک بز کشته می‌شد و بز دیگر در بیابان رها می‌شد. به طور نمادین آنها یک حیوان واحد بودند. که با به اشتراک گذاشتن سرنوشت‌شان به این طریق، پیروزی قریب‌الوقوع عیسی بر گناه و قبر را به تصویر می‌کشیدند. او می‌میرد تا گناهان ما را از بین ببرد، اما سپس برمی‌خیزد و به زندگی جدید و باشکوهی می‌رسد.

در باب‌های بعدی، مجموعه‌ای از احکام فراوان که همه جنبه‌های زندگی خانوادگی و اجتماعی را دربرمی‌گیرد دنبال می‌شود. به طرز جالب توجهی، تنها فرمانی که عیسی از این فهرست عظیم انتخاب کرد، آیه کوچکی در کتاب لاویان است (لاویان ۱۹: ۱۸). او گفت: "همسایه خود را مانند خود دوست داشته باشید"، که دومین فرمان مهم از بین همه قوانین است. اگر در مواجهه با دیگران همان علاقه و توجهی را داشته باشیم که می‌خواهیم دیگران نسبت به ما داشته باشند، هرگز از آنها

دزدی نمی‌کنیم، همسرشان را اغوا نمی‌کنیم، یا حتی از آنها کینه‌ای به دل نمی‌گیریم. همانطور که یعقوب در نامه عهد جدید خود می‌گوید، این آیه همه چیز را در خود خلاصه می‌کند. از قضا، در پرتو آن می‌بینیم، که از همه ما فقط قانون‌شکنانی سنگدل به جا مانده است.

یکی از جنبه‌های شگفت‌انگیز شریعت موسی به میراث زمین مربوط می‌شود. هنگامی که مردم به سرزمین موعود رسیدند، موسی گفت خداوند به هر خانواده قطعه‌ای زمین می‌دهد که با سنگ، مرزبندی شده است. این زمین‌ها برای افراد تحت تکفل آنها غذا و پوشاک فراهم می‌کند. به آنها ذرت برای نان، و گاو و گوسفند برای گوشت، شیر، پنیر، پشم و چرم می‌دهد. گاهی اوقات، در اثر سختی‌های اجتناب ناپذیر، ممکن است خانواده با بدهی‌های زیادی مواجه شود و مجبور شود میراث خود را در ازای پول نقد بفروشد. در این وضعیت، آیه ۱۰ از باب ۲۵ کتاب لاویان تأکید می‌کند که در هر پنجاهمین سال، **سال یوبیل**، هر خانواده‌ای حق بازگشت رایگان به میراث اصلی خود را دارند. به این ترتیب خدا روشن کرد که زمین متعلق به اوست. بنی‌اسرائیل عملاً مستأجران او بودند و مالکیت آنها در زمین به اطاعت آنها از قوانین او بستگی داشت. قانون همچنین شامل تدارک برای خویشاوند ثروتمندی بود که یک زمانی بیاید و زمین را برای خانواده فقیر شده، به ارزشی معادل تعداد سال‌های باقی مانده تا یوبیل بعدی، بازخرید کند. این یکی از موضوعات کتاب کوچک روت است.

به دنبال اعلام این موضوع، باب بعدی **نعمت**‌های شگفت‌انگیزی را عنوان می‌کند (صلح و فراوانی) که خداوند در صورت اطاعت از دستوراتش برای مردم خود می‌فرستد. اما در ادامه فهرست بسیار طولانی تری از **لعنت**‌ها می‌آید (جنگ، بیماری و قحطی) که به دلیل نافرمانی بر آنها وارد می‌شود. این لعنت‌ها دارای حلقه نبوی هستند، زیرا همانطور که در عهد عتیق می‌خوانیم، همه آنها به وقوع پیوستند. در نهایت خداوند گفت:

"شما را در میان قوم‌ها پراکنده خواهم ساخت، و از پی‌تان شمشیر خواهم کشید. زمین شما متروکه خواهد بود و شهرهایتان، ویرانه." (لاویان ۲۶: ۳۳)

پراکندگی نهایی یهودیان چهل سال پس از زمان عیسی اتفاق افتاد، هنگامی که رومیان آنها را از سرزمین خود بیرون راندند. حتی در این زمان نیز بخاطر مهربانی خدا، باب اینگونه به پایان می‌رسد:

"با این همه، هنگامی که در سرزمین دشمنان خود به سر می‌برند، من ایشان را رد نخواهم
کرد و از ایشان کراهت نخواهم داشت آن‌گونه که به‌کلی نابودشان کنم و عهد خود را با آنان
بشکنم، زیرا من یهوه خدای ایشان هستم. بلکه بخاطر ایشان، عهد خود را با اسلاف ایشان
به یاد خواهم آورد که در برابر چشمان قوم‌ها ایشان را از سرزمین مصر بیرون آوردم تا
خدای ایشان باشم: من یهوه هستم." (لاویان ۲۶: ۴۴-۴۵)

بدین ترتیب خداوند وعده می‌دهد که روزی قوم خطاکار خود را ببخشد و آنها را به سرزمینی که
به ابراهیم وعده داده بود بازگرداند.

آخرین باب از لاویان به موضوع **نذرها** اختصاص دارد؛ وضعیتی که در آن یک اسرائیلی کمک
خداوند را می‌طلبد و قول می‌دهد که در ازای آن، چیزی به او بدهد. به لاویان قوانینی برای نذرهای
مختلف داده شده است که منطقی قابل قبول برای تصمیم‌گیری در مورد نحوه تعیین ارزش مالی
برای هدایایی مانند یک قطعه زمین دارد.

بعد از این گریزی که بر وضع احکام مهم برای کاهنان داشتیم، روایت کتاب مقدس با کتاب اعداد
به سفر در بیابان بازمی‌گردد.

اعداد – سفر زیارتی طولانی به سوی سرزمین موعود

در قوم بردگان سابق، شمار بسیار زیادی از اسرائیلیان بودند که موسی در حال هدایت آنها به
سرزمین اجدادشان بود. آنها باید سازماندهی می‌شدند. شش باب اول، آن دقت نظامی را توصیف
می‌کند که منجر به این سازماندهی شد. یکی از اولین وظایف موسی، حتی قبل از ترک کوه سینا،
انجام سرشماری بود. شمار مردان بالغ در میان دوازده قبیله یا گروه‌های خانوادگی متشکل از
نوادگان دوازده پسر یعقوب، به غیر از قبیله لاوی، به بیش از ۶۰۳۰۰۰ نفر می‌رسید. لاویان که
کاهنان رسمی ملت بودند، ۲۲۰۰۰ نفر به این تعداد می‌افزودند.

برای حفظ نظم و امنیت، به هر یک از گروه‌های قبیله‌ای، مناطق مشخصی در آن **اردوگاه عظیم**
اختصاص داده شد. چیدمان به شکل مربعی بود با مرکزیت خیمه جدید درخشان، که لاویان از آن
محافظت می‌کردند. هر قبیله پرچم یا استاندارد مخصوص به خود را داشت، با نشانی (احتمالاً شیر،
گوساله، مرد یا عقاب) که حتی یک کودک گمشده نیز می‌توانست به راحتی به سمت آن رفته و
راه خانه‌اش را پیدا کند. برای حفظ بهداشت، توالت‌ها در خارج از اردوگاه بودند و در باب پنجم

دستور داده شد که جذامیان و مبتلایان به بیماری‌های بالقوه مسری، از اجتماع دور نگه داشته شوند. حتی دستور راهپیمایی نیز مقرر شده بود که در هنگام گشودن راه در بیابان، هر قبیله در جای خاصی در آن ردیف عظیم قرار داده شده باشند.

اردوگاه قبیله‌ای در بیابان

هر یک از رهبران دوازده قبیله برای حمل پرده‌ها و تجهیزات سنگین خیمه، یک ارابه جدید اهدا کردند، هدیه‌ای زیبا که موسی از طرف خداوند آن را پذیرفت. صندوق و اثاثیه داخلی همچنان بر دوش حمل می‌شد. باب‌های بعدی، وقف لاویان به نقش جدیدشان و سیستم علامت‌دهی با شیپور را شرح می‌دهد که جمع شدن و حرکت عمومی را هنگامی که فرشته خداوند در ستونی از ابر در مقابل اردوگاه پیش می‌رفت، کنترل می‌کرد.

باب یازدهم با فهرستی طولانی از شورش‌ها علیه شبان صبورشان، خداوند، آغاز می‌شود. ابتدا اسرائیلیان شکایت کردند که مِنا، رژیم غذایی اصلی آنها، خسته‌کننده است. سپس مریم خواهر موسی، که هارون، برادر بزرگ‌ترشان را تشویق کرده بود تا از موسی ایراد بگیرند، با یک هفته خروج از اردوگاه، مجازات شد. وقتی که سرانجام به مرز سرزمین موعود رسیدند، مردم موسی را متقاعد کردند که دوازده جاسوس را برای شناسایی آن کشور بفرستد. جاسوسان تأیید کردند که آنجا واقعاً مکان مطلوبی برای زندگی است، اما اصرار داشتند که ساکنان محلی قوی‌تر از آن هستند که بشود بر آنها پیروز شد. دو نفر از آنها، **یوشع**، شاگرد موسی، و **کالیب** از قبیله یهودا، با اکثریت مخالف بودند، اما نتوانستند مردم را متقاعد کنند که به خدایی اعتماد کنند که آنها را به روشی فوق‌العاده

از دست مصریان نجات داده بود. آن دو نفر نادیده گرفته شدند و وحشت در اردوگاه گسترش یافت. خدا از بی‌ایمانی بنی‌اسرائیل بسیار خشمگین بود. او حکم کرد که فقط یوشع و کالیب وارد سرزمین خواهند شد. بقیه بنی‌اسرائیل در بیابان خواهند مرد و فرزندانشان جای آنها را خواهند گرفت. راهپیمایی طولانی از سر گرفته شد.

خیلی زود دوباره اقتدار موسی مورد هجوم قرار گرفت، این بار توسط ائتلافی متشکل از ۲۵۰ نفر از رهبران قبایل، به سرپرستی قورح، داتان و ابیرام، که با قضاوت آتشین خداوند به پایان رسید (باب ۱۶). چالش بعدی زمانی رخ داد که منبع آب خشک شد، و یکبار دیگر، یک نماینده عصبانی در مقابل چادر موسی پیدا شد. این بار خداوند به موسی دستور داد تا با صدای خود از صخره‌ای که خشک شده بود، آب بیرون بکشد، اما او در عوض، بخاطر عصبانیتش از مردم، با عصای خود بر صخره کوبید. این امر باعث سرزنش او شد و به قیمت از دست دادن حق ورود به سرزمین برایش تمام شد. او باید در بیابان می‌مرد، مانند افرادی که خیلی خوب به آنها خدمت کرده بود. مسئولیت رهبری، اینچنین است.

شکایت بعدی بر سر طولانی بودن مدت زمان سفر، مطرح شد. این بار بلای مارهای سمی برای حمله به مردم فرستاده شد. خداوند، به روش معناداری، به آنها شفا عطا کرد. اگر آنقدر ایمان داشتند که از در خیمه‌هایشان بیرون آمده و به مار برنجینی که موسی به تیرکی بسته بود نگاه کنند، بهبود می‌یافتند. آنها که شک داشتند در خانه ماندند و مردند. بعداً، در یوحنا باب ۳، عیسی خود را به آن مار به چوب میخ‌شده تشبیه می‌کند. مار در کتاب مقدس نشان دهنده گناه و عصیان انسان علیه خدا است. عیسی با میخ زدن گناه بر صلیب، نجات را برای همه کسانی که به او ملحق خواهند شد، فراهم کرد.

سرانجام پس از سالها سرگردانی، مردم به سمت شرق رود اردن رفتند. با رهبری موسی، آنها ساکنان آن منطقه را مغلوب خود کردند. دستور داده شد که موآبیان، اقوام دور اسرائیل در سمت شرق دریای مرده، بدون مزاحمت رها شوند. با این حال پادشاه موآبیان، وحشت زده، **بَلعام را** که فالگیر بود استخدام کرد تا بنی‌اسرائیل را برای او لعنت کند. از شانس بد بلعام، خداوند لعنت‌های او را به نعمت تبدیل کرد. بلعام مکار، که هنوز مصمم بود پاداش بزرگی از کارفرمایش بگیرد، او را وادار کرد تا راه وسوسه، بنی‌اسرائیل را از هم بپاشد. او پیشنهاد کرد که دختران موآبی پر زرق و برق را برای اغوای مردان جوان اسرائیل بفرستند. این مکر کارساز بود و بسیاری از مردم هنگامی که در

حال پرستش خدایان موآب بودند به مجازات مرگ محکوم شدند. این منجر به دومین سرشماری افراد شد، و مشخص شد از آن گروه اصلی که ۴۰ سال قبل مصر را ترک کرده بودند، فقط یوشع و کالیب زنده مانده بودند.

آخرین باب‌های کتاب اعداد، شامل تعیین **یوشع** به عنوان جانشین موسی و فهرست کردن سه عید مهم سالانه در شریعت، عید **پسخ، نوبرها و خیمه‌ها** است. در این سه مورد، هر مرد یهودی مجبور بود همراه با خانواده‌اش از خانه خود به خیمه سفر کند.

دو و نیم قبیله که دامداران حرفه‌ای بودند، خواستند که میراث‌شان را در دشت‌های پوشیده از چمن جلعاد در شرق رود اردن به آنها بدهند. این می‌توانست به نارضایتی سایر قبایل منجر شود. موسی مصالحه برقرار کرد. او اصرار داشت که آنها ابتدا باید به برادران خود کمک کنند تا در میراث خود مستقر شوند. تنها در این صورت آنها می‌توانستند به شرق بازگردند.

سپس موسی، شرح رسمی این سرزمین را ثبت کرد و شهرهای کنعانی را نام برد و حدود آن را مشخص کرد و برای لاویان که می‌بایست در میان سایر اقوام پراکنده شوند تا به تعلیم و اجرای شریعت بپردازند، شهرهایی تعیین کرد.

تثنیه - سخنرانی خداحافظی موسی برای قومش

عنوان کتاب بعدی، **تثنیه**، به معنی "تکرار قانون" است. زندگی موسی رو به پایان بود. او با توجه به تجربه تلخی که داشت، می‌دانست که بدون مهاری قدرتمند، افرادی که به راه خداوند تشویق کرده بود، شورش کرده و به پرستش بت‌ها باز خواهند گشت. او می‌خواست بخوبی و برای بار دوم تمام نکات مهم قانون را به خاطر بسپارند، مرور کند. احتمالا او با چیزی شبیه سرود ملی سخنانش را پایان می‌داد تا باعث شود هشدارهای او در حافظه‌شان تثبیت شود. ما می‌توانیم تصور کنیم که آنها در مقابل پیرمرد جمع شده‌اند و در حالی که اشک در چشمانشان حلقه زده است به آخرین سخنان او گوش می‌کنند.

او ابتدا چهل سال سرگردانی در بیابان را خلاصه کرد و مکان‌هایی را که دیده بودند و لغزش‌های فراوان در ایمانشان را فهرست کرد. او اصرار داشت قوانینی که در کوه سینا برای آنها وضع کرده بود بهترین قوانین روی زمین هستند و اگر آنها را رعایت کنند برایشان شادمانی و کامیابی به ارمغان خواهد آورد. غرق شدن در اعمال شیطانی ملت‌های اطرافشان یک فاجعه خواهد بود. این وظیفه

آنها بود که راه خدا را به فرزندانشان بیاموزند. سپس آنها را موعظه کرد. آن سفر طولانی و محرومیت‌های گاه و بیگاهی که متحمل شده بودند، روش خداوند برای آزمایش آنها بود تا ببینند که همچنان در مصیبت‌ها به او ایمان می‌آورند. بزودی آنها چادرهای خود را ترک خواهند کرد و در وفور نعمت زندگی خواهند کرد. و به این صورت فراموش کردن خدایی که آنها را از بردگی نجات داده بود آسان خواهد بود. او گفت که آن سرزمین به این دلیل که آنها افراد بسیار خوبی بودند، به ایشان داده نشد، بلکه ساکنان کنونی آن بسیار پست بودند و اسرائیلیان نباید با آنها ازدواج کنند یا بت پرستی‌شان را تقلید کنند.

کوه نبو

او دوباره احکام اصلی و قوانین وراثت را مرور کرد، که به موجب آن تأمین معاش هر خانواده از خاک، تضمین می‌شد. او به اعیادی که باید آنها را به عنوان بخشی از عبادت خود برپاکنند اشاره کرد و یک آیین‌نامه رفتاری برای پادشاهی که زمانی به آنها داده خواهد شد، وضع کرد. او بر اهمیت عدالت واقعی تاکید کرد. قتل باید با محاکمه عادلانه با شاهدان مناسب مورد رسیدگی قرار گیرد و قتل عمد به دقت از قتل غیرعمدی جدا شود. تهمت، نفرت و ظلم به فقرا همگی غیرقانونی بود؛ بلکه آنها باید از یکدیگر حمایت کنند و از خود بردباری نشان دهند، حتی زمانی که خارجی‌ها در سرزمین‌شان زندگی می‌کنند. او عدالت اجتماعی و احترام به خداوند را به عنوان بازوهای دوقلوی قانون ملی در برابر آنها قرار داد.

او برای تقویت مجدد اهمیت شریعت خدا، آنها را متقاعد کرد که وقتی به سرزمین موعود رسیدند، مجمع ملی را در شکیم، جایی که اجدادشان در آن دفن شده بودند، برگزار کنند. در آنجا آنها باید

نکات اصلی شریعت را که در صورت اطاعت، برکت و در صورت نافرمانی، لعنت می‌بخشد، با صدای بلند بخوانند. سپس آنها را برای یادآوری برای نسل‌های بعدی بر روی سنگی پوشیده با گچ، بنویسند.

سخنان موسی وقتی به اوج خود رسید، که او با چشم الهام، قرن‌های آینده را دید. زمانی را که پس از یک انفجار اولیه از شور و شوق نسبت به خدا، مردم به او پشت خواهند کرد و مورد قضاوت قهر او قرار خواهند گرفت. موسی می‌توانست قحطی‌ها و هجوم‌هایی را که با توبه در هم آمیخته شده بود، و سپس پراکندگی نهایی در زمین را ببیند. این باب‌ها (۲۷ تا ۲۹) پیشگویی جالب توجهی از آن چیزی است که واقعاً برای اسرائیل رخ داد، نقطه اوج این پیشگویی‌ها در نابودی دولت رومیان در سال ۷۰ پس از میلاد بود. اما روشن‌بینی او فراتر رفت و خدای مهربانی را دید که نسبت به قوم سرکش خود، دلسوز است و آنها را به سرزمینشان بازمی‌گرداند و بار دیگر ایشان، قوم مطلوب خداوند خواهند بود:

"اگر طردشدگان شما تا به کران آسمان نیز باشند، یهوه خدایتان شما را از آنجا گرد آورده، باز خواهد آورد. و یهوه خدایتان شما را به سرزمینی که پدرانتان به ملکیت یافتند باز خواهد گردانید، و مالک آن خواهید شد. و او شما را کامیاب‌تر و پرشمارتر از پدرانتان خواهد ساخت." (تثنیه ۳۰: ۴و۵)

ما شاهد آغاز این بازسازی، طی صد سال گذشته بودیم.

سرانجام، رهبر سالخورده، نسخه‌ای از قانون را با دست خود نوشت و آن را برای بایگانی به کاهنان تحویل داد تا نگهداری شود. در صد و بیست سالگی، آخرین کلمات او به مردم، شامل سرود بزرگ او درباره خداوند بود، که سفارش کرد تا آن را حفظ کنند و به فرزندان خود آموزش دهند. پس از آن به هر یک از دوازده قبیله، یک به یک برکت داد.

پس از خداحافظی‌های غم‌انگیز، موسی به تنهایی از **کوه نبو** بالا رفت، آنجایی که به طور مختصر، شاید در روزی که فوق‌العاده صاف و روشن بود، اجازه یافت برای اولین و آخرین بار، تمام سرزمینی که خدا به ابراهیم وعده داده بود، از دوردست‌ها در لبنان تا دریای مدیترانه را ببیند. سپس در خواب طولانی مرگ فرو رفت، که در روز جلال از آن بیدار خواهد شد.

یوشع - کتاب جنگ‌های سرزمین کنعان

خیلی سخت است که خود را به جای یک مرد بزرگ بگذاریم. **یوشع**، که پس از برعهده گرفتن مسئولیت ملت، بشدت احساس تنهایی می‌کرد، ابتدا توسط خود خدا، و سپس توسط مردم، تشویق شد تا قوی و دلیر باشد. اولین وظیفه او عبور از **رود اردن** و پیشروی به قلب سرزمین کنعانیان بود. شهر باستانی **اریحا** راه را مسدود می‌کرد. در تصمیمی عاقلانه، او دو جاسوس را برای شناسایی فرستاد و آنها گزارش دادند که روحیه ساکنان آن شهر در پایین‌ترین سطح ممکن است.

چگونه یوشع توانست تمام ملت را از رود اردن که در این وقت از سال کاملا زیر سیلاب بود عبور دهد؟ دستورالعمل‌ها از جانب مشاور الهی او آمد. پس از سه روز، کاهنان باید با حمل صندوق عهد به وسط رودخانه می‌رفتند و مسیر را رهبری می‌کردند. به طور معجزه‌آسایی، وقتی پای آنها به کناره اردن رسید، آب خشک شد و امکان گذر از آب، بدون اینکه حتی پای آنها تر شود، فراهم شد. ساعاتی بعد، در حالی که همه در طرف غربی رود، در امان بودند سیلاب دوباره جریان خود را ازسرگرفت. در این واقعه، نمادگرایی ارزشمندی وجود داشت. طبق گزارش، آب (شاید بر اثر رانش زمین) در شمال در محلی به نام **آدم** قطع شد. وقتی که کشتی (یک نماد قدرتمند از عیسی)، سیلی را مهار کرد که می‌توانست فرزندان آدم را تا **دریای مرده** بکشاند (مکانی آنقدر شور که هیچ چیز نمی‌تواند در آن زنده بماند)، مردم به سرزمین موعود راه یافتند. در این تمثیل، آنها به پادشاهی خدا وارد شده بودند.

اریحا اولین شهر از سرزمین کنعان بود که توسط یوشع فتح شد. بار دیگر فرشته، که "سردار لشکر خداوند" نامیده می‌شود، دستورات خود را صادر کرد. قرار بود خدا درس مهمی به بنی‌اسرائیل و حتی دشمنانشان بدهد. که پیروزی نه با نبوغ نظامی‌انسان‌ها، بلکه با قدرت خدای اسرائیل ممکن است. ارتش به مدت شش روز، در سکوت کامل به دور شهر حصاردار می‌گردید و موجب سرگرمی‌ساکنان بود. در روز هفتم آنها هفت دور را کامل کردند. در آخرین دور، دیوارهای اریحا فرو ریخت (احتمالاً در اثر زلزله)، به طوری که کل شهر رو به شمشیر و آتش گشوده شد. این یک پیروزی بزرگ بود.

یوشع تصمیم گرفت به سمت رشته کوه مرکزی پیشروی کند تا جنوب کشور را تصرف کند. در این راستا تصمیم شاهان یا رؤسای قبایل کنعانی برای اتحاد با یکدیگر و حمله به **جبعون،** به او کمک

کرد. این شهر مهم، یوشع را در اوایل کارزار فریب داده بود تا معاهده صلح امضا کند. او اکنون ملزم بود به پیمان خود با آنها احترام بگذارد. در واقع، نبرد در میدان باز چیزی بود که او نیاز داشت؛ حمله به تک تک شهرهای حصاردار، ماه‌ها و حتی سال‌ها طول می‌کشید. آنها شبانه از اردوگاه اصلی در جلجال در نزدیکی اریحا، تا ارتفاع ۳۰۰۰ فوت (۹۰۰ متر) بالا رفتند، با روشنایی صبح دشمن را غافلگیر کردند و آنها را کاملاً شکست دادند. یک روز طولانی بود، که در آن خداوند تگرگ ویرانگری فرستاد که سربازان فراری را به زمین می‌انداخت و روشنایی روز را برای یوشع طولانی کرد تا نابودی ایشان را کامل کند.

مرحله دوم در شمال این سرزمین بود، جایی که دوباره سرداران تصمیم گرفتند برای مقابله با تهدید اسرائیلی‌ها نیروهای خود را متحد کنند. این نبرد در کنار دریاچه کوچکی در شمال دریای جلیل رخ داد. پیروزی یوشع با تخریب نظامی پایتخت شهر **حاصور** همراه شد. در حفاری‌های **ایگائیل یادین**[1] اسرائیلی در دهه ۱۹۷۰، آثاری از آتشی که یوشع با آن حاصور را سوزاند، و بت‌های سنگی که سرهایشان هنگام سرنگون کردن زیارتگاه‌های مشرکان توسط سربازان کنده شده بود، یافت شد. و این اظهارات را تایید کرد که:

"آنگاه یوشَع بازگشته، حاصور را تسخیر کرد و پادشاهش را به شمشیر کشت. حاصور در گذشته بر همهٔ این ممالک سَر بود. آنان هر که را در آنجا بود از دم تیغ گذراندند و همه را به نابودی کامل سپردند، و هیچ ذی‌نَفَسی باقی نماند. <u>و او حاصور را به آتش سوزانید.</u>" (یوشع۱۱: ۱۰-۱۱)

"بنابراین یوشَع تمامیِ‌آن سرزمین را بنا بر آنچه خداوند به موسی گفته بود، تسخیر کرد و آن را به اسرائیل بر حسب سهم قبیله‌هایشان به میراث بخشید. آنگاه زمین از جنگ بیاسود."(یوشع۱۱: ۲۳)

این شکست اولیه قدرت نظامی کنعانیان ضروری بود. با تسلیم شدن نیروهای مسلح، بنی‌اسرائیل می‌توانستند تصرف سرزمینی را که خدا به آنها وعده داده بود، آغاز کنند. این امر با تهیه نقشه‌های دقیق انجام شد. کوه‌ها، رود اردن و دریاها برای تعیین مرزها مورد استفاده قرار گرفتند، و سپس

حومه شهر به میراثهایی به‌اندازه خانوار تقسیم شد. سپس این موارد با قرعه‌کشی به عادلانه‌ترین شکل ممکن بین مردم تقسیم شد. این موضوع در یوشع ۱۴: ۲ تا باب ۱۹ شرح داده شده است.

منتقدان کتاب مقدس، اغلب اصول اخلاقی اسرائیلی‌ها در کشتن کنعانی‌ها و تصرف سرزمین‌هایشان را زیر سؤال می‌برند. و در فرهنگ امروزی، "نسل‌کشی" محسوب می‌شود. با این حال کتاب مقدس به صراحت بیان می‌کند که خدا مالک نهایی همه سرزمینها است. او تصمیم می‌گیرد که چه کسی و برای چه مدت در یک کشور زندگی کند. عاموس نبی بیانی آشکار دارد:

"هان چشمان خداوندگارْ یهوه بر مملکتِ گناهکار است، و من آن را از روی زمین نابود خواهم کرد، اما خداوند می‌فرماید که، "خاندان یعقوب را به تمامی‌نابود نخواهم ساخت." (عاموس۹: ۸)

قرنها چشم خدا به کنعانیان دوخته شده بود. او به ابراهیم گفته بود که فرزندانش

"... در پشت چهارم به اینجا باز خواهند گشت، زیرا تقصیرات آموریان هنوز به کمال نرسیده است." (پیدایش۱۵: ۱۶)

"آموریان" یک اصطلاح عمومی برای مردمان ساکن در سرزمین کنعان (اسرائیل) است. خداوند صبورانه منتظر ماند. او به چهار نسل دیگر از آموریان اجازه داد تا بدی‌هایی را که پدرانشان مرتکب شده بودند در نظر بگیرند و توبه کنند، اما بی‌نتیجه بود. اکنون زمان آن فرارسیده بود که بنی‌اسرائیل، یعنی فرزندان ابراهیم، جایگزین آنها شوند. این با آنچه موسی به قوم خود گفته بود مطابقت دارد:

"نه به سبب پارسایی و نه به سبب راستدلی شما است که به سرزمین ایشان داخل می‌شوید تا آن را به تصرف آورید، بلکه به سبب شرارت این قومهاست که یهوه خدایتان ایشان را از حضور شما بیرون می‌راند، و تا به وعده‌ای که خداوند برای پدرانتان ابراهیم، اسحاق و یعقوب سوگند خورده بود، وفا کند."(تثنیه۹: ۵)

استنباط از این ماجرا، این است که وقتی تمدن‌هایی مانند ما به عمق فساد کنعانیان برسند، جایی که خشونت، همجنس‌گرایی و ستم فراوان است، روز قضاوت، ناگزیر فرامی‌رسد. این بخش مهمی از انجیل مسیحیان است. ما در برابر خدای خالق مسئول هستیم و او پسرش عیسی را برای قضاوت عادلانه جهان خواهد فرستاد (اعمال رسولان۱۷: ۳۱ را ملاحظه کنید).

آخرین وظیفه یوشع که در بابهای ۲۰ تا ۲۱ شرح داده شد، فراهم کردن محل اقامت برای قبیله لاوی بود که قرار بود کاهنان تمام وقت، با مسئولیت تعلیم و اجرای شریعت باشند. برای اطمینان از دسترسی آسان مردم به عدالت، آنها چهل و هشت شهر را طوری تقسیم کردند که دوازده قبیله به طور یکنواخت در سرزمین پراکنده شدند. از این تعداد، شش شهر با عنوان خاص "شهر پناهگاه" کنار گذاشته شد. به عنوان مثال اگر به طور تصادفی، تبر از دست کسی دررفته باشد و شخصی را کشته باشد، خویشاوندان شخص مرده ممکن است تصور کنند که او به قتل رسیده است. این می‌تواند به راحتی منجر به قتل عجولانه و انتقام‌جویانه و یا حتی منجر به جنگ خونین بین خانواده‌ها شود. در این حالت شخص می‌تواند به نزدیکترین شهر پناهگاه گریخته و تا زمانی که پرونده در دادگاه رسیدگی شود و حقایق در یک دادرسی مناسب بررسی شود، در آن شهر پناه بگیرد. اگر در قتل گناهکار نباشد، بلکه مشخص شود که قتل غیرعمد بوده است، باید تا زمان مرگِ کاهن اعظم در شهر پناهگاه بماند. و پس از مرگ وی می‌تواند آزادانه برود. این حکم تأکید می‌کند که حتی یک قتل تصادفی نیز گرفتن جان با ارزشی است که متعلق به خداست.

اکنون کار تسخیر کنعانیان به پایان رسیده بود، سربازان دو و نیم قبیله‌ای که میراث خود را در شرق رود اردن انتخاب کرده بودند، اجازه داشتند به خانواده‌های خود بازگردند. کتاب یوشع با توصیف مجمع ملی بزرگی که توسط رهبر سالخورده آنها فراخوانی شده بود، به پایان می‌رسد. او در این مجمع به آنها هشدار داد که با جدیت به وعده خود برای خدمت به خداوند، خدای خود پایبند بمانند و یک بنای سنگی برای یادآوری پیمان رسمی‌خود برپا کنند. او در سن صد و ده سالگی درگذشت و مردم همه در سوگ او نشستند.

داوران – نجات‌دهندگان ملت

کتاب داوران با وضعیتی که پس از مرگ یوشع اتفاق افتاد آغاز می‌شود. با مرگ او رابطه بین بنی‌اسرائیل و بردگی در مصر قطع شد. نسل جدیدی به وجود آمد که از سختی‌هایی که پدرانشان متحمل شده بودند چیزی نمی‌دانستند و آسودگی و رفاه، دلهایشان را از خدا دور کرده بود. و چون هنوز گروهی از کنعانیان تسلیم نشده در سرزمین باقی مانده بودند، وسوسه لغزش به سمت ادیانِ آسان‌گیر و لذت طلب آنها، برای بنی‌اسرائیل بسیار زیاد بود.

موسی درباره این اتفاق و همچنین عواقب آن به بنی‌اسرائیل هشدار داده بود. واکنش خداوند، اعمال فشار دردناکی بر قوم خطاکارش بود تا آنها را به هوش بیاورد.

"... آن نسل نیز همگی به پدران خود پیوستند، و بعد از آنها نسل دیگری برخاستند که نه خداوند را می‌شناختند و نه از کارهایی که او برای اسرائیل کرده بود، آگاهی داشتند... پس خشم خداوند بر اسرائیل افروخته شد، و ایشان را به دست تاراجگران سپرد، که تاراجشان کردند. و ایشان را به دشمنانِ پیرامونشان فروخت، به گونه‌ای که دیگر نمی‌توانستند در برابر دشمنان خود بایستند. هرگاه برای نبرد بیرون می‌رفتند، دست خداوند برای بدی بر ضد ایشان بود، چنانکه بدیشان هشدار داده و برایشان سوگند خورده بود. پس ایشان بغایت در تنگی بودند." (داوران۲: ۱۰ و ۱۴ و ۱۵)

با این حال، وقتی مردم توبه کردند و حماقت خود را تشخیص دادند، خداوند به سرعت آنها را بخشید و قهرمانانی را فرستاد تا آنها را از دست ستمگران نجات دهند. در کتاب مقدس، آنها **داوران** نامیده شده‌اند. کتاب داوران زندگینامه‌های مختصر جذابی از این مردان شجاع (و در یک مورد یک زن شجاع) ارائه می‌دهد که برای نجات ملت، جان خود را به خطر انداختند. برای درک عظمت واقعی این رهبران، باید از قوه تخیل استفاده کنید، هنگام خواندن کتاب، خود را در جای آنها قراردهید تا فشارهایی که با آنها مواجه هستند را احساس کنید. هر کلمه‌ای مهم است. بیایید یکی دو مثال را بررسی کنیم.

دِبوره در فصل چهارم داوران، به معنای واقعی کلمه، داور بود، یعنی او دادگاه‌های قضایی را تشکیل می‌داد که مردم برای رسیدگی به پرونده‌شان به آنجا می‌آمدند. لاویان، دیگر این وظیفه را انجام نمی‌دادند و در این زمان مردم از خدا رویگردان بودند. او همچنین پیامبری بود که هر از گاهی از روح خداوند الهام می‌گرفت.

حاصور که بیش از یک قرن پیش، توسط یوشع تخریب شده بود، در این زمان بازسازی شده بود. فرمانروای جدید آن به آخرین پیشرفتهای فن‌آوری فلز دسترسی داشت و ارتش را به ارابه‌هایی با اتصالات آهنی مجهز کرد که آنها را قادر می‌ساخت تا سریعتر بدوند. یابین از قدرت نظامی خود برای تسلط بر اسرائیل استفاده می‌کرد و آنها را زیر فشار باج و خراج قرار داده و زیر این بار سنگین له می‌کرد.

دِبوره از **باراق** که نام عبری او به معنای رعد و برق است، خواست تا ارتش اسرائیل را تشکیل داده و به یابین حمله کند و به او قول داد که خداوند، او را پیروز می‌کند. باراق نگران بود و اصرار داشت که فقط در صورتی به این رویارویی خواهد رفت که دبوره نیز همراه او برود. سپس با کمی مشقت

موفق شد که داوطلبانی از قبایل شمالی را متقاعد کند تا به نیروهای او ملحق شوند. نیروهای او (که به‌خوبی مسلح نبودند) طبق دستورالعمل، در **تپه تابور**، که امروزه نیز از دره یزرعیل نمایان است، گرد هم آمدند. او و ده هزار نفر در اختیار داشت، اما در مقابلش نیروهای دشمن با نهصد ارابه تحت فرماندهی **سیسرا** سردار لشکر یابین بودند. آنها در دشت وسیع و مسطح منتظر او بودند که مکانی ایده‌آل برای عملیات نظامی ارابه‌ها بود.

در کمال تعجب، باراق، سیسرا را در هم کوبید. سربازان او دشمن فراری را تا انتهای دره یزرعیل تعقیب کردند. او چگونه به این پیروزی شگفت‌انگیز دست یافت؟ اینجاست که باید روایت را با دقت بخوانیم. ابتدا متوجه می‌شویم که سیسرا، ارابه خود را رها کرده و پیاده فرار می‌کند. سپس در باب پنجم، ما یک قصیده جنگی داریم (چند نمونه از آن در عهد عتیق وجود دارد) که برای شکرگزاری از خداوند برای پیروزی، ساخته شده است و در آن از باران شدید و نهر قیشون که دشمن را از بین می‌برد، صحبت می‌کند. با کنار هم قرار دادن این نکات می‌توانیم یک طوفان شدید ناگهانی را تجسم کنیم، که رودخانه را متلاطم کرده و خاک رس دره را به گِل تبدیل می‌کند. چرخ‌های ارابه به شدت در گل گیر کرده و دشمن تمام مزیت خود را از دست می‌دهد. این روش معمول خداست که درست به موقع با استفاده از نیروهای طبیعی می‌تواند توازن قدرت را در عرض چند دقیقه تغییر بدهد. اما ما عمیقا تحت تأثیر فردی قرار می‌گیریم که با احتمالات ترسناکی روبرو بود، و با این باور که خدا او را ناامید نمی‌کند، آماده شده بود تا وارد جنگ شود. کتاب مقدس این ویژگی را ایمان می‌نامد. اگر بخواهیم خدا را خشنود کنیم، ضروری است که ما نیز این ویژگی را داشته باشیم.

درباره **جدعون**، شخصیت دیگری که نامش در کنار باراق در باب یازدهم عبرانیان، باب قهرمانان عهد جدید، ذکر شده، نیز گفته شده است که "ضعفش به قوّت بدل شد". در زمان او قوم خدا، به پرستش **بعل**، خدای باروری کنعانیان، و **اشتاروت**، همسر هوسباز او روی آوردند. حتی پدر جدعون، سرپرست روستا، تصمیم گرفته بود با این روند همراه شود و مذبحی برای بعل بسازد. خداوند همواره صبور، منتظر توبه مردمش بود. او برای بیدار کردن وجدان مردمش، به **مدیانیان**، فرزندان لوط، اجازه داد تا به مزارع آنها حمله کرده و محصولات آنها را بدزدند. زندگی آنها تبدیل به مصیبت شد.

جدعون مشغول خرمن‌کوبی گندمهایش بود، نه در خرمن‌کوبی روستا که در آن ابری از کاه، از دور قابل رویت باشد، بلکه بسختی و در چَرخُشت (زیرزمینی که محل درست کردن شراب است). اینجاست که فرشته خداوند او را ملاقات می‌کند؛ غریبه‌ای که به او نگاه می‌کرد، شکایت او را درباره اینکه بنظر می‌رسد خدا قوم خود را رها کرده است، شنید و او را به چالش کشید تا خودش برود و اسرائیل را نجات دهد. اولین مأموریت او این بود که مذبح پدرش را خراب کند و مذبح جدیدی برای خدای اسرائیل بسازد. او این کار را شبانه انجام داد تا دور از جمعیت باشد. سپس به او دستور داده شد که قبایل را برای رویارویی با مدیانیان گردآورد. با اینکه او در جنگ آموزش ندیده بود، این کار را انجام داد، اما به توانایی خودش شک داشت. او نشانه‌ای درخواست کرد و خداوند اجابت کرد. نشانه‌ای دیگر طلب کرد و خداوند دوباره نشانه‌ای فرستاد. سپس، فرشته‌ای که فرمان می‌داد، به او گفت که باید نیروهای خود را به سیصد نفر کاهش دهد. خدا می‌خواست به قوم خود نشان دهد که نه قدرت انسانی بلکه ایمان به او است، که پیروزی را به ارمغان می‌آورد. در شب نبرد به جدعون دستور داده شد که افراد خود را در سه گروه صد نفری در اطراف اردوگاه مدیان قرار دهد. آنها باید مشعلهای فروزان را برافراشته، در شیپورها دمیده و فریاد بزنند "شمشیری برای خداوند و برای جدعون". تأثیر آن چشمگیر بود. سربازان دشمن در تاریکی به یکدیگر حمله کردند و سپس در وحشتی مهیب به سمت سراشیبی و رود اردن فرار کردند. جدعون، قهرمان ترسو، داور اسرائیل شد و زمین تا چهل سال آرام گرفت. گرچه خواندن این داستانهای هیجان‌انگیز آسان است، اما باید به شجاعتی بیاندیشیم که لازمه اعتماد به خدا است تا بتوانیم با این باور که او ما را ناامید نخواهد کرد، خود را به دستان خدای نادیده بسپاریم.

کتاب داوران یک دوران پانصد ساله را پوشش می‌دهد که می‌توان آن را با این عبارت توصیف کرد:

"... در آن روزگار، پادشاهی در اسرائیل نبود، و هر کس هرآنچه در نظرش پسند می‌آمد، می‌کرد." (داوران ۱۷: ۶)

زمان اصلاحات فرا رسیده بود و خداوند این اصلاحات را با شکل جدیدی از یک رهبر -یک پادشاه- ایجاد کرد.

کتاب روت

در فاصله بین داوران و دوره پادشاهان، عاشقانه‌ای دلپذیر از **روت موآبی** قرار گرفته است. موآبیان دشمنان اسرائیل بودند. آنها در آنسوی دریای مرده زندگی می‌کردند و خدایان خود را می‌پرستیدند. در زمان قحطی، یک خانواده اسرائیلی از شهر **بیت‌لحم** در نزدیکی اورشلیم، با این باور که وضعیت بهتری در موآب خواهند داشت، به آنجا مهاجرت کردند. هر دو پسر این خانواده با زنان موآبی ازدواج کردند و خیلی زود دین خود را ترک کردند. با گذشت زمان، هر دوی آنها مردند و پدرشان نیز فوت کرد و **نعومی** بیوه شد. او با قلبی شکسته تصمیم گرفت به بیت‌لحم بازگردد و از دو عروس خود خداحافظی کرد. اما یکی از آنها، روت، بسیار تحت تأثیر ایمان نعومی قرار گرفته بود و التماس کرد که با او برود. این کتاب نحوه آشنایی روت با یک بیت‌لحمی خداپرست به نام **بوعز** را که روت در مزارع ذرت او خوشه‌چینی می‌کرد، شرح می‌دهد. بوعز با نعومی خویشاوند بود، و هنگامی که نعومی از وی درخواست کمک کرد، او موافقت کرد که با روت ازدواج کند، تا میراث خانواده از بین نرود. فصل آخر شرح جذابی از عروسی اسرائیلی‌ها را ارائه می‌دهد و با این واقعیت قابل توجه به پایان می‌رسد که بوعز و روت از طریق خاندان یسا و داوود، از اجداد سرورمان عیسی مسیح شدند. این مساله بر این اصل تأکید می‌کند که، همانطور که پطرس رسول اعلام می‌کند:

"... براستی خدا تبعیضی میان مردمان قائل نیست؛ بلکه از هر قوم، هر که از او بترسد و پارسایی را به عمل آورد، مقبول او می‌گردد." (اعمال رسولان ۱۰: ۳۴-۳۵)

اول سموئیل - پیامبر خدا

مادر سموئیل سالها بدون فرزند بود. او در دعا از خدا چنین خواست که اگر خدا پسری به او بدهد، او آن را به خداوند باز می‌گرداند. به راحتی می‌توان چنین نذری را فراموش کرد، اما حنّا وفادارانه به قول خود عمل کرد و سموئیل جوان زیر نظر **عیلی**، کاهن اعظم، به خدمت خیمه رفت. این لاوی کوچک، هوای تازه در فضای متعفن از بت‌پرستی اسرائیل بود. پس از مرگ عیلی، او که به عنوان پیامبر خداوند و بعد به عنوان داور، پذیرفته شده بود، اصلاحاتی را آغاز کرد که اسرائیل را تا قله‌های سلطنت داوود، بزرگترین پادشاه اسرائیل بالا برد. البته ابتدا مشکلاتی پیش آمد.

فلسطینیان، جنگجویان سرسختی که در مرز غربی اسرائیل زندگی می‌کردند، به آنها حمله کردند و صندوق مقدس را که نماد حضور خدا بود، گرفتند. آنها سلاح‌های برتر داشتند و سالها بود که به مردم ظلم می‌کردند. سرانجام بنی‌اسرائیل نزد سموئیل آمدند و از او خواستند تا پادشاهی را برای آنها تعیین کند. تا به حال آنها خدا را به عنوان فرمانروای خود داشتند (نوعی حکومت معروف به **حکومت دینی**)، اما اکنون آنها می‌خواستند مانند سایر ملل اطراف خود باشند و رهبری داشته باشند که بتوانند در جنگ از او پیروی کنند. سموئیل به اذن خدا، **شائول** را مسح کرد، مردی بلند قد و نیرومند که با موفقیت، فلسطینیان را در چندین درگیری شکست داد. متأسفانه باد قدرت در سرش پیچید و مغرور و خودمحور شد و بیش از توجه به ستایش خداوند، به فکر تمجیدهای مردم بود. این یک شروع ناامیدکننده برای پادشاهی در اسرائیل بود. در پایان، سموئیل وظیفه غم‌انگیزی داشت تا به شائول اطلاع دهد که او با شخصی که به قلب خداوند نزدیکتر است، جایگزین خواهد شد. این باعث شد او با حسادتی شدید به دنبال کسی باشد که ممکن است مقام او را به چالش بکشد.

انتخاب جانشین شائول آموزنده بود. خدا سموئیل را به بیت‌لحم، شهر یسا، نوه روت، فرستاد و به او گفت که یکی از پسران یسا را مسح کند. وقتی نخست‌زاده، قدبلند و خوش‌تیپ، جلوی او ایستاد، سموئیل مطمئن بود که این همان است. اما خداوند با پیامبر پیر صحبت کرد:

"به سیما و قامت بلندش منگر، زیرا او را رد کرده‌ام. خداوند همچون انسان نمی‌نگرد؛ انسان به ظاهر می‌نگرد، اما خداوند به دل." (اول سموئیل۱۶: ۷)

این یک اصل مهم است و حتی سموئیل پس از سالها تجربه در طبیعت بشر، به دامش افتاده بود. در واقع خداوند، داوود کوچکترین پسر یسا را انتخاب کرد که بیشتر به گله‌داری و نه به مدیریت افراد عادت داشت، زیرا قلب او فروتن بود و ایمان قوی به خدا داشت.

سرنوشت داوود سرافرازی حقیقی بود، اما ابتدا مجبور شد از دست شائول سالها در ناامیدی و سختی، رنج ببرد. او در نبرد **وادی ایلاه،** که در اول سموئیل باب ۱۷ شرح داده شده است، مورد توجه عموم قرار گرفت. فلسطینیان یک قهرمان غول‌پیکر به نام **جُلیات** داشتند که هر اسرائیلی را به چالش می‌کشید تا با او روبرو شده و به تنهایی با او بجنگد. داوود، گرچه جوانی بیش نبود، از شنیدن فریاد لعنت او بر خدای اسرائیل برانگیخته شد. او که فقط به چوب‌دستی و فلاخن مسلح بود، با اطمینان از اینکه خداوند او را پیروز می‌کند، از دره عبور کرد. او با مهارتی که طی سالها شبانی کسب کرده بود، شکافی را در زره جُلیات انتخاب کرد و با فلاخن، سنگی را در اعماق پیشانی او فرونشاند.

داوود و جلیات
اسمار شیندلت ۱۸۸۸

شجاعت داوود او را به سمت فرماندهی ارتش سوق داد، و در عین حسادت شائول، که حالا از او به عنوان رقیب می‌ترسید، داوود تبدیل به ستاره روزگار شد. داوود مجبور شد که پس از چندین بار تلاش برای نجات جانش، از دست جاسوسان و سربازان شائول گریخته و همراه گروهی از شورشیانی که به وی پیوسته بودند در دره‌ها و غارهای کوهستانی پنهان شود. داستان فرارهای او و ایمان کم‌نظیرش به خدا، سیزده باب آخر از کتاب اول سموئیل را دربرمی‌گیرد. این باب‌ها شامل قصه‌هایی بی‌اندازه جذاب هستند.

سرانجام روزی فرا رسید که خداوند به وعده خود عمل کرد. شائول و پسرانش، از جمله **یوناتان،** بهترین دوست داوود، در **نبرد** فاجعه‌بار جِلبوعَ جان باختند و راه برای بازگشت داوود از تبعید و گرفتن تاج و تخت، باز شد.

دوم سموئیل – داوود پادشاه می‌شود

کتاب دوم سموئیل با تاجگذاری داوود توسط قبیله خودش، قوم یهودا، در **حبرون** آغاز می‌شود. حکومت او محدود شده بود به این دلیل که برخی از قبایل، همچنان به پسر بازمانده از شائول، **ایشبوشِت،** و فرمانده او **آبنیر** وفادار بودند. اما پس از هفت سال، جنگ قدرت با ترور ایشبوشِت حل شد و داوود، پادشاه تمام اسرائیل شد. اولین اقدام او برای اتحاد قبایل، ایجاد پایتخت جدید در مرکز کشور بود. **اورشلیم** توسط دره‌های عمیق بخوبی محافظت می‌شد و از منبع آب خوبی برخوردار بود. داوود در آنجا قصری ساخت و برای تقویت عبادت خدا، صندوق عهد را از تبعید طولانی بیرون آورد. فلسطینیان در زمانی که کشور تقسیم شده بود او را رها کرده بودند و اکنون که او را یک چالش واقعی می‌دانستند، یک حمله پیشگیرانه علیه پایتخت جدید او آغاز و او را مجبور به فرار کردند. اما با دعا و درخواست یاری از خدا، او نیرویی تازه یافت و در دو درگیری سرنوشت‌ساز در **وادیِ رِفائیم** در خارج از اورشلیم، به جاه‌طلبی‌های همسایگان سرسخت خود برای همیشه پایان داد.

باب هفتم از کتاب دوم سموئیل مهم است. این باب شامل یک **وعده** مهم است که خدا به داوود داد، و هم‌ردیف وعده‌هایی است که به ابراهیم و حوا داده شده است. پانصد سال قبل، موسی به مردم گفته بود که وقتی به سرزمین موعود رسیدند، خداوند یکی از شهرهای آنها را به عنوان محل عبادت دائمی خود انتخاب خواهد کرد. طبیعتاً، داوود امیدوار بود که این شهر، پایتخت جدید او، اورشلیم باشد. برای شروع کار، او به ناتان نبی گفت که می‌خواهد **معبدی** باشکوه و مناسب برای خدای خود بسازد. ناتان با پاسخی از جانب خداوند برگشت. او گفت که خدا از پیشنهاد او خشنود است، اما این وظیفه بر عهده فرزندش، مرد صلح، گذاشته خواهد شد. در عین حال، او افزود که خدا تصمیم گرفته برای داوود خانه‌ای بسازد؛ نه خانه‌ای از چوب و سنگ، بلکه یک خاندان یا سلسله پادشاهی. او گفت که یکی از فرزندان داوود بر تخت او خواهد نشست، که نه تنها پسر داوود، بلکه پسر خدا نیز خواهد بود و برای همیشه بر قوم خدا سلطنت خواهد کرد. برای حل این معما باید تا زمان تولد عیسی منتظر می‌ماند که هم از نسل داوود و هم پسر خدا بود.

این کتاب با موفقیت‌های نظامی داوود در برابر کشورهای اطراف ادامه می‌یابد که منطقه وسیعی را از لبنان تا مرز مصر تحت کنترل خود درآورد. اما قرار بود از این قله غرور انسانی، به سختی پایین بیفتد. یک شب در حالی که لشکریانش در حال حمله به موآب بودند و داوود در بالکن کاخ خود استراحت می‌کرد، زنی زیبا را دید که در حیاط خانه‌اش خود را می‌شست و میل کرد که او را داشته باشد. و در کمال ناباوری‌اش، زن باردار شد. شوهرش یک فرمانده برجسته ارتش بود. داوود او را به اورشلیم فراخواند و به او پیشنهاد کرد که به خانه و نزد همسرش برود، به این امید که به‌نظر برسد که نوزاد متعلق به او است. اما **اوریا** از این امر پیروی نکرد. سپس داوود با سنگدلی نامه‌ای به **یوآب** فرمانده ارتش نوشت که توسط خود اوریا حمل شده بود و از او می‌خواست که سرباز بیچاره را در خط مقدم قرار دهد تا کشته شود. سپس داوود با عجله با بیوه او، **بَتشِبَع**، ازدواج کرد تا زایمان مشروع اما زودرس به نظر برسد. این راهی بیش از حد ناشیانه برای فریب شهروندانش بود، و مطمئناً از چشم خداوند دور نمی‌ماند. ماه‌ها بعد **ناتان** نبی در خانه او را زد. داوود را در مَثَلی که در آن خود را محکوم می‌کرد به دام انداخت و عالیجناب گناهکار همایونی را برای اعتراف به خطاهای خود به پیشگاه خدا آورد. عمق پشیمانی او به وضوح در مزمور ۵۱ نوشته شده است.

"مرا از تقصیرم به تمامی شستشو ده، و از گناهم مرا طاهر کن! به تو، آری تنها به تو، گناه ورزیده‌ام، و آنچه را که در نظرت بد است به عمل آورده‌ام ... شادی نجات خود را به من بازده، و به روحی راغب حمایتم فرما. آنگاه راه‌های تو را به عاصیان خواهم آموخت، و گناهکاران نزد تو باز خواهند گشت. خدایا، لکهٔ خون را از وجود من پاک کن. ای خدایی که خدای نجات من هستی، و زبانم عدالت نجات‌بخش تو را شادمانه خواهد سرایید. خداوندگارا، لبانم بگشا، تا دهانم ستایش تو را بیان کند."

نوزاد مرد. و همانطور که ناتان پیش‌بینی کرده بود، از آن روز به بعد، قتل و خونریزی خانواده داوود را از هم پاشید. اما گناه او بخشیده شد. داوود در حالت عادی زناکار یا قاتل نبود. ما باید نسبت به شیوه‌هایی که قدرت، اخلاقیات را فاسد می‌کند هشیار باشیم. البته رحمت همیشگی خداوند نسبت به گناهکارانی که توبه می‌کنند نیز می‌تواند مایه تسلی خاطر ما باشد.

هفت بابی که در ادامه می‌آید، به وضوح نفرین را که داوود بر سر خانواده خود آورده بود نشان می‌دهد. پسر بزرگترش توسط **اَبشالوم**، نفر دوم درصف تاج و تخت، به قتل رسید. سپس اَبشالوم کودتایی را علیه پدر خود ترتیب داد، بدون هیچ هشداری به او حمله کرد و داوود را مجبور کرد

برای نجات جان خود فرار کند. این شورش که تقریباً موفقیت آمیز بود، با مرگ پسر داوود در جنگ، خاتمه یافت، و شاه داغدار را برای بازگشت به تاج و تخت خود در امان گذاشت.

نقطه اوج کتاب دوم سموئیل در باب آخر آمده است. داوود ترغیب شده بود که رعایای خود را سرشماری کند، احتمالا برای اینکه بتواند به دستاوردهای خود ببالد. اما خدا که از قبل به دلیل بی‌دینی قوم خود عصبانی بود، طاعونی فرستاد که تعداد آنها را به شدت کاهش داد. داوود وحشت‌زده، درخواست کرد که مجازات بر خودش وارد شود، همانطور که عیسی، از نوادگان خود او، در سالهای بعد گناهان مردم را بر دوش می‌کشد. و درست به موقع، در آن ساعت، خدا مکان مذبح و معبد خود را به پادشاه سالخورده آشکار کرد. قرار نبود در شهر داوود باشد، آنطور که او زمانی امیدوار بود، بلکه اندکی به جانب شمال، در **کوه موریا**. آنجا مکانی بود که ابراهیم برای قربانی کردن پسر محبوبش اسحاق آماده شده بود، و نزدیک به محلی بود که عیسی قرار بود مصلوب شود، خارج از دیوارهای شهر. صخره‌های ناهمواری که معبد در اطراف آنها ساخته شده بود، هنوز هم وجود دارد و توسط زیارتگاه مسلمانان پوشانده شده است.

مراحل مهم در تاریخ بشر

شاید در این مرحله مفید باشد که داستان کتاب مقدس را تا اینجا در یک بازه زمانی از تاریخ‌های بسیار تقریبی قرار دهیم:

۲۴۰۰ ق م	۲۱۰۰ ق م	۱۴۵۰ ق م	۱۰۰۰ ق م
طوفان	ابراهیم	خروج	داوود

کتاب‌های پادشاهان اسرائیل

دو کتاب بعدی اسناد تاریخی هستند. آنها سوابق رسمی از دوران سلطنت پادشاهان هستند که با نظرات خود خدا در مورد اینکه او چگونه به زندگی آنها می‌نگریست، در هم آمیخته شده است. تواریخ با مرگ داوود پادشاه و واگذاری پادشاهی به پسرش **سلیمان** آغاز می‌شود و پانصد سال بعد با ویران شدن اورشلیم توسط **نبوکدنصر** پادشاه بابل در سال ۵۸۶ قبل از میلاد خاتمه می‌یابد.

این خود خدا بود که جانشین داوود را انتخاب کرد. او قول داده بود که یکی از پسران بتشبع باشد. زمانی که سلیمان تاجگذاری کرد احتمالاً فقط بیست سال داشت، اما به زودی پادشاهی را کاملاً

تحت کنترل گرفت. او از طرف خداوند دعوت شد تا هر هدیه‌ای که می‌خواهد انتخاب کند، پس او برای حکمرانی بر قوم خدا تقاضای حکمت کرد و از آن به بعد بخاطر ضرب‌المثل‌ها و عدالتش اسطوره شد. او ثروت زیادی به ارث برده بود. که بخش اعظم آن به ساخت **معبد** در کوه موریا اختصاص یافت، پروژه‌ای که ۱۵۰۰۰۰ کارگر در آن مشغول به کار بودند و هشت سال به طول انجامید. سلیمان چوب سرو خرید و مهندسانی را از **حیرام**، پادشاه **صور**، در شمال اسرائیل استخدام کرد. آنها بالای تپه را با یک سکوی سنگی غول پیکر، تراز کردند طوری که حرم سفید آهکی و حیاط اطراف آن در بالای آن شهر قرار گرفت. طرح ارائه شده توسط داوود، شبیه خیمه ساخته شده توسط موسی، اما اندازه آن دو برابر بود. روز وقف به یک گردهم‌آیی ملی تبدیل شد. کاهنان در جامه‌های سفید به طور رسمی خیمه را به مکان مقدس حمل کردند، قربانی‌ها بر روی مذبح جدید برنزی تقدیم شد و پادشاه جوان در یک سخنرانی طولانی از خدا خواست که خانه‌ای را که برایش ساخته بودند برکت دهد. سپس ابری آتشین معبد را پر کرد، همان جلال خداوند که زمانی در خیمه در بیابان ساکن شده بود.

معبد سلیمان

سلیمان برای خود یک قصر باشکوه در جنوب معبد در شهر داوود ساخت. او با حیرام صوری که در کشتیرانی مهارت داشت، قرارداد تجاری بست تا ادویه و طلا را از شرق به حوزه دریای مدیترانه بیاورد. بعدها **ملکه صبا** (سرزمین صبا، در عربستان جنوبی، در مسیر تجاری هند بود) به دیدار او رفت. او هدایای غنی برایش آورد و احتمالاً برای دور زدن انحصار باستانی مصر به اتحاد سه‌گانه با حیرام پیوست. متأسفانه خردمندی سلیمان او را از اشتباهات باز نداشت. او با هفتصد زن ازدواج

کرد (به طور متوسط هر سه هفته یک عروسی در چهل سال سلطنت خود داشت). بسیاری از آنها شاهدختهای خارجی بودند (بعضی از آنها بدون شک اتحادهای سیاسی بودند) و آنها او را ترغیب می‌کردند که خدایان آنها را پرستش کند. قدرت و ثروت و صلحی که پدرش به او واگذار کرده بود شروع به از بین رفتن کرد. و پس از مرگ او، پادشاهی متحد اسرائیل از هم پاشید.

رِحُبعام، پسر و جانشین سلیمان، توسط رهبر جوانی از قبیله افرایم به چالش کشیده شد. هنگامی که رحبعام از شنیدن سخنان هیاتی که درخواست مالیات کمتری داشتند خودداری کرد، **یرُبعام** شورشی را رهبری کرد که پادشاهی را به دو بخش تقسیم کرد. رحبعام کنترل جنوب (یهودا و بنیامین) را حفظ کرد. اما یربعام پادشاه ده قبیله دیگر شد و با توجه به اینکه ممکن بود رعایای جدیدش برای عبادت در معبد به جنوب بروند، رقیبانی جذاب برپاکرد، دو گوساله طلایی، یکی در شمال و دیگری در مکان مقدس باستانی **بیت‌ایل**.

"شما به اندازه کافی به اورشلیم رفته‌اید، اینان خدایان شما هستند که شما را از سرزمین مصر خارج کردند." (اول پادشاهان۱۲: ۲۸)

روانشناسی او بی‌عیب و نقص بود و تأثیرش این بود که ده قبیله از آن زمان به بعد، از پرستش خداوند دست کشیدند. در نتیجه، استانداردهای اخلاقی آنها به سرعت سقوط کرد. مانند قافیه‌ای تکراری، هر پادشاه جدید با این عبارت از دور خارج می‌شود که "او آنچه در نظر خداوند بد بود به انجام رساند." در نتیجه، تاریخ پادشاهی ده قبیله، تقریباً جنگ و خونریزی بی وقفه است. پسر یربعام پس از دو سال نشستن بر تخت سلطنت، به قتل رسید. جانشین او، **بَعَشا**، بیست و چهار سال دوام آورد، اما پسرش پس از دو سال ترور شد و قاتل او نیز دو ماه دوام آورد تا توسط **عمری**، که پایتخت جدید را در **سامره** ایجاد کرد، جایگزین شود. پسر او، **اَخاب**، بیش از پیشینیان خود علیه خداوند گناه ورزید زیرا با ایزابل، دختر پادشاه صیدون ازدواج کرد. این بانوی قدرتمند، رعایای اخاب را متقاعد کرد تا **بعل** را بپرستند، بازگشتی به دوران بت‌پرستی که از زمان داوران بی‌سابقه بود. او به طور برنامه‌ریزی شده همه پیامبران خداوند را که در پادشاهی اخاب باقی مانده بودند حذف کرد و هفتصد پیامبر از خدایان خود را که حقوقشان پرداخت شده بود، جایگزین آنها کرد. همه چیز برای پرستندگان خداوند تیره و تار به نظر می‌رسید. با این حال، این آخرین بخش از اول پادشاهان، از باب ۱۷ به بعد، یک مسابقه هیجان‌انگیز بین ملکه شرور و **ایلیا**، تنها بازمانده از پیامبران خدا را نشان می‌دهد. بعل قرار بود آب و هوا را کنترل کند. ایلیا به مقابله برآمد. او ثابت خواهد کرد که

یهوه (نام سنتی خدای اسرائیل) تنها خدای واقعی است. به درخواست او، خداوند یک خشکسالی سه ساله فرستاد، و در ادامه، بعد از یک نمایش بزرگ در کوه کرمل، دوباره باران فرستاد. اگرچه انقلاب مورد انتظار ایلیا اتفاق نیفتاد، اما او شگفت‌زده شد که در میان ده قبیله ۷۰۰۰ نفر هنوز به خداوند وفادار بودند. او که دلگرم شده بود، **الیشَع** را به عنوان دستیار جوان خود منصوب کرد و "مکتب انبیا" را تأسیس کرد که در آن مردان جوان شجاع، برای اینکه به مردم در مورد خدا آموزش بدهند، تعلیم می‌دیدند.

لازم به ذکر است که کتاب‌های اول و دوم پادشاهان، در درجه اول به سرگذشت پادشاهی ده ـ قبیله‌ای که حالا "اسرائیل" نامیده می‌شود، توجه دارند. با این حال، آنها همچنین به طور موازی شامل یادداشت‌هایی در مورد پادشاهان در پادشاهی جنوبی یهودا نیز هستند تا پیام مورد نظر داستان به وضوح روشن شود. در واقع، این زمانی است که دو سلسله با ازدواج پسر **یهوشافاط**، پادشاه یهودا، و **عَتَلیا**، دختر آخاب و ایزابل، به هم پیوند می‌خورند.

کتاب دوم پادشاهان حماسه را ادامه می‌دهد، پس از این که پیامبر پیر در ارابه آتش خدا ربوده شد، الیشَع جانشین ایلیا شد. خداوند در این دوران طوفان شگفت انگیزی از معجزات فرستاد. مشابه آنچه توسط عیسی و حواریون در قرن اول انجام شد، و به همان دلیل، یعنی برای اثبات اینکه ایلیا و الیشَع از طرف خدا فرستاده شده‌اند. یک جذامی شفا یافت، صد مرد با چند نان سیر شدند و دو مادر، پسران خود را از مرگ بازگرفتند. برای آن تعداد کم از وفاداران، که تحت وحشت و آزار بودند، خوب بود که بدانند که خدا با آنهاست.

شرارتی که با آخاب و همسرش آغاز شده بود، سرانجام توسط **ییهو** پایان یافت، که تمام سلسله اخاب و همچنین داماد او یعنی پادشاه یهودا را از بین برد. اما در پادشاهی جنوبی دختر اخاب بلافاصله تاج و تخت را در دست گرفت و نوه‌های خود را کشت تا رقبای خود را از بین ببرد. او به پرستش بعل ادامه داد تا اینکه او نیز در یک کودتای شجاعانه برکنار شد.

نواده ییهو، **یرُبعام دوم**، در زمان یونس نبی، به مدت طولانی چهل و یک سال برای خداوند و در پناه او، سلطنت کرد.

"... اما چون خداوند دید که رنج و محنت اسرائیلیان از برده و آزاد بسیار تلخ است، و کسی نیست که یاری‌شان رساند، ... پس اسرائیلیان را به دست یِرُبعام پسر یهوآش نجات داد ...". (دوم پادشاهان۱۴: ۲۶-۲۷)

اما از این نقطه پادشاهی ده قبیله به طور مستمر در سراشیبی بود. در سال ۷۲۲ قبل از میلاد، **آشوریان**، یک قدرت جهانی رو به رشد، از شمال حمله کردند و سرزمین را غارت کردند و کل جمعیت را به شرق تبعید کردند. داوری خدا بر ملتِ توبه ناپذیر، واقع شد.

"... پادشاه آشور سامِره را به تصرف خویش درآورد و اسرائیلیان را از آن شهر به آشور تبعید کرد ... این از آن رو واقع شد که بنی‌اسرائیل به یهوه خدای خود گناه ورزیدند ... خداوند به واسطهٔ جمیع انبیا و رؤیابینانِ خود به اسرائیل و یهودا هشدار داده بود که: "از راه‌های شرارت‌آمیز خود بازگردید و طبق تمامی شریعتی که به پدرانتان حکم کردم و از طریق خدمتگزاران خود، انبیا، برایتان فرستادم، فرمان‌ها و فرایض مرا نگاه دارید." ... اما ایشان نخواستند گوش فرا دهند... آنان تمام فرمان‌های یهوه خدایشان را زیر پا نهادند و دو گوسالهٔ ریخته‌شده، و نیز آشیرَه، برای خود ساختند. در برابر خورشید و ماه و ستارگان سَجده کردند و بَعَل را عبادت نمودند. پسران و دخترانشان را در آتش قربانی کردند، فال گرفتند، جادوگری کردند، و خود را فروختند تا آنچه را که در نظر خداوند بد بود بجا آورند، و بدین‌گونه خشم او را برانگیختند. از این رو، خداوند سخت بر اسرائیل خشم گرفته، ایشان را از حضور خود راند، و فقط قبیلهٔ یهودا به تنهایی باقی ماند. ..." (دوم پادشاهان۱۷: ۶- ۱۸)

قبیله یهودا نیز زیر پای لشکر ارتش آشور می‌لرزید، اما پادشاه بزرگ آنها، **حزقیا** آنها را به خدا وفادار نگه داشت و خطر فعلاً از سر اورشلیم گذشت. یک قرن بعد، **بابلیان** آشوریان را شکست دادند و **نبوکدنصر** پادشاه، یهودا را به عنوان یک کشور تابع و خراج‌پرداز، تصرف کرد. در این زمان وضعیت روحی یهودا نیز درست مثل ده قبیله بود. پس از آن اسارت رخ داد و در **۵۸۶ قبل از میلاد** اورشلیم با معبد زیبایش در اثر آتش‌سوزی ویران شد. برای مدت زمانی، پادشاهی ایجاد شده توسط داوود به پایان رسیده بود.

کتاب‌های تواریخ پادشاهان یهودا

از برخی جهات، دو کتاب بعدی آینه‌ای از کتاب‌های پادشاهان هستند. آنها وقایع سلطنت پادشاهانی را که بر پادشاهی دو-قبیله‌ای یهودا حکومت می‌کردند، با اشاره‌های متقابل به پادشاهان اسرائیل در سمت شمالی مرز، گزارش می‌دهند.

اول تواریخ با تلفیقی از چندین مجموعه از شجره‌نامه‌ها آغاز می‌شود. این فهرست اجداد برای یهودیان مهم بود زیرا به آنها نیاز داشتند تا ثابت کنند که از نسل ابراهیم به عنوان اعضای قوم برگزیده هستند. باب‌های اول و دوم ما را از آدم تا ابراهیم و سپس به یعقوب (اسرائیل) می‌برند و بر اجداد پادشاه داوود تمرکز می‌کنند. باب سوم، نوادگان داوود را تا زمان اسارت در بابل فهرست می‌کند. باب‌های چهار تا هفت از میان خانواده‌های هر دوازده قبیله عبور می‌کند. باب هشتم و پایان باب نهم بر خانواده شائول، پادشاه اول، متمرکز است، در حالیکه ابتدای باب نهم، مردانی از یهودا را که پس از اسارت در بابل به اورشلیم بازگشتند، فهرست می‌کند.

گزارش تاریخی از باب دهم شروع می‌شود، جایی که ما در زمان به عقب رفته و به مرگ شائول و آغاز سلطنت داوود می‌رسیم. اول تواریخ جزئیات بیشتری درباره سموئیل و پادشاهان در مورد آوردن خیمه به شهر داوود، وعده‌ای که خدا به او داده بود و فتوحات نظامی وی ارائه می‌دهد. این کتاب بر انتخاب کوه موریا به عنوان مکان معبد تمرکز دارد. مهمتر از همه، به طور برجسته‌ای نشان می‌دهد که داوود سال‌های آخر سلطنتش را صرف آماده‌سازی برای ساختن معبدی می‌کند که هرگز نمی‌تواند ببیند. او مصمم بود که همه چیز، حتی تا متن سرودهایی که خوانده خواهد شد، آموزش نوازندگان و تعیین دربان همه چیز، سر جای خودش باشد. او یک مجمع ملی برگزار کرد تا از دیگران برای کمک مالی به تکمیل این پروژه دعوت کند، به این مبلغ از سهم شخصی خود به ارزش میلیون‌ها پوند را نیز افزود. او ۴۰ سال پس از به سلطنت رسیدن، درگذشت.

دوم تواریخ در نُه باب اول، مروری بر سلطنت **سلیمان** دارد که به توسعه ساخت معبد و ثروت و قدرتش می‌پردازد. پس از آن، باب‌های ۱۰ تا ۳۶، تاریخ قوم خدا را تا زمان اسارت در بابل تکرار می‌کند، اما اطلاعات بسیار بیشتری در مورد پادشاهان حاکم در جنوب می‌دهد. حکومت یهودا معبد و کاهنیت لاویان را حفظ کرد و پادشاهان خداپرست زیادی داشت که راه خداوند را زنده نگه می‌داشتند. برخی از آنها قهرمانان ایمان بودند. به عنوان مثال، **آسا** در دوم تواریخ باب ۱۴ با ارتشی متجاوز از یک میلیون مهاجم روبرو شد در حالیکه افراد او یک سوم این تعداد بودند. او فریاد زد:

"ای خداوند، هیچ‌کس چون تو نیست که به ناتوانان در برابر زورمندان یاری رساند. پس ای‌یهوه خدای ما، یاری‌مان ده زیرا که بر تو، توکل داریم و در نام تو، به مصافِ این گروه عظیم آمده‌ایم. خداوندا، تو خدای ما هستی، پس مگذار انسان، بر تو چیره شود." (دوم تواریخ ۱۴: ۱۱)

سپس **یهوشافاط** بود که پسرش را به ازدواج دختر اخاب و ایزابل درآورد و در نتیجه خود را موظف دانست که در جنگ به اخاب شرور کمک کند. جنگی که به سختی از آن جان به در برد. وقتی که پادشاه لرزان به خانه بازگشت، پیامبر خداوند منتظر بود. او گفت: "آیا شایسته است که شریران را یاری دهی و کسانی را که از خداوند بیزارند، دوست بداری؟" این درسی است از خطرات سازش؛ بهتر است علیرغم دستاوردهای احتمالی، خود را کاملاً از کسانی که از خدا نفرت دارند، جدا نگهداریم.

پادشاه کوچک، **یوآش**، در سن هشت سالگی به دنبال شورش علیه مادربزرگ شرورش، ملکه عتلیا بر تخت نشست. عموی او، کاهن اعظم **یهویاداع** که کودتا را رهبری کرده بود، مربی او بود و پادشاه جوان را به خداوند وفادار نگه داشت تا اینکه در سن صد و سی سالگی درگذشت. حتی عموها هم می‌توانند تأثیر خوبی روی نسل جوان بگذارند.**عُزّیا**، نوه یوآش، که سلطنت او در دوم تواریخ باب ۲۶ آمده است، پادشاه جوان دیگری بود که در شانزده سالگی تاجگذاری کرد. وقایع‌نگار می‌گوید: "تا زمانی که زکریا مشاور روحانی او زنده بود، عُزّیا خدا را وفادارانه خدمت کرد و خدا او را کامیاب کرد."

عزیا شبیه یک مهندس بود. او عاشق پروژه‌های ساختمانی و کشاورزی بود و سلاح‌های جدیدی برای ارتش خود اختراع کرد. متاسفانه موفقیت موجب غرور او شد. یک روز تصمیم گرفت برای دادن بخور به معبد برود، که این امتیاز فقط برای کاهنان مسجشده بود. کاهن اعظم شجاعانه با ارباب سلطنتی خود مقابله کرد و بعد عزیا خود را گرفتار جذام دید. او روزهای خود را در یک جذامی خانه در خارج از اورشلیم با بدبختی به پایان رساند. تکان دهنده است که **اشعیای نبی**، معاصر عزیا، در باب دوم کتاب خود به همه کسانی که "مغرور و متکبر" هستند، تذکر می‌دهد. به طور تصادفی، در سال ۱۹۳۱ یک پلاک در اورشلیم کشف شد که روی آن نوشته بود "بقایای عزیا، پادشاه یهودا به این مکان منتقل شد. باز نکنید". نام او در چندین بنای تاریخی آشوری نیز به چشم می‌خورد.

لوح سنگی پیدا شده در اورشلیم که کتیبه مقبره عزیا پادشاه جذامی را در خود داشت. روی آن نوشته: بقایای عزیا، پادشاه یهودا به این مکان منتقل شد. باز نکنید

بعد از دو نسل به پادشاهی برجسته به نام **حِزقیا** می‌رسیم. او پس از انتظار بی‌صبرانه برای مرگ پدر ضعیف و بت‌پرست خود، در اولین سال سلطنتش اصلاحات گسترده‌ای را برقرار می‌کند که شریعت موسی و کهانت را بازیابی می‌کند. حزقیا توسط اشعیا، دوست نزدیکش، حمایت می‌شد. ویژگی‌های واقعی او زمانی نمایان می‌شود که کشورش با حمله آشوری‌های ظالم و شکست‌ناپذیر، تحت فرمان **سنحاریب**، مواجه می‌شود. آنها قبلاً تمام شهرهای حصاردار یهودا را با استفاده از تاکتیک‌های انقلابی محاصره جنگی تصرف کرده بودند و اکنون پایتخت، اورشلیم، را تهدید می‌کردند. وظیفه حزقیا بود که قوم خود را متقاعد کند که خدای زنده اسرائیل از بت‌های آشوری قوی‌تر است. اینها سخنان اوست:

"قوی و دلیر باشید. از پادشاه آشور و تمامی آن جماعت که با اویند ترسان و هراسان مشوید، زیرا آن که با ماست بزرگتر است از آن که با ایشان است!" (دوم تواریخ ۳۲: ۷)

ایمان او مورد داوری قرار گرفته بود. لشکر دشمن در اثر بیماری شدیدی از بین رفت و تعداد سربازان سنحاریب بقدری کم شد که مجبور شد به خانه بازگردد. بنای یادبود مبارزاتی او، که توسط باستان شناس انگلیسی سر هنری لیارد[1] در ویرانه‌های کاخ او در نینوا کشف شد، قادر به ثبت تصرف مهمترین شهر یهودا نیست. این اثر در موزه بریتانیا قابل بازدید است. یکی دیگر از یافته‌های شگفت‌انگیز، یک تونل آب در اعماق اورشلیم بود که توسط حزقیا ساخته شد تا از منبع آب شهر در برابر اقدامات دشمن محافظت کند. که در دوم پادشاهان ۲۰: ۲۰ و دوم تواریخ ۳۲ : ۳۰ شرح داده شده است. بازدیدکنندگان از اورشلیم هنوز هم می‌توانند از این تونل عبور کنند.

Sir Henry Layard [1]

تونل حزقیا

مَنَسی، پسر حزقیا به بت‌پرستی بازگشت و با اینکه پسرش **یوشیا** مرد خوبی بود، اما بت‌پرستی و بی‌اخلاقی و بی‌عدالتی اجتماعی همراه با آن مانند سرطانی در بدن یهودا در حال گسترش بود. در این دوران **ارمیا** پیامبر اورشلیم بود، که تلاشش برای مهار فساد بیهوده بود. پادشاهی، با چهار فرمانروایی که پشت سر هم آمدند، به ویرانه تبدیل شد. پایان ماجرا زمانی فرا رسید که **صدقیا**، سومین پسر یوشیا که بر تخت نشسته بود، علیه **نَبوکَدنَصَر**، امپراتور جدید خاورمیانه، **بابِل**، شورش کرد. این حماقت موجب انتقام‌گیری سریع شد. نبوکدنصر اورشلیم را محاصره کرد، آن را با آتش سوزاند و قوم یهودا را به اسارت برد. **حزقیال**، پیامبر دیگری که در میان تبعیدیان در بابل زندگی می‌کرد، به آنها هشدار داد که صدقیا آخرین پادشاه خواهد بود.

"دستار از سر برگیر و تاج از سر فروگذار! ... ویرانی، ویرانی، من آن را ویران خواهم کرد. ... تا زمانی که آن که به حق به او تعلق دارد، بیاید، و آن را به وی عطا خواهم کرد." (حزقیال ۲۱: ۲۶-۲۷)

تاج و تخت داوود از آن زمان تا کنون خالی مانده است و در انتظار آمدن عیسی است، کسی که قضاوت از آن اوست. همانطور که خدا به جدش داوود وعده داده بود، او برای همیشه بر آن خواهد نشست.

عِزرا و نِحِمیا - مردان بازسازی

یهودا و ملت‌های اطراف تحت فشارهای بابل ناله می‌کردند. از نظر ظاهری، خدایان بابل قویتر از خدای اسرائیل بودند. اما اشعَیا و ارمیا اصرار داشتند که سقوط اورشلیم، مجازات خدا برای توبه نکردن

منشور کوروش

قومش از گناهانشان بود. و آنها وعده دادند که خدای مهربان، روزی آنها را دوباره به این سرزمین بازمی‌گرداند. ارمیا در واقع یک دوره زمانی را "خداوند می‌گوید" نامگذاری کرد، او نوشت:

"چون هفتاد سالِ بابل به سر آید، من به یاری شما خواهم آمد و با بازگردانیدن شما بدین مکان، وعدۀ خود را برای شما تحقق خواهم بخشید." (ارمیا ۲۹: ۱۰)

نبوکدنصر در سال ۶۱۲ قبل از میلاد به پدرش کمک کرد تا نینوا پایتخت آشور را نابود کند. او در سال ۶۰۵ قبل از میلاد تنها فرمانروای امپراتوری بابل شد. پادشاهی قدرتمند او از مصر تا ایران امتداد داشت. اما این امپراتوری توسط **کوروش پادشاه ایران و داریوش مادی** در سال ۵۳۹ قبل از میلاد تسخیر شد و یک‌شبه سقوط کرد. حالا تقریباً نزدیک به هفتاد سال گذشته است. و حدس بزنید چه شد؟ کوروش در اولین سال خود فرمان عفو صادر کرد و به اسیران یهودی در بابل اجازه داد تا به خانه خود بروند، همانطور که در دوم تواریخ ۳۶: ۲۱-۲۳ توضیح داده شده است. اگر خواهان تأیید این موضوع هستید، بنای یادبود او با این فرمان در موزه بریتانیا در لندن قابل مشاهده است. پیشگویی کتاب مقدس به طرز شگفت‌انگیزی دقیق است!

دو کتاب **عزرا و نحمیا**، بازگشت را توصیف می‌کنند. شادی و هیجان زیادی در بین تبعیدیان وجود داشت زیرا خانواده‌های فهرست شده در باب دوم کتاب عِزرا موافقت کردند که برگردند و معبد را بازسازی کنند. اما بخاطر سختی‌هایی که هنگام رسیدن به آنجا با آن روبرو شدند، خانه‌ها و مزارع ویران شده که طی ده‌ها سال با علف هرز پوشیده شده بود، شور و اشتیاق آنها فروکش کرد. آنها بنیان یک معبد جدید را گذاشتند، که البته همانجا متوقف شد. باب چهارم کتاب عزرا، فهرستی از مخالفت‌های سایر مردم (غیر یهودیان) که در زمان غیبت آنها از سرزمینشان استفاده برده بودند، ارائه می‌دهد. بیست سال بعد و تنها با تشویق پیامبران، **حَجّی و زکریا**، بود که معبد تکمیل شد.

خود عزرا برای اولین بار در باب هفتم کتابش، حدود ۵۸ سال بعد (حدود ۴۵۸ قبل از میلاد) به صحنه می‌آید. او موج دوم مهاجران از بابل را رهبری کرد. او تصمیم گرفت تا با آموزش شریعت موسی، وضعیت معنوی بازگشت‌کنندگان را بهبود بخشد. و با موفقیت داریوش پادشاه ایران را متقاعد کرد که او را از مأموریت او حمایت کند. عبارت ماندگار او در حال سازماندهی این سفر چنین بود: "دست خداوند، خدای من بر من بود". اصلاحات لازم بود. او در بدو ورود، مردم اورشلیم را به خاطر ازدواج با زنان خارجی توبیخ می‌کند.

نحمیا متعلق به دوران سلطنت **اردشیر** در سال ۴۴۴ قبل از میلاد است. هجده سال پس از ورود عزرا به اورشلیم، نحمیا، یهودی مهم دربار پادشاه ایران، از وضعیت ویران شده اورشلیم باخبر شد و مانند عزرا، درخواست کرد که به آنجا رفته و دیوارها و دروازه‌های شکسته را بازسازی کند. خداوند در پاسخ به دعای او، دل شاه را نرم کرد و او با اختیار برای خرید مصالح و تکمیل تعمیرات به راه افتاد.

کتاب کوتاه او و بسیار جذاب است. این کتاب بعنوان یک زندگینامه نوشته شده است و سرسختی و شجاعت او در هنگام غلبه بر موانع پشت سر هم، یک قرن آوارهای انباشته، دشمنان غیر یهودی که در وضعیت موجود رشد کردند، تهدید به ترور و گله‌های سازندگان، را ثبت می‌کند. خوب است که عزرا را در کنار نحمیا در روز کفاره، پس از تکمیل دیوارها، در حال رهبری عبادت و تعلیم شریعت موسی، می‌بینیم. وقایع‌نگار می‌گوید: "آنان از کتاب، یعنی از تورات خدا، می‌خواندند و آن را توضیح داده، مفهومش را بیان می‌کردند تا مردم آنچه را که قرائت می‌شد، دریابند." (نحمیا ۸: ۸) این نمونه خوبی است از اهمیت خواندن کتاب مقدس در ملاء عام و ادای احترام به ایمان این دو مرد که نشان می‌دهد با کمک خدا می‌توانیم کارهای بزرگی انجام دهیم.

استر - ملکه یهودی ایران

آخرین کتاب تاریخی **استر** است، داستان دختر جوان اسرائیلی که با **خشایارشا**، پادشاه معروف ایران ازدواج کرد. دوره زمانی او مطابق وسط کتاب عزرا است و به حدود ۴۸۶ قبل از میلاد می‌رسد. در تاریخ، خشایارشا بیشتر به خاطر ثروت هنگفتش و برای یک لشکرکشی فاجعه بار برای سرکوب کردن تهدیدهای فزاینده یونان مشهور است. باب اول، یک جشنواره شش ماهه را در کاخ او در **شوش** توصیف می‌کند که فرمانداران صد و بیست استان خود را (احتمالاً برای آماده شدن برای سفر نظامی) سرگرم می‌کند. در پایان این مدت، او با همسرش درگیر شد و به او توصیه شد که از وی جدا شود و جایگزینی برایش پیدا کند. در طول جستجوی سراسری برای یافتن خانم‌های جوان مناسب، استر مورد توجه او قرار گرفت و به عنوان ملکه انتخاب شد. استر یتیم بود و توسط پسر عموی بزرگش **مُردخای**، که در خدمت پادشاه کار می‌کرد، تربیت شده بود. مردخای به او هشدار داد که ملیت خود را فاش نکند.

داستان با کنایه‌های بامزه پیش می‌رود. مردخای، پادشاه را از سوء قصد نجات می‌دهد، اما سپس با فرد مورد علاقه پادشاه، **هامان**، درگیر می‌شود. هامان از نسل دشمنان اسرائیل، ادومیان (از فرزندان عیسو) است. هامان برای انتقام، پادشاه را متقاعد می‌کند که با فرمانی "گروهی از رعایای بی دست و پا" را از بین ببرد. (او اشاره نکرد که آنها یهودی بودند!) مردخای از استر می‌خواهد که از نفوذ خود بر پادشاه، برای نجات ملت خود استفاده کند. او با ترس از پادشاه می‌خواهد که در یک ضیافت خصوصی شرکت کند تا در آنجا بتواند خواسته‌اش را مطرح کند. هامان نیز می‌آید و بخاطر این افتخار بزرگ به خانواده خود می‌بالد. استر با تعلل از آنها دعوت می‌کند که عصر روز بعد بازگردند، زمانی، که او قول می‌دهد درخواست خود را به پادشاه بگوید. همان شب، پادشاه متوجه می‌شود که مردخای هرگز برای نجات جان خود پاداشی دریافت نکرده است و روز بعد به هامان رو می‌کند تا از او بپرسد که چگونه به دوست خوب پادشاه پاداش دهد. هامان که به اشتباه تصور می‌کرد خودش همان مردی است که در ذهن پادشاه است، حالا می‌بیند که بزرگترین دشمنش را سوار بر اسب پادشاه، دور شهر راه می‌برد و مردم در مقابل مردخای تعظیم می‌کنند. در همان شب، استر فاش می‌کند که او و مردمش توسط هامان به مرگ محکوم شده‌اند، بله، هامان! خشایارشا خشمگین شد و او را اعدام کرد و مردخای را به عنوان نفر دوم مملکت خود معرفی کرد. فرمان هامان را نمی‌توان بر اساس قوانین پارسی لغو کرد. اما با فرمان دوم، مردخای و استر عملاً با فرمان اولی مقابله می‌کنند و به یهودیان، که معمولاً یک قوم تابع هستند، حق می‌دهند که دقیقاً در روزی که برای قتل عام هامان انتخاب شده بود، برای دفاع از خود در برابر هر دشمنی اسلحه بدست بگیرند. شاید بدانید که یهودیان تا به امروز در سرتاسر جهان، در **جشن پوریم** سالانه پیروزی بر هامان شریر را جشن می‌گیرند.

مراحل مهم دیگر در تاریخ بشر

در اینجا چند مرحله مهم دیگر از داستان کتاب مقدس آمده است:

۱۰۰۰ ق م	۵۸۶ ق م	۵۳۹ ق م	۵۲۲ ق م	۴۸۶ ق م	۴۵۸ ق م	۴۴۴ ق م
پادشاه داوود	سقوط اورشلیم	سقوط بابل و بازگشت کوروش	تکمیل معبد	استر	بازگشت عزرا	بازگشت ناحوم

صبر ایوب

بخش بعدی عهد عتیق مجموعه‌ای است از نوشته‌هایی که حاوی حکمت و شعر هستند. کتاب **ایوب** اولین و احتمالاً قدیمی‌ترین کتاب است، زیرا زبان عبری ایوب قدیمی است و ترجمه آن دشوار است. سرنخ‌هایی وجود دارد که نشان می‌دهد ایوب قبل از خروج زندگی می‌کرده است؛ سن بالای او در هنگام مرگ، نحوه اندازه‌گیری ثروتش با دام، و نامهایی مانند عوص و تیمان که پیوندهایی را با پیدایش ارائه می‌دهند.

داستان ایوب در قالب یک نمایشنامه با یک پیش‌درآمد، یک پایان و سه دور گفتار توسط چهار شخصیت اصلی تنظیم شده است. به عبارت دیگر، یک شخصیت تاریخی واقعی به نام ایوب وجود داشت، اما کتاب بصورت نمایشنامه‌ای نوشته شده است که او را در آزمایش بزرگ توسط رنج، به تصویر می‌کشد (همانطور که شکسپیر نمایشنامه‌ای درباره مرگ ژولیوس سزار نوشت).

ایوب مانند ابراهیم به خدا ایمان داشت. قربانی می‌کرد و با دوستانش برای عبادت دور هم جمع می‌شدند. آنها خود را "پسران خدا" می‌نامیدند (۱: ۶)، و می‌آمدند "تا به حضور خداوند شرفیاب شوند". این عبارات به افرادی قبل از طوفان مربوط می‌شود که در پیدایش ۴: ۲۶ و ۶: ۲ "به خواندن نام

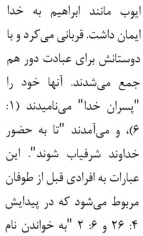

خداوند آغاز کردند" و در پیدایش ۴: ۳ و ۴: ۱۶ به پرستش در "حضور خداوند" اشاره شده است. ایوب دارای هفت فرزند و ثروت گاو و گوسفند بود و از بزرگان یا داوران مهم جامعه خود بود. همانطور که در طبیعت انسان است، یک نفر در میان گروه بود که به سعادت ایوب حسادت می‌کرد. کتاب مقدس او را "شیطان" می‌نامد که یک کلمه عبری به معنی دشمن است. او به فرشته خداوند ناله و شکایت کرد که "او فقط به خاطر آنچه از تو به دست می‌آورد به تو خدمت می‌کند!" خداوند برای اثبات اشتباه او، اما در عین حال برای آزمایش ایمان ایوب، به او این قدرت را داد که ایوب را

با یک سری مصیبت‌ها که او را به مرگ نزدیک می‌کرد، درگیرکند. ایوب این مشکلات را از جانب خدا پذیرفت (ایوب۲: ۱۰ را ملاحظه کنید). و اگر سه دوستش به صحنه نمی‌آمدند در اعتماد خود به خداوند پایدار می‌ماند. الیفاز، بلدَد و صوفَر قصد داشتند که ایوب را در رنجهایش تسلی بخشند. با این حال، نتیجه‌گیری آنها اینگونه به گوش وی خوانده شد که مشکلات او نتیجه مستقیم گناه فجیعی است که مرتکب شده است. "فقط باید توبه کنی"، "سپس خداوند تو را می‌بخشد و سعادتت برمی‌گردد". اما ایوب می‌دانست که هیچ اشتباه جدی انجام نداده است. ارتباط دادن بین گناه و مجازات بسیار آسان بود. اما اگرچه همه رنجهای بشری پیامد گناه آغازین آدم است، غمهای خاص ما لزوماً نتیجه یک زندگی بد نیست و برعکس، افراد شرور، همانطور که ایوب به آنها یادآوری کرد، اغلب مرفه هستند.

ایوب تحت اتهامات دروغین آنها به خود می‌پیچید و به تلخی شکایت کرد که در پیشگاه خدا، که در برابر اشکهایش کور به نظر می‌رسید، فرصتی برای توجیه خود ندارد. در پایان کتاب، خدا صحبت کرد. او دلیلی برای رنج کشیدن ایوب ارائه نکرد و به سادگی اشاره کرد که او در مقیاس و در سطحی بالاتر از درک ما عمل می‌کند. ما باید خیلی ساده به او اعتماد کنیم و باور کنیم که او می‌داند چه چیزی برای ما بهتر است و منتظر بمانیم تا دلایل کارهای او برایمان روشن شود. واقعیت این است که خداوند اغلب به ما اجازه می‌دهد که مانند ایوب رنج بکشیم تا ایمان خود را قویتر کنیم. عیسی اتهامات دروغین را تجربه کرد، اما بی سر و صدا محاکمات خود را به عنوان بخشی از برنامه خدا، بدون شکایت پذیرفت. نویسنده عهد جدید به عبرانیان می‌گوید که پسر خدا ،"با رنجی که کشید اطاعت را آموخت و چون کامل شد، همهٔ آنان را که از او اطاعت می‌کنند، منشاء نجات ابدی گشت." (عبرانیان ۵: ۸- ۹).

در پایان، ایوب اذعان می‌کند که در حضور خدا از حقوق انسانی برخوردار نیست، و با مهربانی، دوستان تنگ نظر خود را می‌بخشد. او از بیماری خود بهبود می‌یابد و خورشید بار دیگر به زندگی او می‌تابد.

مزامیر - کتاب شعر عبری

مزامیر بینشی از شعر عبری به ما می‌دهد. علیرغم دشواری‌های ترجمه اشعار به زبان دیگر (از جمله ریتم و "موسیقی" کلمات را همنوا کردن)، ما نیازی به متخصص نداریم تا زیبایی این نوشته‌های باستانی را درک کنیم. در کتاب مقدس عبری، کتاب مزامیر به پنج بخش تقسیم شده

است که هر یک گلچین (مجموعه‌ای) از آثار نویسندگان مختلف است. در کل، آنها کتاب سرود پرستشی معبد را نشان می‌دهند. این موضوع از دستورالعمل‌های موسیقایی چاپ شده همراه با آنها، و اشاره‌هایی که در عناوین آنها به مدیران پرستش معبد مانند پسران قورح و آساف وجود دارد، مشخص است.

تقریباً نیمی از مزامیر دارای عناوینی است که نشان می‌دهد آنها توسط پادشاه داوود، که استعداد موسیقیایی بالایی داشت، نوشته شده‌اند (اول سموئیل ۱۶: ۱۶ و عاموس ۶: ۵ را ملاحظه کنید). یکی به موسی نسبت داده می‌شود (مزمور ۹۰)، در حالی که دیگران ناشناس هستند. بسیاری از آنها بخاطر گردهمایی‌های انگلیسی با موسیقی تنظیم شده‌اند.

این به درک ما از مزامیر کمک می‌کند تا متوجه شویم شعر سنتی عبری و انگلیسی بر اساس قوانین متفاوتی عمل می‌کنند. هر دو ژانر دارای یک مقیاس یا الگوی منظم ضربات در هر خط هستند. و هر دو در تشبیهات یا استعاره‌های مفصلی که احساسات نویسنده را با تجربیات خواننده پیوند دهند، شکوفا می‌شوند. اما در حالی که احساسات ما از انتهای سطرهایی که صدای یکسانی دارند (قافیه) به هیجان می‌آید، بنی‌اسرائیل از ساختار ریاضی آن لذت می‌برند. به عنوان مثال، سطرهای بعدی ممکن است با حروف متوالی الفبا (آکروستیک) شروع شوند، یا دو عبارت متضاد ممکن است به شکل الف ب، ب الف تنظیم شوند. یکی از ویژگی‌های بارز اشعار عبری موازی بودن است، یعنی یک سطر مطلبی را بیان می‌کند، و سطر بعدی دوباره همان چیز را به شیوه‌ای متفاوت، شاید با تأکیدی قویتر، می‌گوید. در اینجا نمونه‌ای از مزمور ۲ آورده شده است:

"پادشاهان زمین به صف می‌شوند
و فرمانروایان به مشورت می‌نشینند،
بر ضد خداوند
و بر ضد مسیح او؛
که "بیایید بندهایشان بگسلیم
و زنجیرهایشان از خود بیفکنیم."
آن که در آسمانها جلوس کرده، می‌خندد؛
خداوندگار ریشخندشان می‌کند.
آنگاه در خشم خویش بدیشان سخن خواهد گفت،

و به غضب خویش ایشان را هراسان خواهد ساخت."

در اینجا نمی‌توان طیف وسیعی از مزامیر را پوشش داد. اما ارزش دارد که چند دقیقه را با مزمور داوود بگذرانید. همانطور که دیدیم داوود تجربیات ترسناک زیادی داشت، در جایی زندگی او به یک نخ، بند بود. او همچنین در نتیجه رابطه خود با بتشبع زندگی خود را بهم ریخت. ترسهای او، سپاسگزاری او هنگام نجاتش، پشیمانی او پس از گناه، و اطمینانش به رحمت پروردگار، همه در اشعاری که سروده است نمایان می‌شود. جالب اینجاست که در بسیاری از مزمورهای وی یادداشتی وجود دارد که نشان می‌دهد او تحت چه شرایطی آن را نوشته است. به عنوان مثال، عنوان مزمورهای ۳۴، ۵۱ و ۵۷ را ملاحظه کنید. مزمور ۲۳، سرود شبان، باعث آرامش میلیونها نفر شده است. در اینجا داوود با یک تصویرسازی قوی، خود را بره و خدا را به عنوان شبان خود تصور می‌کند که او را در زندگی با همه خطرات و حتی در دره مرگ راهنمایی می‌کند. مزمور ۱۱۹ نمونه‌ای درخشان از فرم آکروستیک است، به طوری که در زبان عبری در هر بند هشت بیتی، حروف عبری یکسانی در ابتدای هر سطر وجود دارد و درکل الفبای عبری و تا آخر پیش می‌رود. در عین حال، موضوع حول محور هشت مترادف کلمه خدا می‌چرخد.

اما داوود فقط یک شاعر نبود. پیامبر هم بود. روح خدا به او الهام می‌کرد. هنگامی که او از روی تجربیات خود می‌نوشت، کارهای عیسی را نیز پیش‌بینی می‌کرد. برای اثبات این نکته، این سخنان پطرس رسول در عهد جدید در مورد مزمور ۱۶: ۱۱-۸ را داریم:

"آن مرد بنا بر مشیّت و پیشدانی خدا به شما تسلیم کرده شد و شما به دست بی‌دینان بر صلیبش کشیده، کشتید. ولی خدا او را از دردهای مرگ رهانیده، برخیزانید، زیرا محال بود مرگ بتواند او را در چنگال خود نگاه دارد. چنانکه داوود دربارهٔ او می‌فرماید: "... از این رو دلم شادمان است و زبانم در وجد؛ پیکرم نیز در امید ساکن خواهد بود. زیرا جانم را در

هاویه وا نخواهی نهاد، و نخواهی گذاشت سرسپردهٔ تو فساد ببیند. تو راههای حیات را به من آموخته‌ای، و با حضور خود مرا از شادی لبریز خواهی کرد. ای برادران، می‌توانم با اطمینان به شما بگویم که داوودِ پاتْریارْک وفات یافت و دفن شد و مقبره‌اش نیز تا به امروز نزد ما باقی است. امّا او نبی بود و می‌دانست خدا برایش سوگند خورده است که کسی را از ثمرهٔ صُلْبِ او بر تخت سلطنت وی خواهد نشانید. پس آینده را پیشاپیش دیده، دربارهٔ رستاخیز مسیح گفت که جان او در هاویه وانهاده نشود و پیکرش نیز فساد نبیند." (اعمال رسولان ۲: ۲۳-۳۱)

برخی از پیشگویی‌های واقعاً شگفت انگیز در مورد عیسی، در مزامیر **"مسیحایی"** وجود دارد ("مسیح" عنوانی از جانب پیامبران برای پادشاه وعده داده شده به اسرائیل است). ما می‌توانیم شرایط تولد (۱۱۶: ۱۶)، طرد شدن او توسط خانواده خودش (۶۹: ۸)، خیانت به وی (۴۱: ۹)، شاهدان دروغین در محاکمه‌اش (۳۵: ۱۱)، مصلوب شدنش (۲۲: ۱۶-۱۸)، رستاخیزش (۱۶: ۱۰) و عروجش به آسمان (۱۱۰: ۱) را دنبال کنیم. این کلمات که ۱۰۰۰ سال قبل از تولد عیسی نوشته شده است، نشان می‌دهد که کتاب مقدس واقعاً کار خداست.

امثال - کتاب حکمت

امثال، سخنانی است که تجربیات زندگی را به طرزی دلپذیر و به‌یادماندنی خلاصه می‌کند. ما همیشه از آنها استفاده می‌کنیم و عجیب است که بسیاری از مردم امثال کتاب مقدس را نقل‌می‌کنند بدون اینکه بدانند از کجا آمده است؛ مثلاً: "غرور پیشروِ نابودی است"، "به هنگام نیاز، دوست واقعی شناخته می‌شود"، و "هر چه بکارید درو می‌کنید". تنها زمانی که سعی می‌کنید یک ضرب‌المثل بسازید، متوجه می‌شوید که چقدر ذکاوت و مشاهده طبیعت انسان در این گفته‌ها وجود دارد. پادشاه سلیمان، همانطور که در کتاب پادشاهان دیدیم، از خرد فوق‌العاده‌ای برخوردار بود. بیشتر کتاب امثال را می‌توان به او نسبت داد. او حتما منشی‌هایی داشته که تراوشات او و از مشاهداتش را یادداشت می‌کردند. سخنانی که بعداً در مجموعه‌ای که در کتاب مقدس خود داریم جمع‌آوری شدند.

کتاب امثال با تمثیلی مبسوط آغاز می‌شود که ۹ باب را دربرگرفته و بر اساس دو زن نمادین است. یکی **حکمت** است که در خیابان می‌ایستد و رهگذران را صدا می‌کند تا بابت اینکه ما فقط یک وجود داریم قدردان باشند و به آنها هشدار می‌دهد که وقت خود را برای جاذبه‌های پوچی که به

سرعت می‌آیند و می‌روند تلف نکنند، بلکه برای خدا خدمت کنند که واقعاً می‌تواند به ما پاداش دهد. در مقابل **حماقت** قرار دارد. او به عنوان یک زن زناکار جذاب به تصویر کشیده شده است که از مردان جوان دعوت می‌کند تا به اتاق او بروند تا از لذت‌های کوتاه و غیرقانونی که به مرگ ختم می‌شود لذت ببرند. قرار است تضاد بین خدمت به خدا یا دنبال کردن راه دنیا، وسوسه پول و لذت را ببینیم. و این، مَثَل عالی عیسی (درباره دو راه) را در سال‌های دور پیش‌بینی می‌کند، راه باریک و طاقت فرسایی که به زندگی جاودان منتهی می‌شود و راه عریض و آسانی که به نابودی می‌انجامد.

از باب دهم به بعد، با مجموعه‌ای باشکوه از قوانین و هشدارهای اغلب سرگرم‌کننده اما قدرتمند روبرو هستیم که همه جنبه‌های زندگی را پوشش می‌دهد. آنها امروز نیز به اندازه زمان سلیمان، صادق هستند، در واقع برخی از آنها به‌روز هستند. به عنوان مثال هشدارهای مکرر در مورد بی‌توجهی به نظم و انضباط کودکان را در نظر بگیرید. ما ثمرات "تربیت بچه نیازمند تادیب و تنبیه است"[1] را در جامعه خود می‌بینیم، وقتی گروه‌های نوجوان شهرهای بزرگ را به وحشت می‌اندازند. صدمه‌ای که از تهمت و غیبت پشت سر دیگران به وجود می‌آید، خردمندی در مشورت با طیفی از مشاوران قبل از اقدام، خطری که غرور ما را به سمت اقدامات شتابزده‌ای سوق می‌دهد که بعداً پشیمان می‌شویم؛ همه اینها و موارد دیگر در این کتاب شگفت‌انگیز منتظر توجه شما هستند. و بارها و بارها سلیمان به این نکته برمی‌گردد که اگر زندگی خود را بر اساس دستورات خدا قراردهیم، خوشبختی اکنون و نعمت آینده را خواهیم یافت. او تأکید می‌کند: "در همهٔ راه‌های او را در نظر داشته باش، و او طریق‌هایت را راست خواهد گردانید".

جامعه - تهی بودن زندگی بدون خدا

عنوان انگلیسی عجیب و غریب این کتاب کوتاه برگرفته از نامی است که در ترجمه یونانی عهد عتیق[2] به آن داده شده است. "جامعه" از همان ریشه واژه جدید عهد جدید برای "کلیسا" آمده است؛ اجتماعی از افراد فراخوانده شده. عنوان عبری در لغت به معنای "گردهمایی" است. شاید تصور این باشد که باید دور هم جمع شویم تا به سخنان **واعظی** که خود را در اولین آیه معرفی می‌کند گوش

---

[1] معادل فارسی برای ضرب‌المثلی که در امثال۱۳: ۲۴ آمده است.

[2] Septuagint

فرا دهیم. او می‌گوید که پسر داوود و پادشاه اورشلیم است که بدون شک او را با سلیمان مرتبط می‌کند.

جامعه خلاصه تجربیات مردی است که به همه چیزهایی که این جهان می‌تواند ارائه دهد دسترسی داشته است. سلیمان فوق‌العاده ثروتمند بود و می‌توانست خود را با سرگرمی‌های مجلل، پروژه‌های بزرگ ساختمانی، حرمسرای بزرگ و موسیقی‌های دل‌نشین سرگرم کند. او در باب دوم می‌گوید همه آنها را امتحان کرده و با این وجود او هیچ رضایت پایداری از دستاوردهای خود پیدا نکرده است.

"... هرآنچه چشمانم آرزو می‌کرد، از آنها دریغ نمی‌داشتم، و دل خویش از هیچ لذّتی محروم نمی‌ساختم، زیرا دل من در تمامی محنتِ من شادی می‌کرد، و این پاداش همۀ زحماتم بود. آنگاه در هرآنچه دستانم به عمل آورده بود و محنتی که در این کار کشیده بودم تأمل کردم؛ اینک تمام آن بطالت بود و در پیِ باد دویدن. و زیرِ آفتاب هیچ منفعتی نبود." (جامعه ۲: ۱۰-۱۱)

این کتاب به یک حقیقت اساسی در مورد تلاش انسان اشاره می‌کند. هر چه داریم، بیشتر می‌خواهیم. ما ماه‌ها اضافه کاری می‌کنیم تا برای یک ماشین جدید یا یک تعطیلات عالی پس‌انداز کنیم، و وقتی آن را خریدیم، متوجه می‌شویم که یک مدل به‌روز و قدرتمندتر یا یک اقامتگاه شیک‌تر برای سفر وجود دارد، و دوباره در تلاشیم تا آخرین یا بزرگترین یا آن چیزی را که می‌بینیم همسایگان ما توانایی پرداخت آن را دارند بدست آوریم.

خوشبختی گریزان است. این ناشی از مالکیت یا بالا رفتن از نردبان اجتماعی نیست. در حقیقت، ممکن است مرد فقیر از ثروتمندان شادتر باشد.

شخصِ پولدوست هرگز از پول سیر نمی‌شود، و نه دوستدار ثروت از درآمدِ خویش. این نیز بطالت است. ... خوابِ کارگر شیرین است، خواه کم خورَد، خواه زیاد؛ اما سیریِ ثروتمند نمی‌گذارد او بخوابد." (جامعه ۵: ۱۰ و ۱۲)

و سلیمان با کنایه اظهار می‌کند که زندگی غیرقابل پیش‌بینی است. او می‌گوید: "دست زمان و حادثه در کار است". غالباً یک میلیونر، جوان می‌میرد و مجبور است ثروت خود را برای دیگران بگذارد که به سرعت آن را هدر می‌دهند. قبل از اینکه متوجه شویم، پیر شده‌ایم و زندگی را از

دست داده‌ایم. آخرین باب کتاب با تصویری واضح از ضعف پیری و اجتناب ناپذیر بودن مرگ به پایان می‌رسد. او می‌گوید: "آنگاه آدمی به منزلگه جاودانی خویش رهسپار می‌شود، و نوحه‌گران در کوچه‌ها روان می‌گردند." (جامعه ۱۲: ۵)

همه چیز بسیار تیره و تار به نظر می‌رسد. و حقیقتاً جدا از خدا، زندگی خالی است. سلیمان بر کلمه "بطالت" (پوچی) به عنوان حاصل جمع فعالیتهای انسانی تأکید می‌کند. هر کاری که "زیر آفتاب" انجام می‌دهیم به گور ختم می‌شود. ما باید چشمان خود را فراتر از خورشید به سمت عرش خدا بلند کنیم، و ببینیم که این زندگی به عنوان یک میدان آزمایش در نظر گرفته شده است، محل آماده سازی برای زندگی آینده که در آن بتوانیم در حضور او زندگی کنیم. کلام آخر سلیمان در مورد این موضوع چنین است:

حال که همه چیز را شنیدیم، ختم کلام این است: از خدا بترس و فرامین او را نگاه دار، چراکه انسان بودن به‌تمامی همین است. زیرا خدا هر عمل و هر امرِ مخفی را، چه نیک و چه بد، به محاکمه خواهد آورد." (جامعه ۱۲: ۱۳-۱۴)

غزل‌های سلیمان - اشعاری درباره عشق

غزال

آخرین اثر در بخش حکمت و شعر از عهد عتیق نیز به سلیمان نسبت داده شده است. این کتاب، عشق نویسنده به یک دختر روستایی ساده را توصیف می‌کند؛ اشتیاق عمیقی که این زوج برای یکدیگر دارند؛ رنج جدایی و لذت دیدار مجدد. شخصیت‌های متفاوتی وجود دارند که به نوبت صحبت می‌کنند؛ عاشق، معشوقش و دختران اورشلیم (ترجمه‌های امروزی کتاب مقدس دارای یادداشت‌هایی است که نشان می‌دهد چه کسی صحبت می‌کند). شعر کلاسیک، از تشبیهات دقیق و صنایع ادبی استفاده می‌کند؛ داماد هم غزال است و هم درخت سیب، و عروسش نیز به نوبه خود مادیان، زنبق و باغی زیبا است. سوال جالب این است که این اثر چگونه در کتاب

مقدس گنجانده شده است؟ احتمالاً پاسخ این است که برای داشتن معنای نمادین عمیقی طراحی شده است. در نامه عهد جدید پولس به افسسیان یک سرنخ کوچک وجود دارد. در فصل پنجم، که بر ازدواج متمرکز است، او از مراقبت محبت‌آمیز مسیح از عروس خود، کلیسا، صحبت می‌کند. در آیه ۲۷ او می‌گوید عیسی با محبت عروس خود را برای عروسی آماده می‌کند و مطمئن می‌شود که او "بدون لک و چین و چروک و یا نقصی دیگر" است و به نظر می‌رسد این نقل قول از غزل غزلها ۴: ۷ است. بنابراین شاید این شعر حکایتی از علاقه شدیدی باشد که عیسی به پیروان خود دارد. او در متی ۹: ۱۵ از خود به عنوان داماد و در متی ۲۵: ۶، در مثل ده باکره، از بازگشت خود از بهشت برای عروسی صحبت کرد. اگر ما واقعاً از او پیروی می‌کنیم، باید با همان شدت مشتاق پیوستن به او باشیم.

کتب انبیاء

در این مرحله توجه به این نکته جالب است که کتاب عهد عتیق عبری که توسط یهودیان مورد استفاده قرار می‌گرفت، نسبت به کتاب مقدس انگلیسی چیدمان متفاوتی دارد. به طور کلی، کتاب مقدس عبری به سه بخش تقسیم می‌شود، که این بخش‌ها توسط عیسی و زمانی مشخص شد که گفت

"این همان است که وقتی با شما بودم، می‌گفتم؛ اینکه تمام آنچه در تورات موسی و کتب انبیا و مزامیر دربارۀ من نوشته شده است، باید به حقیقت بپیوندند." (لوقا ۲۴: ۴۴)

اکنون به بخشی به نام **کتب انبیاء** (پیامبران) رسیده‌ایم که شامل نوشته‌های اِشعَیا، اِرمیا، حِزقیال و دانیال، همچنین نوشته‌های دوازده پیامبر با کتاب‌های کوتاهتر یا "کوچکتر" است (در کتاب مقدس یهودی، یوشع، داوران، سموئیل و پادشاهان نیز گنجانده شده‌اند).

"پیامبر" چه کسی بود؟ پاسخ این است که در طول تاریخ عهد عتیق، خداوند افرادی را برانگیخت، مردان و گاهی زنان، که پیامهای او را به بشر می‌گفتند و می‌نوشتند. این افراد توسط قدرت خدا ("روح القدس") هدایت می‌شدند. آنها با بیان و کلام خودشان صحبت می‌کردند یا می‌نوشتند، اما نتیجه آن چیزی بود که خدا می‌خواست بگویند. همانطور که دیدیم، پیامبران اغلب پیش‌بینی‌هایی می‌کردند که بدون کمک و الهام از خداوند، خارج از توانایی مغز بشر است، پس گوینده آن پیش‌بینی‌ها به عنوان الهام‌گرفته از خداوند، تأیید می‌شد. این چیزی است که پطرس رسول در مورد آنها می‌نویسد:

"... وحی هیچگاه به ارادهٔ انسان آورده نشد، بلکه آدمیان تحت نفوذ روح‌القدس از جانب خدا سخن گفتند." (دوم پطرس ۱: ۲۱)

گاهی اوقات پیامبران از ادامه کار خود بیزار بودند زیرا زمانی که رفتارهای شریرانه هم‌وطنان خود را محکوم می‌کردند، با برخوردهایی خصمانه از جانب ایشان مواجه می‌شدند. **ارمیا** در جایی می‌گوید:

"... کلام خداوند برایم تمامی روز، مایهٔ رسوایی و تمسخر شده است." (ارمیا ۲۰: ۸)

او می‌خواهد برود و پنهان شود؛ اما ادامه می‌دهد:

" اگر بگویم، "ذکری از او نخواهم کرد، و دیگر به نامش سخن نخواهم گفت"، آنگاه در دلم همچون آتشی سوزان می‌گردد، محبوس در استخوانهایم، و از نگاه داشتنش در درونم خسته شده، توان خودداریِ بیشتر نخواهم داشت." (ارمیا ۲۰: ۹)

او مجبور بود کلام خداوند را بیان کند. متأسفانه بسیاری از پیامبران خداوند به دلیل عدم محبوبیت خود با مرگ روبرو شدند و پیامبران دروغینی که دلنواز صحبت می‌کردند، جای آنها را گرفتند.

پس از اینکه در بازگشت از بابل، معبد دوم توسط **زروبابل** ساخته شد، سلسله طولانی پیامبران به پایان رسید و سیصد سال قبل از میلاد مسیح، همانطور که **میکاه** پیش‌بینی کرده بود، "آفتاب بر پیامبران غروب کرد". هیچ کلام مستقیمی از جانب خداوند نبود. سپس، بطرز چشمگیری همه چیز تغییر کرد. با تولد عیسی، جریان تازه‌ای از روح‌القدس آغاز شد. او نه تنها صحبت کرد بلکه آرمان‌های مندرج در شریعت موسی و کتب پیامبران عهد عتیق را نیز به طور کامل زنده کرد. در نامه به عبرانیان چنین آمده است:

"در گذشته، خدا بارها و از راههای گوناگون به واسطۀ پیامبران با پدران ما سخن گفت، امّا در این ایام آخر به واسطۀ پسر خود با ما سخن گفته است ..." (عبرانیان۱: ۱-۲)

عیسی بزرگترین در میان پیامبران بود. پس از صعود به آسمان، قدرت روح‌القدس را به کلیسای اولیه منتقل کرد. در واقع، در قرن اول یک طبقه از مردان و زنان با استعداد وجود داشت که به آنها پیامبر یا نبی می‌گفتند. نویسندگان عهد جدید، با همان الهام الهی اشعیا و ارمیا، از جمله آنها هستند.

اِشعَیای نبی

اشعیا در زمان **عزّیا، آحاز** و **حزقیا**، پادشاهان یهودا و در حدود **۷۴۰ تا ۶۸۰ قبل از میلاد** زندگی می‌کرد. این دوره‌ای بود که امپراتوری آشور در حال قدرت گرفتن بود و نزدیک بود پادشاه **سنحاریب** به یهودا حمله کند. اشعیا در محافل سلطنتی زندگی می‌کرد (او دوست و مشاور بزرگ حزقیای پادشاه بود) و در اورشلیم دارای همسر و فرزندان بود.

اشعیا در باب ابتدایی کتابش، مانند یک پزشک، وضعیت سلامت ملت یهودا (پادشاهی جنوبی) را بررسی می‌کند و آنها را ناسالم‌ترین می‌داند. او فریاد می‌زند: "... تمامی سَر بیمار است، و تمامی دل، مریض. از کف پا تا فرق سر، در آن هیچ تندرستی نیست؛ سراسر، جراحت و کوفتگی و زخم تازه است، که نه بخیه شده، نه بسته گشته، ...". (اشعیا ۱: ۵-۶) علت بیماری روحی آنها نگرش اشتباه نسبت به خدا بود. آنها فکر می‌کردند که اگر قربانی‌های گران قیمت زیادی را تقدیم کنند، می‌توانند با اخاذی و کلاهبرداری به کسب درآمد بپردازند و خدا از آن چشم‌پوشی می‌کند. این یک اشتباه رایج است. خدا به هدایای گران قیمت علاقه‌ای ندارد. او قلب ما؛ تسلیم تمام و کمال ما نسبت به خواست و اراده‌اش را می‌خواهد. بله، او ما را خواهد بخشید، اما ما باید با تغییر دادن زندگی‌مان توبه خود را نشان دهیم. سپس او گناهان ما را پاک می‌کند و ما مانند برف تازه‌باریده پاک می‌شویم.

منشور تیلور
گزارش یک آشوری از
لشکرکشی‌های پادشاه سنحاریب در
روزگار اشعیا.

باب دوم رو به چشم انداز با شکوهی از اورشلیم "در روزهای آخر" باز می‌شود که همه مردم به معبد جدید خدا سفر می‌کنند تا قوانین او را بیاموزند، و عدالت بین‌المللی به گونه‌ای موثر اجرا می‌شود که جنگ متوقف می‌شود. اما ابتدا باید غرور انسان پاک شود و روز داوری به انجام برسد. پیامبر می‌گوید:

"نگاههای تکبرآمیز انسان به زیر کشیده خواهد شد، و کبر و غرور آدمیان پست خواهد گردید؛ تنها **خداوند** در آن روز متعال خواهد بود". (اشعیا ۲: ۱۱)

قبلاً ما الگویی از نحوه گفتار پیامبران را دیدهایم. آنها یک پیام مقتدرانه و ضروری برای زمان خود دارند، اما در عین حال ما را به آینده سوق میدهند، به پادشاهی خدا، به زمانی که به ایدهآلهایی که در تعلیمات کتاب مقدس است ابتدا آموزش داده میشود، و سپس به اجرا درمیآیند، بطوری که اراده خدا در سراسر جهان انجام میشود. به این ترتیب به ما امید داده میشود. اگرچه ما امروز شاهد پیروزی شریر هستیم و از آن رنج میبریم، میدانیم که خدا برنامهای دارد که همه چیز را درست میکند. همانطور که او به موسی گفت: "تمام زمین از جلال او پر خواهد شد". و اشعیا این موضوع را تکرار میکند:

"پس در مشرق **خداوند** را جلال دهید، و در سواحل دریاها نام یهوه **خدای** اسرائیل را برافرازید. از کرانهای زمین سرود حمد به گوش میرسد که میگوید: "جلال باد بر آن عادل!" اما من گفتم: "آه که تلف شدم! آه که تلف شدم! وای بر من! خیانتپیشگان خیانت میورزند؛ آری، خیانتپیشگان سخت خیانت میورزند". (اشعیا ۲۴ : ۱۵-۱۶)

باب ششم حکایت ازماجرای بسیار جالبی از مأموریت پیامبر دارد. این آخرین سال پادشاهی **عُزّیا** است. اشعیا رویایی از خداوند را بر تخت خود میبیند، که توسط سرافین آتشین احاطه شده است؛ تخت سلطنت، "صندلی رحمت" طلایی در مقدسترین مکان معبد بود؛ و دهان او به طور نمادین با لمس ذغال سنگ از محراب برنزی پاک میشود. سپس او برای رساندن کلام خدا فرستاده میشود. اما متاسفانه، از قبل به او گفته میشود که مردم را متقاعد نخواهد کرد.

"فرمود: "برو و به این قوم بگو: "همچنان بشنوید، اما نفهمید؛ همچنان ببینید، اما درک نکنید." (اشعیا ۶: ۹)

آیا میدانستید این آیه قدیمی بارها و بارها در عهد جدید نقل شده است؟ عیسی و حواریون دقیقاً با همین وضعیت روبرو بودند. مانند اشعیا، آنها با جدیت کلمات خدا را بیان کردند، اما مردم طوری رفتار کردند که گویی ناگهان کور و کر شده بودند. فقط اقلیت کوچکی آنقدر متواضع بودند که بایستند و پرس و جو کنند، وآنقدر ایمان داشتند که باور بیاورند و نجات یابند.

بخش بعدی کتاب، پیشگویی "عمانوئیل" نامگذاری شده است، زیرا موضوع آن، معنای کلمه عمانوئیل، خدا با ماست، می‌باشد. زمان آن در دوران **پادشاه آحاز**، یک حاکم جوان ضعیف است که پادشاهی‌اش مورد حمله ائتلاف سوریه و پادشاهی ده ـ قبیله‌ای اسرائیل قرار دارد. پادشاه در خارج از دیوارهای اورشلیم با پیامبر روبرو می‌شود و به او هشدار داده می‌شود که به کمک پادشاه آشور وابسته نباشد. پیامبر اصرار دارد که خدا با ماست. او حتی علامتی برای اطمینان خاطر به ما می‌دهد؛ باکره‌ای بچه‌دار می‌شود (اشعیا ۷:۱۴) و او را **"عمانوئیل"** ("خدا با ما") می‌نامد. پیامبر هشدار می‌دهد که آشوریان شما را نجات نمی‌دهند. در واقع آنها پادشاهی شما را فتح خواهند کرد، مانند رودخانه‌ای که در سیل سرازیر می‌شود تا سرزمین را پر کند. خداوند مانند تخته سنگی در بزرگراه عمل می‌کند. یا او مردم را زیر پا می‌گذارد تا غرورشان را از بین ببرد، یا اگر تصمیم بگیرند به او ایمان بیاورند، به آنها پناه می‌دهد.

ناگهان اشعیا به یک آهنگ شاد می‌پردازد. در تاریکی شمال اسرائیل ابتدا برای درک آن قدرت آن فاتح، نور طلوع می‌کند و خداوند قهرمانی را برای نجات قومش می‌فرستد.

"... جَلیلِ ملتها ... مردمی که در تاریکی گام برمی‌داشتند، نوری عظیم دیدند؛ ... زیرا که برای ما کودکی زاده و پسری به ما بخشیده شد؛ سلطنت بر دوش او خواهد بود و او"مشاور شگفت‌انگیز" و "خدای قدیر" و "پدر سرمدی" و "سَرور صلح" خوانده خواهد شد. افزونی فرمانروایی و صلح او را پایانی نخواهد بود، و او بر تخت داوود و بر قلمرو او حکمرانی خواهد کرد، و آن را به انصاف و عدالت، از حال تا به ابد، استوار خواهد ساخت و پایدار نگاه خواهد داشت. غیرت خداوند لشکرها این را به انجام خواهد رسانید." (اشعیا ۹: ۱-۷)

چگونه این عبارات رمزآلود را درک می‌کنیم؟ خوب، در وهله اول خداوند یهودا را در زمان اشعیا از شر آشوریان نجات داد. حزقیا، آن پادشاه خوب مردم خود را متقاعد کرد که به خدا اعتماد کنند (برخلاف پدرش آحاز)، و همانطور که در کتاب‌های پادشاهان و تواریخ خواندیم، فرشته خداوند ارتش آشوریان را از بین برد. اما چیزهای بیشتری در این کلمات وجود دارد. ما باید پیش‌گویی‌های کتاب مقدس را با دو جفت عینک بخوانیم. ما عینک نزدیک‌بین خود را می‌پوشیم و پیامی را مربوط با روزگار آن پیامبر می‌بینیم. سپس عینک دوربین می‌گذاریم و دوباره همان کلمات را می‌خوانیم. این بار پیام دیگری را می‌بینیم که متعلق به زمان مسیح است. (عینک نزدیک‌بین برای درک پیام مربوط به دوران آن پیامبر و عینک دوربین برای درک پیامی متعلق به دوران مسیح.) او بطور

معجزه‌آسایی از یک باکره، مریم، متولد شد. او عمانوئیل، خدا با ما، اینجا روی زمین بود، زیرا در او، همانطور که یوحنا در عهد جدید می‌گوید، جلال خدا به مدت سه سال و نیم آشکار شد. اما عیسی، آنکه زاده شد تا بر تخت داوود پادشاهی کند، و آنکه روزی در آنجا برای همیشه پادشاهی خواهد کرد، همانطور که اشعیا در آواز خواند، ابتدا باید نبرد می‌کرد. او مجبور بود نه با ارتش‌های غیر یهودی بلکه با گناه، ستمگر بزرگی که همه ما را در چنگال خود دارد، بجنگد. و حدس بزنید چه شد؟ بشارت (انجیل) نجاتی که او به ارمغان آورد، همانطور که پیامبر پیشگویی کرده بود، ابتدا به جلیل رسید. همه جزئیات منطقی و معنادار است، زیرا اشعیا از روح خدا الهام گرفته بود.

باب‌های ۱۵ تا ۲۳ شامل مجموعه‌ای از **"وحی‌ها"** درباره ملتهای اطراف یهودا می‌باشد که چوب آشوریان به پشت آنها نیز خورده بود. در اینجا نیز پیام‌هایی درباره "روزهای آخر" وجود دارد. به نظر می‌رسد گاهی اوقات ما حتی به سه جفت عینک نیاز داریم، یکی برای زمان حزقیا، دیگری برای اخبار مربوط به کارهای قرن اول عیسی و سومی برای زمان آخر.

از باب ۲۴ تا ۳۵ به بخش جدیدی می‌رسیم که در آن اشعیا از تلاشهای ناشیانه برخی از سیاستمداران در یهودا برای محافظت از خود در برابر تهدید فزاینده آشوریان، به واسطه اتحاد با مصر، ابرقدرت باستانی در جنوب، انتقاد می‌کند. پیامبر به معاصران خود هشدار می‌دهد که این حرکت به فاجعه ختم می‌شود. اما اکنون، عینک بعدی را به چشم بگذارید. دوباره نگاه کنید. اینبار ما هشداری درباره دیگر موضوع بزرگ پیامبران دریافت می‌کنیم؛ زمانی درست قبل از روز داوری، هنگامی که اسرائیل که دوباره از پراکندگی میان ملتها جمع شده است، نه از طرف آشوریان بلکه از سوی ائتلافی از دوردست‌ها در شمال، با حمله‌ای روبرو خواهد شد. تهاجم روزهای آخر، ملت مغرور را در هم خواهد کوبید و آنها تنها با ظهور پادشاه خود نجات خواهند یافت.

این قسمت از اشعیا با مزمور شادی به پایان می‌رسد:

"به دلهای هراسان بگویید: "قوی باشید و مهراسید! هان خدای شما می‌آید؛ او با انتقام و مکافات الهی می‌آید؛ او خود می‌آید تا شما را نجات دهد." آنگاه چشمان نابینایان گشوده خواهد شد، و گوشهای ناشنوایان باز خواهد گشت. آنگاه لنگان چون غزال جست و خیز خواهند کرد، و زبان گنگ شادمانه خواهد سرایید. آبها در بیابان سیلان خواهد کرد، و نهرها در صحرا خواهد جوشید." (اشعیا ۳۵: ۴-۶)

کسانی که عهد جدید را به خوبی می‌شناسند، هم اکنون اشاراتی که در کار شفای بیماران توسط عیسی بود را درک می‌کنند. با این حال، به حقیقت پیوستن این سخنان اشعیا تنها چشمه‌ای از کار بزرگی بود که عیسی هنگام بازگشت دوباره به عنوان پادشاه انجام خواهد داد. او چشمان اسرائیل را که قرن‌هاست بر کلام خداوند کور شده باز خواهد کرد. او برای کسانی که با ایمان مرده‌اند، زندگی را از مرگ به ارمغان خواهد آورد، و بدن‌های تازه‌ای که تا ابد عاری از درد و اندوه است به آنها خواهد بخشید.

در اینجا مقدار قابل توجهی از کتاب اشعیا وجود دارد که کاملاً متفاوت است. این بخشی از ثبت "رسمی" او از سلطنت حزقیا است. این بخش از باب ۳۶ تا ۳۹ ادامه دارد و به موازات کتاب‌های پادشاهان و تواریخ، بینشی دیگر در مورد رویارویی مهم با سنحاریب ارائه می‌دهد.

اکنون به سراغ باشکوه‌ترین و شاعرانه‌ترین بخش کل کتاب می‌رویم؛ باب‌های **"خدمتگزار"**، که از باب ۴۰ تا ۵۴ ادامه دارد. در این بخش اشعیا به عنوان یک پیامبر می‌تواند به آینده‌ای دور بنگرد. او زمانی را پیش‌بینی می‌کند که یهودا فتح شده و به بابل به اسارت برده شده است (این کار را قبلاً در باب ۱۴ انجام داده بود). او روحیه مردم را در پایین‌ترین سطح خود می‌بیند. وقتی معبد سوزانده شد و پادشاه صدقیا به اسارت برده شد و تاج و تخت داوود را خالی گذاشت، حتی عده معدودی از مردم وفادار نیز اعتمادشان از بین رفت. آیا خدا قسم نخورده بود که سلسله داوود تا ابد باقی خواهد ماند؟ (آیا ممکن بود - خدای ناکرده - خدایان بابل ثابت کرده باشند که از خدای اسرائیل نیرومندتر هستند؟) اشعیا با طعنه‌ای گزنده، خدایان ناتوان ساخته شده از چوب و فلز را رد می‌کند. آنها چگونه می‌توانستند کسی را نجات دهند؟ خدای اسرائیل ابدی و تواناست. او تاکید می‌کند که اگر به اندازه کافی صبر کنید، ایمان شما به او، پاداش خواهد داشت. اسرائیل از بابل باز خواهد گشت و زندگی دوباره ادامه خواهد یافت و خداوند روزی پادشاه نجات دهنده را خواهد فرستاد. در این باب‌ها کلمه‌ای شگفت انگیز تکرار می‌شود که به عیسی به عنوان **"خدمتگزار"** خدا اشاره می‌کند، کسی که از همه دستورات او اطاعت می‌کند و در نتیجه با زندگی ابدی و پیروزی پاداش می‌گیرد. در جریان آن اطاعت، خدمتگزار سر تعظیم را در برابر اراده پدر آسمانی خود تا سرحد مصلوب شدن و مرگی که مستحق آن نبود، فرود می‌آورد. در طنزی تلخ، آن خدمتگزار، که توسط افرادی که برای نجاتشان آمده بود طرد شده بود، برای آنها می‌میرد و گناهان آنها را بر دوش خود حمل می‌کند. **باب ۵۳ اشعیا** حاوی برخی از عالیترین پیشگویی‌های تحقق یافته در عهد عتیق است. که سکوت

عیسی در هنگام محاکمه، شلاق، ضرب و شتم توسط سربازان، سوراخ کردن و دفن او و در قبر یک مرد ثروتمند را پیش‌بینی می‌کند. شاید به خاطر داشته باشید که این باب از اشعیا بود که **فیلیپس مبشر** برای متقاعد کردن خواجه‌سرای حبشی در مورد عیسی در **اعمال ۸: ۳۵-۲۷** استفاده کرد. خواننده محترم، کتاب مقدس خود را گرفته و شروع به خواندن کنید. اینها باید کلام خدا باشد.

پیامبر بزرگ کتاب خود را با انتقادی شدید علیه نابرابری در یهودا به پایان می‌رساند (اگرچه این بخش آخرین قسمت کتاب است، به نظر می‌رسد که مربوط به دوره‌ای قبل از بابهای خدمتگزار است). این هشدار از قضاوت قریب‌الوقوع توسط خدایی غمگین خبر می‌دهد. با این حال، مانند همیشه با پیام امید، و چشم‌اندازی از بازگشت و روزهای آخر، درآمیخته است؛ زمانی که گناهان اسرائیل بخشیده می‌شود، و عیسی برای رها کردن آنها می‌آید.

و خداوند می‌فرماید: "برای کسانی در یعقوب که از نافرمانی‌های خویش بازگشت کنند، رهاننده‌ای به صَهیون خواهد آمد." باز خداوند می‌گوید: "و اما این است عهد من با ایشان: روح من که بر تو است و سخنان من که بر دهانت نهاده‌ام، هرگز از دهان تو، از دهان فرزندانت، و از دهان فرزندان فرزندانت دور نخواهد شد، از حال تا ابدالآباد." این است فرمودۀ خداوند." (اشعیا ۵۹: ۲۱-۲۰)

ارمیا – پیام‌آور مجازات

ارمیا بعد از اِشَعیا، حدود سال ۶۰۰ قبل از میلاد، نبوت می‌کرد. او در آخرین سالهای پادشاهی یهودا زندگی می‌کرد و در طول محاصره نهایی، در اورشلیم بود و به وحشت آن روزها و به اسارت رفتن قومش به بابل را دید. کتاب ارمیا پر از پیام‌های غم‌انگیز است، زیرا بسیاری از قسمت‌های آن درباره قضاوت‌هایی هشدار می‌دهد که برای یهودای گناهکار در شرف وقوع است. اما او چند پیشگویی واقعاً غنایی در مورد پادشاهی خدا دارد، زمانی که خداوند قوم خود را خواهد بخشید و باز خواهد گرداند. او مانند اشعیا در اورشلیم زندگی می‌کرد، اگرچه خانواده‌اش اهل دهکده‌ای سه مایل (۵ کیلومتر) دورتر به نام عناتوت بودند. به نظر می‌رسد که او مردی تنها بوده است، ازدواج نکرده بود و دوستان کمی داشت. با این حال، برای بیش از ۴۰ سال این پیامبر، وفادارانه کلام خداوند را برای قوم خود می‌آورَد و در ازای آن فقط آزار، ضرب و شتم و زندان نصیبش می‌شود.

اِرمیا مانند اشعیا در جوانی مأمور شد. او مانند اشعیا دید که دستی از جانب خدا دهان او را لمس کرد. رسول آسمانی گفت: "اینک کلام خود را در دهانت نهادم. بدان که امروز تو را بر قومها و حکومتها برگماشتم، تا از ریشه بَرکَنی و منهدم نمایی، هلاک کنی و سرنگون سازی، بنا کنی و غَرس نمایی" (ارمیا ۱: ۹-۱۰). توجه داشته باشید که هر دو جنبه منفی و مثبت در این دستور وجود دارد. خدا ابتدا در قضاوت، تخریب می‌کند اما سپس در جبران و بخشش، می‌سازد و می‌کارد.

پیامبر برای رساندن پیام خود از استعاره‌های درخشان استفاده می‌کند. یکی از چشمگیرترین آنها که در پنج باب اول دیده می‌شود، یهودا را به همسر خدا تشبیه می‌کند که در زمان موسی، با نذر در کوه سینا با او ازدواج کرده بود. خداوند که از پرستش خدایان دیگر (معادل زنا) ناراضی است به آنها هشدار می‌دهد که باید این کار را کنار بگذارند. حتی در این اواخر، زمانی که صبر او تقریباً به پایان رسیده بود، حاضر بود زمان را به عقب برگرداند و دوباره شروع کند، اگر آنها به خانه و نزد وی می‌آمدند. اما زمان به سرعت رو به پایان بود و اسارت از دور نمایان می‌شد. خداوند هشدار داد:

"چنانکه شما مرا ترک کردید و خدایانِ بیگانه را در سرزمین خویش خدمت نمودید، پس بیگانگان را در سرزمینی که از آنِ شما نیست، خدمت خواهید کرد." (ارمیا ۵: ۱۹)

در باب هفت به ارمیا گفته می‌شود که در دروازه معبد بایستد و جمعیت را خطاب قرار دهد. آنها هر روز شنبه برای عبادت به آنجا می‌آمدند و فکر می‌کردند که وظیفه خود را انجام داده‌اند. اما در خانه، هر کدام خدایان مورد علاقه خود را داشتند و زندگی آنها ادعای آنها را مبنی بر اینکه قوم خدا هستند رد می‌کرد. او فریاد زد: "راههای خود را اصلاح کنید!" امروز هم همینطور است. مردم خود را متقاعد می‌کنند که اگر سالی سه بار در کلیسا حاضر شوند یا چند نماد را ببوسند و نیایش "درود بر مریم"[1] را تکرار کنند، خداوند از آنها محافظت خواهد کرد. اما او خواستار اطاعت ما در تمام هفته است، نه فقط در روزهای یکشنبه.

در باب سیزدهم، پیامبر مجبور شده است پیام خود را عملی کند. او مجبور شد یک کمربند کتانی جدید گران قیمت بخرد و آن را دور کمرش بپیچد. سپس مجبور شد صدها مایل تا رود فرات راه برود، چاله‌ای بکَند و آن را دفن کند. مدتها بعد به او گفته شد که سفر را تکرار کرده و آن را از چاله درآورد. البته که در اثر رطوبت خراب شده بود. مردم می‌پرسیدند که این کارها برای چیست؟ پاسخ

Hail Mary[1]

وادی هنّوم

این بود که کمربند نماد مردم یهودا بود، که زمانی مثل یک کمربند به خدا نزدیک بودند. اکنون آنها بواسطه بت‌پرستی تباه شده بودند و بزودی یک راهپیمایی طولانی به سمت فرات، در راه اسارت در بابل، خواهند داشت.

در دو باب بعد، ارمیا از استقبال خصمانه‌ای که از سخنانش شد آنقدر افسرده بود که واقعاً می‌خواست تسلیم شود. او فریاد زد: "وای بر من، ای مادرم، که مرا بزادی، ... نه ربا داده‌ام و نه ربا گرفته‌ام، و با وجود این، همه لَعنم می‌کنند" (ارمیا ۱۵: ۱۰). اما خدا هنوز از قومش دست نکشیده بود. ممکن است هنوز کسی در گوشه و کنار باشد که لطف او را شنیده و پاسخ دهد. پس خدا به ارمیا گفت که باید در این راه آهسته و استوار حرکت کند و او تضمین می‌کند که جان وی از کینه مردم محفوظ می ماند.

در کتاب ارمیا مثل‌های عملی بیشتری وجود دارد. در باب هجدهم او در حال رفتن به مزرعه‌ای در جنوب اورشلیم است که در آنجا سفالگری در کارگاهش کار می‌کند. در اینجا او توده‌ای از گِل رُس را دید که روی چرخ می‌چرخد. اما گِل، سفت و نامنعطف بود. سفالگر آن را به صورت گلوله‌ای درآورد و دوباره شروع کرد. پیام آمد که خدا با ملتها کار می‌کند. او این مهارت را دارد که انسانهایی را که مثل گِل نرم هستند به شخصیت‌هایی زیبا و مفید تبدیل کند. اما اگر مردم سخت‌دل باشند و به فشار انگشتان او پاسخ ندهند، او آنها را برمی‌گرداند و دوباره شروع می‌کند. البته این کاری بود که قرنها بعد انجام داد، هنگامی که درهای انجیل را به روی غیریهودیان گشود. بعد ارمیا مجبور شد یک ظرف سفالی را به وادی **بن‌هِنّوم** حمل کند. جایی که خانواده‌های اورشلیم صف می‌کشیدند تا فرزندان خود را در آتش نزد **مولک**، خدای موآبیان بسوزانند. اوضاع آنقدر بد بود که به او گفته شد که کوزه را بشکند. پس او فریاد زد: "خدا این قوم و این شهر را خواهد شکست." بعداً به پیامبر

دستور داده شد تا به مدت سه سال هر روز یک یوغ چوبی بر دوش خود بگذارد تا نشان دهد که خداوند یهودا و کشورهای اطراف را تا زمان نوه نبوکدنصر زیر یوغ بابل قرار خواهد داد (ارمیا۲۷: ۲-۷ را ملاحظه کنید).

در باب بیستم، کاهن اعظم، **فَشحور**، ارمیا را به خاطر پیشگویی‌هایش دستگیر کرد و پاهای او را در انبارهای عمومی به غل و زنجیر بست.

او کاملاً تحقیر شده بود. این زمانی بود که او تصمیم گرفت از صحبت به نام خداوند دست بردارد، اما متوجه شد که نمی‌تواند.

برخی از باب‌های کتاب ارمیا از ترتیب زمانی خارج است. با این حال، او همیشه تاریخ پیشگویی‌های خود را بر اساس سال پادشاهی که در آن زمان سلطنت می‌کرد ذکر می‌کند، بنابراین بررسی توالی آن آسان است. باب‌ها ۲۲ و ۲۵ به زمان پادشاهی **یهویاقیم** بازمی‌گردند، اما باب ۲۴ به سلطنت آخرین پادشاه، **صدقیا**، بازمی‌گردد. در این باب بوضوح یک استعاره ادبی داریم. پیامبر دو سبد انجیر دید که یکی آبدار و رسیده و دیگری خیلی بد بود. انجیرهای خوب اسیرانی بودند که نبوکدنصر به بابل برد. آنها خوش شانس بودند، اگرچه احتمالا خودشان اینطور تصور نمی‌کردند! خدای مهربانی که می‌دانست عاقبت دولت یهود در راه است، برای حفظ کردنشان، آنها را به بابل می‌فرستاد تا در سال‌های آینده بازمانده‌ای از ایشان بتواند به سرزمین بازگردد. و انجیرهای بد، افراد سرکش، در محاصره خواهند مرد. باب ۲۵ از این نظر بسیار جالب است، زیرا در اینجا پیامبر به صراحت اعلام می‌کند که مدت اسارت آنها **هفتاد سال** خواهد بود.

> "این سرزمین سراسر خراب و ویران خواهد شد، و این قوم‌ها هفتاد سال پادشاه بابِل را بندگی خواهند کرد .اما خداوند می‌گوید: "پس از پایان هفتاد سال، من پادشاه بابِل و آن قوم و سرزمین کَلدانیان را به سبب تقصیرشان مجازات خواهم کرد، و آن را ویرانهٔ ابدی خواهم ساخت."(ارمیا ۲۵: ۱۱-۱۲)

همانطور که در کتب تاریخی کشف کردیم، این پیشگویی قابل توجه در بازگشت در زمان **یوشع** و **زروبابل** به حقیقت پیوست.

با این حال، شگفت‌انگیزترین پیش‌گویی در بابها ۳۰ تا ۳۳ یافت می‌شود. در اینجا ارمیا بیان می‌کند که خدا هرگز دست از یهودیان نخواهد کشید. آنها را به خاطر سخت‌دلیشان مجازات می‌کند، اما سرانجام آنها را به سرزمینشان باز می‌گرداند. البته این پیشگویی در بازگشت از بابل تحقق اولیه داشت، اما ارمیا نیز مانند اشعیا به آینده‌ای دور چشم دوخته است. از کجا می‌دانیم؟ در باب ۳۳: ۱۴- ۲۱ خدا اصرار دارد که دوباره پادشاهی بر تخت داوود خواهد نشست.

"خداوند می‌فرماید: هان روزهایی می‌آید که به آن وعدۀ نیکو که به خاندان اسرائیل و خاندان یهودا دادم، وفا خواهم کرد. در آن ایام و در آن زمان برای داوود شاخه‌ای عادل خواهم رویانید که عدل و انصاف را در این سرزمین به اجرا در خواهد آورد. ... زیرا خداوند چنین می‌فرماید: داوود کسی را که بر تخت پادشاهی خاندان اسرائیل بنشیند، هرگز کم نخواهد داشت .... اگر عهد مرا با روز و عهد مرا با شب باطل توانید کرد به گونه‌ای که روز و شب در وقت خود نشود، آنگاه عهد من با خادم من داوود نیز باطل خواهد شد، به گونه‌ای که او را پسری نخواهد بود که بر تخت او سلطنت کند ..."

هنگامی که اسرا از بابل بازگشتند، پادشاهی نداشتند. اکنون تاج و تخت داوود ۲۵۰۰ سال است که مدام خالی مانده است. اما وقتی عیسی متولد شد، به او وعده داده شد. فرشته به مریم گفت:

" اینک آبستن شده، پسری خواهی زایید و نامش را عیسی خواهی نهاد. او بزرگ خواهد بود و پسر خدای متعال خوانده خواهد شد. خداوند خدا **تخت پادشاهی پدرش داوود** را به او عطا خواهد فرمود." (لوقا ۱: ۳۱-۳۲)

بنابراین پیشگویی ارمیا متعلق به آینده ما است، زمانی که اسرائیل از پراکندگی دوباره جمع شده است، و عیسی، شاخه‌ای از درخت داوود، قوم خدا را شاد خواهد کرد.

ترسناک‌ترین داستان درباره ارمیا زمانی است که او را به سیاهچال انداختند. او به مردم گفته بود که اگر می‌خواهند جان خود را نجات دهند باید اورشلیم را ترک کنند و تسلیم بابلی‌ها شوند. به این ترتیب آنها از محاصره اجتناب‌ناپذیری جلوگیری خواهند کرد. اما دشمنان ارمیا این توصیه را خیانت تلقی کردند و او را دستگیر کردند. آنها دوست نداشتند خون او را بریزند؛ به هر حال او پیامبر خدا بود؛ بنابراین او را به یک آب انبار بزرگ در زیر شهر انداختند. آنجا او در گل عمیق و چسبناک فرورفت. آنها یک درپوش سنگی روی آب انبار گذاشتند و او را در حال مرگ در تاریکی رها کردند. خدا به او وعده داده بود که زندگی او از دست دشمنانش حفظ می شود، اما اکنون ایمان او به این

اطمینان به شدت در حال آزمایش بود. فریاد زد، اما کسی نشنید. دعا کرد، اما چیزی نشد. ساعتها گذشت. بالاخره صدایی از بالای سرش شنید. نور روز ظاهر شد **عِبِدمِلِک**، مردی سیاه پوست که خدمتگزار پادشاه بود، از وضعیت بد او مطلع شده بود و برای نجات او آمده بود. خدا به قول خود عمل کرده بود.

دو پیش‌گویی خارق‌العاده دیگر در ارمیا وجود دارد. یکی بیانیه‌ای در باب ۴۶: ۲۸ است:

"خداوند می‌فرماید: ای خادم من یعقوب، ترسان مباش، زیرا من با تو هستم. **من ملتهایی را که تو را به میان آنها راندم، به تمامی نابود خواهم کرد، اما تو را به‌تمامی نابود نخواهم کرد.** بلکه به انصاف تأدیبت خواهم نمود، و به‌یقین تو را بی‌سزا نخواهم گذاشت."

البته که "یعقوب" مترادف اسرائیل است. آنها مطمئناً طعم تلخ تادیب خدا را در طول قرنها چشیده‌اند. اما واقعیت همچنان پابرجاست. آنها امروز هنوز هم در جهان هستند. کشوری به نام اسرائیل در سازمان ملل متحد وجود دارد. اما امروز بابلی‌ها یا آشوری‌ها یا رومی‌ها که آنها را از سرزمینشان بیرون کردند کجا هستند؟ آنها همانطور که ارمیا گفته بود در شن‌های تاریخ ناپدید شده‌اند.

پیشگویی بزرگ دیگری در پایان کتاب آمده است. ارمیا یک دستیار داشت که تمام سخنان او را برای آیندگان ثبت می‌کرد. باب ۳۶: ۴ می‌گوید:

"پس اِرمیا، **باروک** پسر نیریا را فراخواند و باروک از دهان اِرمیا تمامی سخنان خداوند را که به او گفته بود، بر طومار نوشت."

ما می‌توانیم از کار صبورانه او سپاسگزار باشیم. اکنون، باروک برادری داشت به نام **سرایا**، که باید برای ملاقات رسمی با پادشاه به بابل می‌رفت تا خراج بدهد. شاید برای ادای احترام (ارمیا ۵۱: ۵۹ را ملاحظه کنید). ارمیا پیام ویژه‌ای برای سرایا نوشت تا با خود ببرد. پیامبر گفت که وقتی به بابل برسد، باید در کنار رودخانه بزرگ فرات که از قلب کلانشهر عبور می‌کرد بایستد و کلمات روی طومار را با صدای بلند بخواند. باید به خاطر داشته باشیم که در آن زمان بابل با ۲۰۰ مایل مربع (۵۰۰ کیلومتر مربع) بزرگترین شهر جهان بود و توسط دیوارهای بلندی به ضخامت ۹۰ فوت (۲۷ متر) محافظت می‌شد. بابل ساختمان‌های چشمگیری داشت. مرکز تجارت بین‌المللی بود. کشتی‌های عظیم برای تخلیه بار خود در اسکله‌های رودخانه تجمع می‌کردند. باغ‌های معلق (کوهی مصنوعی

پوشیده از درختان)، یکی از عجایب هفتگانه جهان بود. یک زیگورات (برج معبد پلکانی) عظیم داشت و مسیر راهپیمایی آن به طول نیم مایل (۰/۸ کیلومتر)، با صد و بیست شیر عظیم الجثه و بیش از پانصد اژدها و گاو نر از کاشی‌های لعابدار پوشیده شده بود. یهودی کوچک اهل اورشلیم، در میان جمعیت ایستاد و با شجاعت طومار خود را باز کرد. او با صدای بلند اعلام کرد که بابل آنچنان ویران خواهد شد که چیزی از آن باقی نخواهد ماند. سپس سنگی را به طومار بست، آن را به رودخانه انداخت و فریاد زد:

"به همین‌گونه بابل غرق خواهد شد و دیگر بر نخواهد خاست." (ارمیا ۵۱: ۶۴-۶۱)

حتما برای تماشاگران مسخره به نظر می‌رسید. تصور کنید فردی از آفریقا در مرکز لندن چنین چیزی بگوید! شهر بوی قدرت و قدمت می‌دهد. اما واقعیت این است که کلام خدا محقق شد. بابل امروز انبوهی از ویرانه‌ها در یک دشت بیابانی وسیع است، اما قوم ارمیا زنده و در سرزمین خود هستند.

مراثی ارمیا

در سال‌های اخیر اغلب تصویر زنی گریان را دیده‌ایم که بر ویرانه‌های خانه‌اش نشسته، اموالش نابود شده و شوهر و فرزندانش مرده‌اند و در پشت سرش الوارهای سیاه و انبوهی از پاره آجرها است. ما نمی‌توانیم با او و در اندوهش گریه نکنیم. این دقیقاً داستان پشت کتاب مراثی ارمیا است. ارمیای نبی بر ویرانه‌های دودگرفته اورشلیم نشسته است و وحشت محاصره بابل را دوباره در یاد خود زنده می‌کند. هجده ماه مایوس کننده گذشته بود. با نزدیک شدن لشکر دشمن، مردم برای امنیت از روستاها هجوم آورده بودند و خانواده و اموال خود را نیز آورده بودند. خیلی زود شهر مملو از جمعیت شد. همه خانه‌ها پر شده بود و چادرها و سرپناه‌ها خیابان‌ها را پر کرده بود. در چشمه جیحون هنوز آب کافی وجود داشت، اما به زودی هیزمی برای روشن کردن آتش برای پختن ذخایر رو به کاهش غلات، باقی نمی‌ماند. مانند حزقیال در بابل که به پهلو دراز کشیده بود و شرایط اورشلیم را تقلید می‌کرد، مجبور بودند با سرگین خشک خوراک بپزند و هر مشت گندم و حبوبات را جیره‌بندی کنند. دیگر نمی‌شد فاضلاب را از دروازه خاکروبه به بیرون شهر برد. در کثیفی و گرسنگی، بیماری شیوع یافت و اسهال خونی، آبله و حصبه به سرعت گسترش یافت. اجساد مردگان جمع شده و به کشته‌شدگان نیزه و تیرکمان اضافه می‌شد. سربازان که از گرسنگی ضعیف شده بودند، دیگر نمی‌توانستند با بابلی‌هایی که خوب تغذیه شده بودند بجنگند. در نهایت دیوار شهر

شکسته شد. مردم بدبخت با شمشیر کشته شدند، زنان مورد تجاوز قرار گرفتند و فرزندانشان به عنوان برده برده شدند. دیوارها به درهٔ قِدرون ریخته شد و دروازه‌ها و خانه‌ها در آتش سوختند.

ارمیا تمام آن دوران وحشتناک را زندگی کرده بود. در زندان پادشاه توسط خداوند محافظت می‌شد و به دستور پادشاه با نان، سیر می‌شد. اما وقتی پایان کار فرارسید، دید که جوی خون جاری شده و شهر در شعله‌های آتش می‌سوزد.

مرثیه، معمولاً شعری برای بزرگداشت مرگ یک قهرمان است. ما با مرثیه داوود برای شائول و یوناتان آشنا هستیم و می‌دانیم که ارمیا برای مرگ پادشاه یوشیا مرثیه‌ای سرود. نام این کتاب مراثی ارمیا است، این کتاب مرثیه‌ای برای اورشلیم است.

این شعر در زبان عبری بسیار جذابتر از زمانی است که به انگلیسی ترجمه شده است. مانند هرم ساخته شده است. باب اول از دیدگاه اورشلیم است که به عنوان یک زن نشان داده شده است. باب دوم از دیدگاه خدا به عنوان قاضی عادل است. باب سوم بیانگر احساسات شاعر است. باب چهارم دوباره دیدگاه خداوند است و باب پنجم آخرین دعای مردم اورشلیم است. بنابراین، ساختار آن ۱-۲-۳-۲-۱ است، با یک اوج در وسط. اما همچنین یک آکروستیک است، یعنی هر آیه در باب اول با حروف متفاوتی از الفبای عبری شروع می‌شود؛ الفا، بتا، گاما، دلتا و غیره. هر آیه دارای سه عبارت جداگانه است که همه با هم مرتبط هستند. همانطور که ۲۲ حرف وجود دارد، ۲۲ آیه نیز وجود دارد. باب دوم هم اینگونه است، با یک پیچ و تاب عجیب و غریب؛ حروف شانزدهم و هفدهم جابجا شده‌اند، تا احساس ناراحتی کنید، گویی چیزی به شدت اشتباه است. در باب سوم، ریتم تغییر می‌کند. هر آیه تنها یک جمله دارد، اما برای هر حرف الفبا سه آیه وجود دارد، زیرا عذاب پیامبر به اوج شدت می‌رسد. سپس در باب چهارم او با یک پیچ و تاب در آن به آکروستیک باز می‌گردد، اما تنها با دو عبارت در هر آیه، در حالی که نیروی خود را از دست داده است. سرانجام، باب پنجم آکروستیک ندارد، فقط ۲۲ بیت دارد. او به نقطه حل مساله رسیده است. هیچ چیز دیگر مانند گذشته نخواهد شد، اما خدا هنوز هست و زندگی باید ادامه داشته باشد. گاهی اوقات، مانند مراثی ۱: ۱-۱۱ الف، شاعر سوم شخص است، می‌بیند و گزارش می‌دهد. گاهی اوقات، مانند ۱: ۱۱ب- ۱۶، او به عنوان دختر اورشلیم به صورت اول شخص می‌نویسد. و در باب سوم او به عنوان خود ارمیای نبی، در آیه ۱ چنین می‌نویسد: "من مرد هستم ..." ترجمه‌های مدرن گاهی اوقات این تغییرات شخص را نشان می‌دهد.

تشبیهات درخشانی را که ارمیا برای بیان درد خود استفاده می‌کند، ببینید. در **مراثی ۱: ۱-۲** شهر، یک بیوه جوان است. شوهرش فوت کرده است و او شبها گریه می‌کند. وقتی همه در خواب هستند، او کاملاً بیدار است و نمی‌تواند با فقدان او کنار بیاید. کسانی که افراد نزدیک خود را در خانواده از دست داده‌اند، این احساس ناامیدی را می‌شناسند. **آیه ۶** سروران را به صورت غزال‌هایی به تصویر می‌کشد که توسط شکارچیان تعقیب شده‌اند، نفس نفس می‌زنند، می‌لرزند، بسیار ضعیف‌تر از آنند که ادامه دهند. در **آیات ۱۰-۱۲** سربازان دشمن به داخل معبد نفوذ کرده و آن را تخریب کرده‌اند. مردم جواهرات و طلاهای خود را با لقمه‌ای غذا مبادله می‌کنند. اورشلیم فریاد برمی‌آورد :"آیا غمی هست همچون غم من؟" در **آیه ۱۵،** با استفاده از یک استعاره دیگر، خداوند انگورها را در کارگاه شراب، کوبیده است. دختر باکره اورشلیم، انگور، است که در **آیه ۱۸** اعتراف می‌کند که سزاوار آن چیزیست که اتفاق افتاده بود. او بابلی‌ها را سرزنش نمی‌کند. خداوند است که مشکلات را بر سر قوم سرکش خود می‌آورد. اما اندوه او بیش از حدِ قابل تحمل است. می‌توان انتظار داشت که ارمیا در برابر سرنوشت امیران شانه‌هایش را بالا بیاندازد. این مردان او را مورد آزار و اذیت قرار داده بودند، از گوش دادن به هشدارهای او امتناع ورزیده بودند و راه شیطانی خود را بدون توبه تا آخر ادامه دادند. او می‌توانست به افرادی که پاسخگو نبودند بنویسد: "من به شما گفته بودم!" اما او نیز مانند داوود در مرثیه برای شائول، سخاوتمند و بخشنده است. او ملت خود را دوست دارد. و عاشق شهری است که مدتها در آنجا زندگی کرده بود. او خودش بی‌تقصیر است، اما گناهان قومش را چنان بر دوش می‌کشد که انگار با آنها یکی است. او از دیدن ویرانه‌های معبد سلیمان و خیابان‌های خالی و ساکت احساس شرمندگی می‌کند. در **آیه‌های ۲۰-۲۲** او از قلب خود سخن می‌گوید. این روحیه سخاوتمندی را در عیسی نیز می‌بینیم که برای آزار دهندگان خود دعا می‌کند: "ای پدر، اینان را ببخش، زیرا نمی‌دانند چه می‌کنند!"

اجازه دهید به باب سوم یعنی قله هرم بپردازیم. در اینجا ارمیای نبی را داریم که از رنج‌های خود صحبت می‌کند. با دقت نگاه کنید، می‌بینیم که این باب بر اساس زمانی است که او توسط دشمنانش در آب‌انبار زیر شهر انداخته شده بود تا در گل و لای بمیرد. **ارمیا ۳۸: ۶** را ملاحظه کنید. این را با **مراثی ارمیا ۳: ۱-۹** مقایسه کنید، که او در تاریکی و توسط دیوارهای سنگی محصور شده است. **آیه‌های ۵۲ تا ۵۵** آن ساعتهای وحشتناک را زنده می‌کند هنگامی‌که به آرامی در گل فرو می‌رفت و هرچقدر بلند گریه می‌کرد، هیچکس نمی‌شنید. **آیه ۸** نشان می‌دهد که چگونه او دعا کرد، اما

خدا نشنید. توجه کنید که او چگونه رنجهای خود را به خدا نسبت می‌دهد، نه به امیران. خدا اجازه داده این اتفاق برایش بیفتد. طنز ماجرا این است که خدا به او قول داده بود که جانش را حفظ خواهد کرد (**ارمیا ۱۵: ۲۰-۲۱** را ملاحظه کنید). اما اکنون او به دست دشمنان خود افتاده است و زندگی او رو به پایان است. بین دختر اورشلیم در باب های ۱ و ۲ و ارمیا در باب ۳ تفاوت وجود دارد. اورشلیم مستحق مجازات بود. اما ارمیا بیگناه بود. او وظیفه خود را در مقابل خدا بی‌عیب و نقص انجام داده بود، و اکنون برای ایمانش جان می‌داد. حالا اگر در **باب ۳ از مراثی ارمیا** در کتاب خود حاشیه نویسی دارید لطفا به آن دقت کنید. ببینید ارمیا چند بار از ایوب نقل قول می‌کند. حداقل ده اشاره وجود دارد. همانطور که ساعتها به آرامی در تاریکی می‌گذشت، ارمیا کلمات ایوب را برای خود می‌خواند. ایوب نیز در حالی که هیچ اشتباهی مرتکب نشده بود مجبور شد رنج را تحمل کند. دوباره نگاه کنید و سرورمان عیسی را در این باب نیز خواهید دید. **آیه ۱** در مورد تکه چوبی صحبت می‌کند که او را زد. **آیه ۵** اشاره به زهر تلخی دارد که به او نوشاندند. **آیه ۱۴** تمسخر او توسط دشمنانش است. **آیه ۲۸** سکوت او در برابر شکنجه‌گران است و **آیه ۳۰** گونه او را به سیلی زنندگان می‌سپارد.

در اینجا ما یک الگو داریم. اورشلیم، ارمیا، ایوب، عیسی؛ همه رنج می‌برند، همه به خدا فریاد می‌زنند تا رهایی یابند، و ظاهراً هیچ پاسخی دریافت نمی‌کنند. آنها فریاد می‌زنند "خدای من، خدای من، چرا مرا واگذاشتی؟" و زندگی آنها پایان می‌پذیرد. ارمیا از این رنج، اصلی ایجاد می‌کند. او می‌گوید همه ما باید آن را تحمل کنیم، زیرا ایمان ما را به خدا آزمایش می‌کند. وقتی مؤمنان در اورشلیم دیدند معبد ویران شده و تخت داوود خالی است، باعث شد همه چیز را زیر سوال ببرند. چرا خدا اجازه داد این اتفاق بیفتد؟ آیا او برای داوود قسم نخورده بود که همیشه پادشاهی بر تخت او خواهد بود؟ آیا خدایان بابل از خدای اسرائیل قویتر بودند؟ وقتی دوستان ایوب به او طعنه زدند که او باید واقعاً مردی شیطانی باشد که دچار چنین بلاهایی شده، چرا خدا به طرفداری از او صحبت نکرد؟ وقتی ارمیا در سیاهچال تاریک خود یا عیسی در تاریکی باغ جتسیمانی فریاد زد، چرا خدا پاسخی نداد؟ پاسخ این است که او از ما می‌خواهد که به او ایمان داشته باشیم، حتی زمانی که به نظر می‌رسد همه چیز به اشتباه پیش می‌رود.

به یاد داشته باشید که این کتاب به شکل یک هرم است. باب سوم اوج آن است. اما قله واقعی باید در مرکز **باب سه** قرار بگیرد که خود ۶۶ آیه دارد. جایی بین **آیه ۲۲** و **آیه ۴۴** باید کلید اصلی را

پیدا کنیم. و چه چیزی پیدا می‌کنیم؟ پیامی که پیامبر می‌خواهد ما از تجربه رنج بیاموزیم چیست؟ **مراثی ارمیا ۳: ۲۲-۲۳** از رحمتهای خدا صحبت می‌کند که هر روز صبح تازه می‌شود. هر روز یک شروع جدید است. ارمیا می‌گوید هر چقدر هم که دیروز بد بود، ما باید به جلو نگاه کنیم، نه به عقب. ما هنوز زنده‌ایم. ما از پا در نیامده‌ایم. ما باید دستان خود را به سوی خدا دراز کنیم و ادامه دهیم. **مراثی ارمیا ۳: ۲۵-۲۶** مروارید واقعی پند و اندرز را در خود جای داده است. باید صبور باشیم. خدا با سرعت خودش عمل می‌کند که وقتی ما بی‌تاب هستیم، کُند به نظر می‌رسد. ایوب متوجه شد که رنجهایش به طور ناگهانی پایان یافته است و سه دوستش در اشتباه بودند. ارمیا صدایی از بالای سرش شنید، سپس نوری را دید، و سرش را در مقابل آفتاب قرار داد و صدایی آشنا او را صدا زد. خدا عِبدمِلِک را به عنوان نجات‌دهنده فرستاده بود. او قرار نبود بمیرد.

مردم اورشلیم یک روز صبح از خواب بیدار شدند و اطلاعیه‌ای روی دیوارهای بابل دیدند که می‌گفت می‌توانند به خانه بروند. برای عیسی، طلوع روز سوم، نور و صدای پرندگان و رهایی از درد را به ارمغان آورد. همانطور که **آیه‌های ۳۲ و ۳۳** نشان می‌دهد، در مورد همه ما نیز چنین است. خدا ما را در بلا می‌اندازد، اما فقط برای مدتی، و از میان اشکها، آن شادمانی بیرون خواهد آمد که پایانی ندارد.

حزقیال - پیامبر تبعیدشدگان

در حالی که ارمیا محرومیت‌های حاصل از محاصره اورشلیم را تحمل می‌کرد، حزقیال ۶۰۰ مایل (۱۰۰۰ کیلومتر) دورتر از آنجا در بابل مشغول بود. او در سال ۵۹۷ قبل از میلاد به همراه هزاران یهودی دیگر به اسارت درآمده بود و مجبور به اقامت در سرزمین دشمن شده بود. کاهن جوان در سن سی سالگی به عنوان پیامبر خداوند منصوب شد.

مانند موسی و اشعیا که قبل از او بودند، دیدن خداوند در جلال، رؤیای آغازینی بود که به وی عطا شد. او خدا را دید؛ نشسته بر تختی بر ارابه‌های آتشین متحرک، با چهار کروبی، مانند آنهایی که در خیمه و معبد بود، و چرخهای غول‌پیکر که پر از چشم بود. سپس به او گفته شد که باید مراقب تبعیدیان باشد و آنها را از خطری معنوی آگاه کند. او گنگ می‌شد و نمی‌توانست سخن بگوید، مگر زمانی که خدا برای مردم پیامی داشته باشد، به طوری که وقتی کلام آمد، قدرت بیشتری داشته باشد.

نقش حزقیال رویارویی با امیدوارانی بود که متقاعد شده بودند که تبعیدیان به زودی به اورشلیم باز خواهند گشت. آنها فکر می‌کردند که احتمالاً مصر، بابل را فتح می‌کند، یا نبوکدنصر نظر خود را عوض کرده و آنها را رها می‌کند. در عوض، حزقیال که نمی‌توانست صحبت کند، با یک سری ایما و اشاره‌های مبتکرانه به آنها فهماند که اورشلیم محکوم به فنا است. در باب چهارم، او الگوی دقیقی از شهر را بر روی فرش سالن خود می‌سازد و آن را با سنگرها و پشته‌ها و منجنیق‌های دورش کامل می‌کند. برای بیش از یک سال او به پهلو در مقابل این مدل دراز می‌کشد، و هر روز لاغرتر می‌شود زیرا غذا و آب خود را به عنوان نماینده ساکنان اورشلیم در سراسر صحرا، جیره‌بندی می‌کند. سپس در باب پنجم موهای خود را کوتاه می‌کند و با چاقو خرد می‌کند یا در آتش می‌سوزاند تا پایان خونین محاصره را نشان دهد و قسمت کوچکی از آن را در شنل خود فرو می‌کند تا اقلیتی را که از محاصره جان سالم به در می‌برند شبیه‌سازی کند.

در باب هشتم، پیامبر در رؤیایی به اورشلیم برده می‌شود، تا از نزدیک شاهد شرارت‌هایی باشد که قضاوت خدا را بر سر شهر می‌آورد: بزرگان شهر در معبد، بت می‌پرستیدند و مردان در برابر خورشید تعظیم می‌کردند. او جلال خدا را مشاهده می‌کند که در میان کروبیان نشسته است، و از شهر خارج می‌شود. خدا دیگر نمی‌توانست در آنجا ساکن شود.

در قسمت دیگری (باب ۱۲: ۶-۷) پیامبر گنگ چشمان خود را می‌بندد، سپس سوراخی را در دیوار گلی خانه خود حفر می‌کند و هنگام غروب با بقچه‌ای از اموالش، از میان آن عبور می‌کند. می‌توانید تصور کنید که مخاطبان او سعی می‌کنند این حرکت را انجام دهند! او داشت تلاش ناامیدانه صدقیا، پادشاه شکست خورده را برای فرار از اورشلیم، و به دام افتادن و سپس کور شدنش توسط نبوکدنصر که از شورش‌های او خسته شده بود، اجرا می‌کرد. خداوند گفت: "من او را به بابِل خواهم برد، اما آنجا را نخواهد دید" و چنین شد.

حزقیال در یکی از نمایشنامه‌های قابل توجه خود (باب ۲۴: ۳) یک دیگ خورش را در آشپزخانه‌اش روی آتش گذاشت و اجازه داد آنقدر بجوشد تا خشک شده و سپس بسوزد. دود را تصور کنید! وقتی مهر و موم از لبانش باز شد، توضیح داد که در همین روز نبوکدنصر محاصره اورشلیم را آغاز کرده

است و خدا آن شهر را با آتش خاموش نشدنی قضاوت، از پلیدی‌هایش پاک خواهد کرد. اندکی بعد همسرش درگذشت، و به او گفته شد که برای او سوگواری نکند، زیرا در اورشلیم چنین خواهد بود؛ وقتی که بسیاری در جنگ کشته می‌شوند و زمانی برای ناراحتی وجود ندارد.

از باب ۲۵ تا ۳۲، پیامبر امیدی را پیش‌بینی می‌کند که کشورهای دیگر در پی سقوط همسایگانشان، **عمون، موآب، ادوم، صور و مصر،** یهودا را از دست بابل نجات خواهند داد. تاریخ نشان می‌دهد که او درست می‌گفت. آنها نیز به نوبت به دست بابل افتادند.

قسمت آخر کتاب حزقیال سرشار از امید است. مانند اشعیا و ارمیا، او نیز به قرون آینده می‌نگرد زمانی که خداوند قوم خود را می‌بخشد و آنها را به سرزمین خود باز می‌گرداند و پادشاهی به آنها می‌دهد. شاید شما درباره چشم‌انداز **دره استخوان‌های خشکیده** شنیده باشید. در باب ۳۷ آمده است که پیامبر در میدان نبردی پر از اسکلت‌های کهنه و قدیمی احاطه شده است، به او گفته شده است که این نماد مردم اسرائیل است. وقتی او صحبت می‌کند، استخوان‌ها بهم می‌رسند، گوشت روی آنها ظاهر می‌شود و نَفَس حیات ریه‌هاشان را پر می‌کند. آنها دوباره به صورت یک ارتش بزرگ بلند می‌شوند. سپس، همانطور که پیشگویی ادامه می‌یابد، آنها به وطن خود بازمی‌گردند. ده‌قبیله و دو-قبیله دوباره متحد می‌شوند و **داوود** (که به زبان عبری "**محبوب**" و عنوان عیسی است) بر کل ملت به عنوان یک پادشاهی برای همیشه حکومت می‌کند (باب ۳۷: ۲۱-۲۸). اما دوباره مشکل

ایجاد می‌شود. در باب ۳۸، متحدانی قوی از شمال به سرزمینی که به تازگی دوباره مسکونی شده است، وارد می‌شوند. بنظرمی‌رسد همه چیز از دست رفته است. اما خداوند در آخرین لحظه با زلزله و آتش مداخله می‌کند و انبوهی از دشمنان را نابود می‌کند و مردم را بار دیگر شکرگزار و مطیع می‌سازد. بابهای پایانی، ساختن یک **معبد** باشکوه جدید را توصیف می‌کند. آب شیرین مانند رودخانه‌ای از اورشلیم به دریای مرده جاری می‌شود و زندگی تازه‌ای به آن می‌بخشد، و جلال کروبی خدا که بیش از دو هزار سال قبل از آن خارج شده بود، اکنون به تپه مقدس خدا باز می‌گردد.

دانیال - پیامبر رویاها

سر از طلا
بابل
۶۰۵- ۵۳۸ ق م

سینه و دستها از نقره
ماد-پارس
۵۳۸- ۳۳۱ ق م

شکم و رانها از برنج
یونان
۳۳۱- ۶۳ ق م

رانها از آهن
روم
۶۳ ق م

پاها از آهن و گل
ملتها
(که تا زمان بازگشت عیسی وجود خواهند داشت)

متخصصانش

دانیال، آخرین پیامبر از چهار پیامبر بزرگ است. او مانند حزقیال به عنوان اسیر به بابل برده شد، جایی که **نبوکدنصر** او را با استعداد تشخیص داد و سرانجام به عنوان مشاور عالی رتبه پادشاه ارتقا یافت. در این موقعیت، او می‌توانست به پادشاه بت‌پرست احترام به خدای اسرائیل را آموزش دهد تا به این وسیله بر نحوه برخورد با قوم خودش تأثیر بگذارد. بنابراین ما سه پیامبر بزرگ داریم که همگی همزمان فعال هستند، یکی در اورشلیم و دو نفر در بابل. مطمئناً خداوند در این برهه حساس مراقب قوم خود بود.

دانیال و سه تن از دوستانش در جوانی برای آموزش در دانشگاههای بابل انتخاب شدند و زبان و فرهنگ را فراگرفتند. دانیال زمانی مشهور شد که پادشاه از یک کابوس بیدار شد اما جزئیاتش را به خاطر نمی‌آورد. تعبیر خواب برای بابلی‌ها مهم بود زیرا آنها علاقه زیادی به دانستن آینده داشتند. پادشاه وقتی که

نتوانستند خواسته او را برآورده کنند عصبانی شد، بنابراین دانیال از خدای اسرائیل خواست که این رویا را برای او آشکار کند. مانند یوسف که قرنها قبل در برابر فرعون ایستاده بود، قدرت تفسیر به او داده شد. پادشاه، مجسمه غول‌پیکری را دیده بود که از چهار فلز مختلف ساخته شده بود که روی پاهایی از آهن و گل ایستاده بود. سنگی از آسمان به تمثال برخورد کرد، آن با خاک یکسان کرد، سپس رشد کرد تا اینکه تمام جهان را پر کرد. و تعبیر؟

خداوند به پادشاه، نمایی شگفت‌انگیز از کل تاریخ جهان، درست تا زمان پایان داده بود. دانیال گفت که سر طلای مجسمه نشان دهنده امپراتوری بابل بود. پس از آن امپراتوری دیگری، سپس دیگری و سپس دیگری. پس از آن دیگر امپراتوری جهانی وجود نخواهد داشت تا زمانی که سنگی از آسمان، پادشاهی جدیدی را به ارمغان آورد که تا ابد باقی خواهد ماند. با نگاهی به گذشته، می‌توانیم ببینیم که این دقیقاً همان چیزی است که اتفاق افتاده است. هنگامی‌که بابل سقوط کرد، **امپراتوری ماد- پارس** بر قلمرو آن تسلط یافت. سپس **یونانیان** و در نهایت **امپراتوری روم** بودند که مانند دو پای بلند مجسمه، بیشترین دوام را داشتند. اما پس از سقوط روم، پادشاهی جهانی دیگری تا کنون وجود نداشته است. مانند آهن و گِل، جهان ما توسط ترکیبی از دولتها اداره می‌شود، بدون انسجام واقعی بین آنها. بنابراین، رویداد بعدی، خواننده عزیز، باید بازگشت عیسی (سنگ) از بهشت باشد تا این جهان ناکام را به **پادشاهی خدا** تبدیل کند.

سه دوست دانیال نیز دوران خود را سپری می‌کردند. سالها بعد، نبوکدنصر تصمیم گرفت که قدرت و اهمیت خود را در معرض دید عموم قرار دهد. او یک بت باشکوه با روکش طلا بر روی یک ستون، که ارتفاع آن ۹۰ فوت (۲۷ متر) بود، سفارش داد و آن را در یک فضای باز وسیع قرار داد. سپس به همه فرمانداران امپراتوری بزرگ خود دستور داد در مراسم تقدیم شرکت کنند. آنها از دوردست‌ها، از **مصر** و **کَرکِمیش** وارد بابل شدند (هیچ کس جرات ناراحت کردن پادشاه را نداشت)، همگی بهترین لباسهای خود را پوشیده بودند. سپس روز بزرگ فرا رسید. منادیان به زبان‌های مختلف فریاد زدند که وقتی ارکستر شروع به نواختن کرد، همه باید در برابر خدای جدید نبوکدنصر تعظیم کنند. همه فرمان بردند و هزاران نفر از مقامات مانند ذرت هنگام وزش باد شدید، به روی صورت افتادند. همه به جز سه نفر. سه دوست دانیل توافق کرده بودند که نمی‌توانند اصول خود را زیر پا بگذارند. شریعت موسی می‌گوید: "هیچ تمثالی نتراشیده و در برابر آنها سر تعظیم فرود نیاورید." بنابراین آنها امتناع کردند. نبوکدنصر خشمگین دستور داد تا آنها را زنده زنده بسوزانند، اما دقایقی

بعد وقتی دید که شعله‌ها آنها را لمس نکرده و فرشته‌ای با آنها در آتش ایستاده بود، شگفت‌زده شد.

هنگامی‌که آنها سالم ظاهر شدند، او فهمید که خدای آنها حتماً قوی‌تر از خدای او است. و نتیجه این بود که حاضران با این خبر به سرزمین‌های خود بازگشتند، نه درباره تمثال طلایی نبوکدنصر، بلکه با این خبر که چگونه سه یهودی شجاع با او مخالفت کرده بودند و در عین حال توسط خدای خود نجات یافته بودند. چیزی که تحملش فراتر از غرور انسانی است!

کتاب دانیال پر از داستان‌های عالی است که باید آنها را خواند. دانیال تا پیری به خدمت در بابل ادامه داد و در سال ۵۳۸ قبل از میلاد شاهد سقوط شهر به دست **مادها و پارس‌ها** بود، همان‌طور که او پیش‌بینی کرده بود. با این حال، او را از بازنشستگی فراخواندند تا به دولت جدید کمک کند. او توسط داریوش، فرمانروای جدید، به عنوان رئیس قوه سه گانه (سه وزیر) منصوب شد که عهده‌دار اداره کشور در آرامش بودند. شاید داریوش دریافت که دانیال فرهنگ و آداب و رسوم بابل را بهتر از همکاران ایرانی خود می‌داند. به هر حال، دو وزیر دیگر به دانیال حسادت کردند و نقشه سقوط او را طراحی کردند. آنها نتوانستند هیچ ایرادی در کار او بیابند، زیرا او فردی صادق بود. بنابراین آنها شاه را متقاعد کردند که فرمانی صادر کند که بر اساس آن هرکسی که به مدت سی روز از کسی بجز پادشاه چیزی درخواست کند، اعدام می‌شود. به اندازه کافی بی‌ضرر به نظر می‌رسید و پادشاه اوراق را امضا کرد. دو وزیر حسود مشتاقانه جلوی خانه دانیال رژه می‌رفتند. آنها می‌دانستند که او همیشه روزی سه بار در بالکن به خدای خود دعا می‌کند. آیا او تصمیم می‌گیرد برای اجتناب از فرمان، یک ماه دور از چشم‌ها نماز بخواند؟ دانیال می‌دانست که چشم

جامعه یهودیان به دنبال رهبری او است. او مصالحه نمی‌کند. به عنوان نشانه، پنجره‌هایش را باز کرد و به زانو افتاد. این تمام چیزی بود که آنها نیاز داشتند. به زودی پیرمرد در دادگاه محاکمه شد، متهم به نقض قانون شد، گناهکار شناخته شد و به لانه شیر انداخته شد. اما این پایان کار او نبود. هنگامی‌که داریوش پادشاه صبح روز بعد به دخمه اجرای حکم رفت و مهر سلطنتی را از روی سنگی که نقش در را داشت باز کرد، پیامبر ایماندار هنوز زنده بود. خدایش او را از دست شیرها نجات داده بود. و بار دیگر فرمانی در سراسر امپراتوری جدید صادر شد و خدای یهودیان را گرامی داشت. جالب اینجاست که با این اتفاق حالا دو پیامبر هستند (ارمیا و دانیال) که زنده در گوری انداخته می‌شوند که درِ آن با سنگی مهر و موم شده و بعد از مدتی آزادانه بیرون می‌آیند. آنها پیشگویی شگفت‌انگیزی از آنچه برای عیسی اتفاق افتاد هستند. او نیز به دروغ متهم شد، اعدام شد، در پشت سنگ مهر و موم شده دفن شد، اما پس از آن، در کمال تعجب همه، از مردگان زنده شد.

بقیه نوشته‌های دانیال از باب هفتم به بعد مربوط به پیشگویی‌های آینده است که به طور باورنکردنی در تاریخ بعد از آن حقیقت می‌یابد. این باب‌ها به دوره‌های قبلی بازمی‌گردند؛ آنها مربوط به زمان **بَلشَصَر**، آخرین پادشاه بابل است. دانیال دو مجموعه رویای خاص خود را داشت. در مرحله اول، چهار حیوان به نوبت از دریا بیرون آمدند؛ یک **شیر**، یک **خرس**، یک **پلنگ** و یک جانور **اژدها مانند**.

در دومی‌مسابقه‌ای بین یک **قوچ** و یک **بز** نر مشاهده کرد. چهار جانور باب هفت با چهار امپراتوری در رویای نبوکدنصر مطابقت دارند، اما این بار، چهارمین یعنی امپراتوری رومی، به شکلی تغییر یافته به راه خود ادامه می‌دهد و به قوم خدا تا زمان پایان، ظلم می‌کند، زمانی که در روز آخر نابود می‌شود. قوچ و بز نر در باب هشتم به عنوان فرمانروایان ایران و یونان مشخص شده‌اند و تاریخ نشان می‌دهد که دانیال درست می‌گفت؛ قدرت ایران قبل از قدرت فزاینده یونان سقوط کرد. شاید شگفت‌انگیزترین پیشگویی در باب یازدهم، شرحی طولانی از جنگ‌های آینده بین پادشاهان **سلوکی** شمال، مستقر در سوریه، و **بطلومیان** مصر است. در این باب حدود ۱۵ پادشاه یا ملکه ذکر شده است (از جمله **کلئوپاترای** بدنام)، و این باب شامل تصویر واضحی از ظهور امپراتوری روم، حدود سه قرن و نیم پس از مرگ دانیال است. این کتاب، مانند بسیاری از پیشگویی‌ها، با پرش به **زمان پایان**، و نسخه دانیال از نابودی پادشاهی روزهای آخر از جانب شمال کوه‌های اسرائیل به

پایان می‌رسد. پیامبر سالخورده که از اینکه این همه رویداد باید قبل از پادشاهی خدا اتفاق بیفتد نگران بود، با این کلمات محبت‌آمیز تسلی می‌یابد:

"تو استراحت خواهی یافت و در انتهای ایام در جایگاه مقرر خویش بر پا خواهی ایستاد." (دانیال ۱۲: ۱۳)

گاهشمار پیامبران و پادشاهان

ممکن است مفید باشد که در این مرحله نشان داده شود که چگونه چهار پیامبر بزرگ با سلطنت پادشاهان معاصر خود مطابقت دارند:

تاریخ ق.م	پادشاه فاتح	پیامبر	پادشاه در یهودا
۷۴۲		اشعیا	عزیا
			یوتام
۷۰۵	سنحاریب		آحاز
			حزقیا
			منسی
۶۴۰		ارمیا	یوشیا
۶۰۴	نبوکدنصر	دانیال	یهویاقیم
۵۹۷		حزقیال	یهوآحاز
۵۸۶			یهویاکین
			صدقیا
۵۳۸	بلشصر داریوش/کوروش		

پیامبران با کتاب‌های کوتاه‌تر

آخرین بخش عهد عتیق شامل ۱۲ کتاب کوتاه است که توسط پیامبران و در طول قرنهای متمادی نوشته شده است. به طور گیج‌کننده‌ای، آنها به ترتیب زمانی نیستند، بنابراین ما سعی خواهیم کرد که هر یک را با کتابهای پادشاهان و تواریخ مرتبط کنیم تا بتوانیم ببینیم پیام آنها چگونه برای آن دوره مناسب بوده است.

هوشع – بداقبال در ازدواج

از اولین آیه متوجه می‌شویم که هوشع در دوره اشعیا زندگی می‌کرده است. اما برخلاف آن پیامبر، کار او نه با مردم یهودا، بلکه با پادشاهی ده‌قبیله‌ای شمالی و در دوران پادشاهی طولانی و پررونق یربُعام دوم بود. به پیامبر از همان ابتدا به طور خاص دستور داده شده بود که با زنی سست اخلاق ازدواج کند. اگرچه این امر خشن و غیرطبیعی به نظر می‌رسد، به ما یادآوری می‌کند که این رسولان وفادار خدا چقدر زجر کشیدند تا درسی به قوم خدا بدهند. اشعیا با کمربندش، ارمیا در سیاهچال و دانیال در لانه شیر نیز سلامت و آسایش خود را فدا کردند. دلیل این درخواست عجیب بلافاصله بیان شد: چون خداوند به واسطهٔ هوشع سخن گفتن آغاز کرد، به او فرمود:

"برو و زنی فاحشه و فرزندانِ فحشا برای خود بگیر، زیرا این سرزمین خداوند را ترک گفته، سخت هرزه شده است." (هوشع ۱: ۲)

در طول سالهای بعد، هوشع در رابطه با همسرش **جومِر**، احساسات خود خدا را نمایش می‌داد، زمانی که قوم محبوب خدا خود را برای خدمت به وی شکستند و به سمت پرستش بتها رفتند. همه چیز به خوبی شروع شد زیرا ازدواج آنها با یک پسر بچه متبرک شد. به هوشع دستور داده شد که او را "**یِزرِعیل**" یا "پراکنده" بنامد، زیرا قوم خدا بزودی پراکنده خواهند شد. خیلی زود جومِر خود واقعی‌اش را نشان داد. او دوباره باردار شد، اما نه از شوهرش. اینبار یک دختر، "**لوروحامَه**" یا "آنکه بر او رحم نشده" بود. سپس یک کودک دیگر آمد، که باز هم متعلق به هوشع نبود، به نام "**لوعَمّی**" که به معنای "قوم من نیستید". تصور کنید که پیامبر در آستانه در ایستاده و فرزندان خود را برای شام به داخل می‌خواند: "پراکنده، بر او رحم نشده، قوم من نیستید". چه پیام غم‌انگیزی بود برای همه کسانی که بگوش بودند! و چقدر باید پیامبر را بخاطر "اشتباه" بزرگش در ازدواج با جومِر مسخره کرده باشند. خداوند از طریق پیامبر، آزرده و عصبانی صحبت می‌کند. قوم او و به دلیل

"زنای"شان در پرستش خدایان دروغین سزاوار افشاگری و طلاق بودند. او آنها را به عنوان قوم خود رد می‌کند و دیگر به آنها رحم نمی‌کند و آنها را با باد پراکنده می‌کند.

و با این حال، عشق خدا به ملتی که از مصر بیرون آورده بود، چنان عمیق بود که او نمی‌توانست تحمل کند که آنها را برای همیشه در بدبختی رها کند. او شروع جدیدی خواهد ساخت:

"پس اینک او را مجذوب کرده، به بیابان خواهم آورد و سخنان دلاویز به او خواهم گفت. و در آنجا تاکستانهایش را به وی باز خواهم داد و وادی عَخور (مسیری که یوشع از اریحا به سرزمین موعود طی کرد) را به دروازهٔ امید بدل خواهم ساخت. و در آنجا همچون روزهای جوانی‌اش خواهد سرایید، مانند روزهای بیرون آمدنش از سرزمین مصر. ... تو را تا به ابد نامزد خود خواهم ساخت؛ آری، تو را در عدالت و انصاف و محبت و رحمت نامزد خود خواهم ساخت تو را در وفاداری نامزد خود خواهم ساخت. ... و من او را برای خود در زمین خواهم کاشت. (در زبان عبری "پراکنده کردن" نیز به معنای "کاشتن" است.) بر آن که رحمت نیافته، رحم خواهم کرد؛ و به آن که قوم من نیست، خواهم گفت: "تو قوم منی" و او نیز خواهد گفت: "تو خدای منی." (هوشع ۲: ۱۴-۲۳)

سپس به پیامبر نگون‌بخت دستور داده شد که به همسر خطاکار خود پول بدهد تا روزهای زیادی از عاشقانش دور بماند، و این شبیه مدت طولانی تبعید اسرائیل از سرزمین بود، بدون شاه و بدون بت. اما "پس از آن بازگشته، یهوه خدای خویش و پادشاه خود داوود را خواهند جُست و در روزهای بازپسین با ترس به سوی خداوند و نیکویی او خواهند آمد". (هوشع ۳: ۵)

پیامبر به این منوال ادامه می‌دهد. در حالی که عبادت توخالی مردمی را که دل به خدا نمی‌دادند و داوری اجتناب ناپذیری را که در پی آن خواهد بود، مورد توجه قرار می‌دهد. باب یازدهم به تلخی از درد دلی صحبت می‌کند که در نگاه تحقیرآمیز خدا به ملتی است که مانند کودکی از مصر بیرون آورده بود و به او راه‌رفتن آموخته و با مهربانی او را تغذیه کرده بود (همانطور که بسیاری از والدین انجام می‌دهند)، اما پسر کوچک وقتی بزرگ شد به او پشت کرد. با این حال عشق او چنین است، او نمی‌تواند خود را به رد کردن آنها مجاب کند. او وعده می‌دهد که آنها را پس از مجازات بازگرداند. در همین رحمت همیشگی خدا است که همه ما امیدوار هستیم: "دیرخشم و آکنده از محبت" همانطور که موسی در سینا آموخته بود.

یوئیل - پیامبر روز خداوند

ملخ صحرایی

یوئیل هیچ سرنخی از زمان زندگی خود نمی‌دهد. او در مورد حمله بزرگ به سرزمین یهودا، احتمالاً توسط آشوری‌ها، هشدار می‌دهد بنابراین ممکن است متعلق به دوران اشعیا باشد. باب اول کتاب، حمله وحشیانه ملخ‌ها به زمین را به تصویر می‌کشد که محصولات سبز را از ساقه می‌برند و مردم و گله‌هایشان را بدون غذا می‌گذارند. ملخ‌ها در زمان عهد عتیق یک تهدید واقعی بودند، زمانی که یک توده ابر معمولی از این حشرات می‌توانست به ۱۵۰ میلیون در هر مایل مربع (۶۰ میلیون در کیلومتر مربع) برسد و هر کدام هر روز به اندازه وزن خود برگ می‌خوردند. اما یوئیل از این حمله بعنوان یک تشبیه برای مهاجمان انسانی استفاده می‌کند که همه چیز را در مسیر خود می‌سوزانند و نابود می‌کنند. شتابی برای رفتن به معبد و دعا برای نجات توسط خدایی که از خدمت کردنش غفلت کرده بودند، نبود. روز داوری، "روز خداوند" در راه بود (یوئیل ۱: ۱۵).

این موضوع دوباره در باب دوم تکرار می‌شود؛ جایی که پیامبر وعده می‌دهد که اگر مردم واقعاً از راه بد خود توبه کنند (او می گوید: "دل خود را چاک زنید، نه جامهٔ خویش را")، هنوز زمان وجود دارد که خداوند ارتش مهاجم را دور کند و محصولات ازدست‌رفته ایشان را بازگرداند. در اینجا فرض بر این است که این اتفاق خواهد افتاد و سپس این بخش با یک پیشگویی فوق‌العاده به پایان می‌رسد:

"آنگاه خواهید دانست که من در میان اسرائیل هستم، و من یهوه خدای شمایم، و دیگری نیست؛ و قوم من دیگر هرگز شرمسار نخواهند شد. پس از آن، روح خود را بر تمامی بشر فرو خواهم ریخت؛ پسران و دختران شما نبوّت خواهند کرد، پیرانتان خوابها و جوانانتان رؤیاها خواهند دید. نیز در آن روزها حتی بر غلامان و کنیزان، روح خود را فروخواهم ریخت. در آسمان و بر زمین عجایب به ظهور خواهم آورد، از خون و آتش و ستونهای دود. پیش از فرا رسیدن روز عظیم و مَهیب خداوند، خورشید به تاریکی و ماه به خون بدل خواهد شد. و هر که نام خداوند را بخواند، رهایی خواهد یافت؛ زیرا بر کوه صَهیون و در اورشلیم رهایی یافتگانی خواهند بود، همان گونه که خداوند فرموده، و در میان بازماندگان، کسانی که خداوند ایشان را فراخوانده است." (یوئیل ۲: ۳۲-۲۷)

در اینجا یک مورد است که ما باید به آن دقت کنیم. در تحقق اولیه، می‌دانیم که قوم **حزقیا** در روز خداوند که همه چیز از دست رفته بود، از خدا درخواست کمک کردند و اورشلیم بطور معجزه‌آسایی از دست ارتش مهاجم سنحاریب نجات یافت. اما در این ماجرا روح‌القدس دیده نمی‌شود. برای تماشای تحقق آن ما باید به قرن اول برویم. در **عید پنطیکاست**، زمانی که روح بطور چشمگیری به ایمانداران در اورشلیم عطا شده بود، **پطرس رسول** به جمعیتِ هیجانزده گفت که سخنان یوئیل بتازگی در آنچه می‌شنوند محقق شده است. و برای کسانی که آماده بودند تا ایمان بیاورند و تعمید بگیرند، خدا نجات را در آن لحظه، نه از سربازان دشمن، بلکه از قدرت گناه و مرگ برای آنها فرستاده است (اعمال رسولان ۲: ۱-۲۱ را ملاحظه کنید). این "قبل از" دومین روز خداوند در چهل سال بعد بود، زمانی که اورشلیم توسط ارتش رومی ویران خواهد شد و ایمانداران واقعی که به هشدارهای عیسی گوش می‌دادند برای جان خود فرار خواهند کرد. **پولس رسول** با توجه و با اشاره به همین پیشگویی در یوئیل گفت هرکسی که نام سرورمان عیسی را بخواند نجات خواهد یافت. او می‌گوید که این بدان معناست که غیریهودیان در وعده نجات گنجانده شده‌اند. پولس گفت که او فرستاده شده است تا مردم را "دعوت کند" تا درباره خبر خوب آگاهی بیابند. همچنین نمی‌توانیم تحقق سوم را در "روزهای آخر" منتفی بدانیم، زمانی که یک اسرائیل متواضع، مورد حمله قرار گرفته و شکسته شده، به عیسی مسیح خود روی خواهد آورد و نجات پیدا خواهد کرد، قبل از اینکه آخرین روز خداوند بر این جهان برسد.

این همان چیزی است که باب سوم این کتاب خارق‌العاده به آن اشاره می‌کند. در سومین "روزخداوند" (آیه ۱۴)، پیامبر، قوم خدا را اسیر و ویران می‌بیند. اما پس از آن خداوند، لشکریان را، نه از آشور، بلکه از تمام ملتها، برای **داوری بزرگ** (برداشت محصول) در اورشلیم گرد هم می‌آورد، زمانی که انتقام ستمهایی را که در حق اسرائیل شده است با زلزله و آتش می‌گیرد. از آن زمان آب از اورشلیم جاری می‌شود تا بیابان را دگرگون کند، درست همانطور که در آخرین بابهای حزقیال دیدیم، و خدا برای همیشه در اورشلیم، شهر مقدس خود، ساکن می‌شود.

عاموس - پیامبر کشاورز

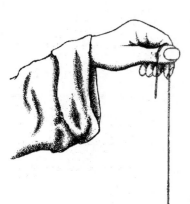

عاموس به ما می‌گوید که مانند هوشع در زمان سلطنت **پادشاه یربعام دوم** پیشگویی می‌کرده است. او در باب ۷ آیه ۱۴ توضیح می‌دهد که یک پیامبر حرفه‌ای نیست، اما از شغل عادی کشاورزی‌اش فراخوانده شده که از مرز یهودا که در آن زندگی می‌کرد عبور کند تا پیامی از طرف خدا به پادشاهی شمالی برساند.

سخنان آغازین او مورد قدردانی مخاطبانش قرار می‌گیرد، زیرا او از قضاوت‌های خدا بر دشمنان اسرائیل به دلیل ستمگری‌شان سخن می‌گوید. **سوریه** در شمال، **فلسطینیان** در غرب، **عمون و موآب** در شرق، و **ادوم** در جنوب هر یک ضربه شلاق کلام او را احساس کردند.

سپس قوم خود، یهودا را محکوم کرد و هشدار داد که مردم اورشلیم به دلیل دروغ و بی‌قانونی مجازات خواهند شد. می‌توانیم تصور کنیم که شنوندگان او در تمام این اتفاقات سرشان را به نشانه تأیید تکان می‌دهند. اما پس از آن چهره‌هایشان در هم کشیده شد، زیرا رو به آنها گرداند و در طی هفت باب بعدی خشم خدا را به دلیل بی‌اخلاقی و بت‌پرستی آشکار پادشاهی ده قبیله، بر ایشان سرازیر کرد. آنها مرفه بودند و آنقدر پول داشتند که هر کدام از داشتن دو خانه بهره ببرند، یکی برای تابستان و دیگری برای زمستان، که مطابق مد روز با عاج تزئین شده بود. آنها روی کاناپه‌ها دراز می‌کشیدند و به جدیدترین آهنگ‌های پاپ گوش می‌دادند و کرم ضد چروک استفاده می‌کردند. اما آنها برای خدایی که آنها را از بردگی در مصر بیرون آورده بود، وقت نداشتند.

صنایع ادبی که عاموس استفاده می‌کند، از پیشینه کار او در مزرعه گرفته شده است و نشان می‌دهد که زندگی در ۲۵۰۰ سال پیش در اسرائیل چگونه بوده است. شما مردی را می‌بینید که ابتدا از یک شیر و سپس از یک خرس فرار می‌کند، اما وقتی به خانه‌اش می‌رود، ماری او را نیش می‌زند. او شیری را دنبال می‌کند که از چوپانی فرار می‌کند و پاهای بره‌ای در دهانش است. او مشاهده می‌کند که ملخ‌ها چگونه مراتع ارزشمندی را که بعد از اولین برداشت شاه، دوباره شروع به رشد کرده بود،

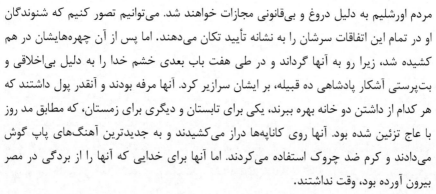

بلعیدند. به او سبدی از میوه‌های اواخر تابستان نشان داده می‌شود. هر کدام از این موارد برای به تصویر کشیدن داوری‌هایی که بر سر اسرائیل خواهد آمد استفاده می‌شد.

دیری نگذشت که کاهن مسئول پرستش بت‌های پادشاه یربعام، به پیامبر حمله کرد. او گفت: "به خانه‌ات در یهودا برو و در آنجا نبوت کن!" عاموس پاسخ داد که شغل او موعظه نیست، بلکه او کشاورزی است که از گله‌ها و باغهایش آمده و توسط خدا فرستاده شده است تا علیه پادشاهی ده قبیله پیشگویی کند. خداوند ظلم و ستم آنها به فقرا، حرص و طمع آنها برای ازسرگرفتن شغلشان به محض تمام شدن روز شبات و دزدیدن از وزن چیزهایی که می‌فروختند را دیده بود. زمان قضاوت در راه بود که قاضی الهی یک **شاقول** (نخی با وزنه‌ای در پایین برای بررسی صاف و عمودی بودن) را در شهرهای خود می‌اندازد و همه چیزهایی را که راست نباشد بیرون می‌کشد. سپس قحطی در شنیدن کلام خداوند خواهد آمد.

عاموس در یکی از قویترین اظهارات خود اعلام می‌کند:

"هان چشمان خداوندگار یهوه بر مملکتِ گناهکار است، و من آن را از روی زمین نابود خواهم کرد، اما خداوند می‌فرماید که، خاندان یعقوب را به تمامی نابود نخواهم ساخت." (عاموس ۹: ۸)

این یک اصل است. خداوند به ملتهای روی زمین می‌نگرد و با اندوه عمق پستی‌شان را می‌سنجد تا زمانی فرا رسد که دیگر طاقت آنها را نداشته باشد. آن روز برای جامعه ما بسیار نزدیک است، و شاقول او از میان میلیونها نفری که سخنان او را مسخره می‌کنند می‌گذرد و تعداد معدودی را که او را دوست دارند، برای پادشاهیش جدا می‌کند.

چنانکه در کتاب مقدس رایج است، عاموس بلافاصله به پادشاهی نظر می‌کند، زمانی که پایتخت داوود پادشاه بازسازی می‌شود، زمانی که ملتهای غیریهودی به نام خداوند خوانده می‌شوند و کشاورزانی مانند عاموس خوشحال می‌شوند زیرا چنان محصولات بسیار است که شیارکننده از دروکننده سبقت می‌گیرد. پایانی که عاموس برای اسرائیل در نظر می‌گیرد این است که در میان همهٔ قوم‌ها آلک خواهند شد، چنانکه غله در غربال آلک شود (آیه ۹).

"من سعادت را به قوم خود اسرائیل باز خواهم گردانید، و آنان شهرهای ویران را بنا کرده، در آنها ساکن خواهند گردید؛ تاکستانها غرس کرده، از شراب آنها خواهند نوشید، و باغها

پدید آورده، از میوهٔ آنها خواهند خورد."و یهوه خدای شما می‌گوید: "من ایشان را در سرزمینشان غرس خواهم کرد، و دیگر هرگز از سرزمینی که بدیشان داده‌ام، کنده نخواهند شد." (عاموس ۹: ۱۴-۱۵)

عوبدیا و سقوط عیسو

نام عبری این پیامبر به معنای "بنده خداوند" است، اما او چیزی از پیشینه و زمان زندگی خود به ما نمی‌گوید. موضوع کتاب او پادشاهی مجاور یعنی **ادوم** (عیسو)، در جنوب اسرائیل است. **عیسو** همزاد **یعقوب** بود (که یعقوب بعداً اسرائیل نام گرفت) و رقابت دائمی بین این دو مرد و فرزندانشان وجود داشت. داوود پادشاه بر مردم ادوم غلبه کرده بود و از آنها باج و خراج می‌گرفت، اما بعدها آنان شورش کردند و مستقل شدند.

قوم عیسو جنگجویانی بودند که شمشیر را به گاوآهن ترجیح می‌دادند. هنگامی‌که دشمنان به یهودا حمله کردند، ادومیان مانند کفتارها در کمین منتظر ماندند و تا آنجا که می‌توانستند غارت کردند. پایگاه آنها در **کوه سعیر** به آنها احساس تسخیرناپذیری می‌داد. اما عوبدیا هشدار داد که خدا از غرور و رفتار وحشیانه آنها با خویشاوندان خونی‌شان ناراضی است و راههای عقب‌نشینی آنها در کوهستان را به روی دشمن باز خواهد کرد.

ای که در شکافهای صخره ساکنی و مسکنت بر بلندیهاست، ای که با خود می‌گویی: کیست که مرا به زمین فرود آوَرَد؟ بدان که تکبر دلت تو را فریفته است. خداوند می‌فرماید: اگرچه همچون عقاب اوج گیری و در میان ستارگان آشیان گزینی، از آنجا تو را فرود خواهم آورد. به سبب خشونتی که بر برادرت یعقوب روا داشتی، شرمساریْ تو را در بر خواهد گرفت و تا به ابد نابود خواهی شد. آن روز که در کناری ایستادی، روزی که اجنبیان ثروت او را به یغما بردند و بیگانگان به دروازه‌هایش درآمده، بر اورشلیم قرعه افکندند، تو نیز همچون یکی از آنان بودی." (عوبدیا ۱: ۳-۴ و ۱۰-۱۱)

تاریخ صحت این پیش‌بینی را نشان می‌دهد. در مقطعی پس از بازگشت یهودا از اسارت در بابل، قوم **نَبَطیان**[1] به قلمرو ادوم حمله کردند و آن را تصرف کردند و قوم عیسو برای همیشه ناپدید

---

[1] Nabatean

شدند. معابد و غارهای صخره‌های قرمز پِترا[1] که در مسیر توریستی اردن مشهور هستند، یادگار فاتحان آنها هستند.

با این حال، عوبدیا مانند همه پیامبران، نگاهی به زمان پایان نیز دارد. عیسو، آن فرد سرخ، آن مرد زمینی (در زبان عبری کلمات "ادوم"، "آدم"، "قرمز" و کلمه "خاک" مشابه هستند)، انسان مغرور و عصیانگر در برابر خدا را نشان می‌دهد که مانند ادومیان در قرن‌های قبل، اورشلیم را اشغال خواهند کرد و برای موفقیت خود در تپه مقدس خدا خواهند نوشید. اما او اینطور به پایان می‌برد که "نجات‌دهندگان به کوه صَهیون بر خواهند آمد تا بر کوه عیسو فرمان برانند؛ و سلطنت از آنِ خداوند خواهد بود!" (آیه ۲۱).

یونس و نهنگ

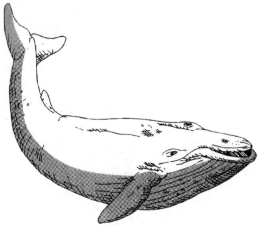

یونس اهل جلیل بود، جایی که عیسی بعداً در آنجا بزرگ شد. او پیامبری برای پادشاهی ده قبیله بود. و مانند **عاموس و هوشع،** در دوران طولانی پادشاهی یربعام دوم زندگی می‌کرد (این را از دوم پادشاهان۱۴: ۲۴-۲۵ می‌دانیم). این تاریخ احتمالا حدود سال ۷۸۰ قبل از میلاد است.

ما از پیشگویی‌هایی که او در اسرائیل کرده است اطلاعات خیلی کمی‌داریم. کل کتاب یونس به یک داستان اختصاص داده شده است. یونس یک درخواست غیرعادی از خدا دریافت کرد؛ که باید به **نینوا** پایتخت آشور برود و مردم آنجا را به توبه دعوت کند. تصور اینکه این درخواست چه تاثیری بر او داشته برای ما سخت است. یونس به عنوان یک یهودی همیشه خود را از همه غیر یهودیان دور نگه داشته بود. آنها بتها را می‌پرستیدند و نجس بودند. او از خود پرسید چگونه خدای اسرائیل می‌تواند با چنین افرادی کاری داشته باشد؟ علاوه بر این، آشوریان پادشاهان قدرتمندی داشتند و به راحتی می‌توانستند برای اسرائیل دردسر

Petra[1]

ایجاد کنند (سی سال بعد آنها واقعاً به اسرائیل حمله می‌کنند و اسیر می‌گیرند). نینوا در فاصله ۷۰۰ مایلی به سمت شمال شرق بود. یونس با خودش فکر کرد که خدا مرتکب اشتباه بزرگی شده است. او به دفتر شرکت کشتیرانی در یافا رفت، بلیطی خرید و سوار کشتی شد که به جهت مخالف حرکت می‌کرد.

اما شما نمی‌توانید از خدا فرار کنید. پس از مدتی طوفان بزرگی به راه افتاد و کشتی در خطر غرق شدن بود. دریانوردان خرافاتی تصمیم گرفتند با قرعه‌کشی مشخص کنند که این طوفان به سبب گناه چه کسی است و قرعه به نام یونس افتاد. او اعتراف کرد که از خدا فرار می‌کند. اما بیایید این را به حساب اعتبار او بگذاریم که داوطلب شد تا خود را قربانی کند تا آنها را از غرق شدن نجات دهد. او گفت: "مرا به دریا بیندازید، آنگاه آرامش برقرار خواهد شد". بنابراین آنها او را برداشته و به دریا انداختند. نکته جالب این است که ملوانان غیر یهودی بودند. یونس در موقعیتی قرار گرفت که متوجه شود که غیر یهودیان نیز مانند یهودیان احساساتی دارند. آنها نمی‌خواستند بمیرند. و او آماده بود تا جان خود را برای نجات آنها بدهد! شاید او در شرف درک این بود که نهایتا خدا درست می‌گوید.

خداوند از سر مهربانی و شفقت او را نمی‌گذارد او بمیرد. ماهی بزرگی در آب افتادن او را دید و او را بلعید. احتمالاً آن ماهی بزرگ یک نهنگ بوده است؛ آنها مانند انسانها هوا را تنفس می‌کنند و معروف بودند به اینکه وقتی قایق‌های ماهیگیری دنبالشان میکرد آدمها را زنده قورت میداند. در باب دوم یونس، دعای شگفت‌انگیز او به خداوند از تاریکی و وحشت زندان زیر آب، ثبت شده است. دعایی که راه خود را از میان امواج به بالا برد و به آسمان رفت. خدا به او رحم کرد. سه روز بعد نهنگ او را در ساحل مدیترانه قی کرد.

خدا دوباره به پیامبر دستور داد به نینوا برود. و او اینبار غرولندکنان رفت. آنجا کلانشهر بزرگی بود که از این سر تا آن سر شهر با پای پیاده سه روز طول می‌کشید. او به مردم فریاد می‌زد که اگر از خشونت خود و راه‌های شریرانه خود توبه نکنند، نینوا سرنگون خواهد شد. پادشاه بطرز قابل توجهی، الگویی برای مردم شد، به نشانه عزاداری، گونی پوشید و دعا کردن به خدای اسرائیل را آغاز کرد.

یونس نشست و منتظر نتیجه ماند. وقتی خدا به او گفت پایتخت نجات یافته است، واقعاً عصبانی شد. اما خدا او را ملامت کرد. او گفت: "آیا من نباید به نینوا، آن شهر بزرگ ترحم کنم، "آن شهر بزرگ با بیش از یکصد و بیست هزار جمعیت که دست راست و چپ خویش از هم تشخیص

نمی‌دهند (احتمالاً منظورش بچه‌های کوچک بود)، با حیوانات بسیار؟ "همانطور که پطرس رسول در عهد جدید می‌نویسد، خدا نمی‌خواهد که کسی از بین برود، بلکه می‌خواهد که همه به توبه برسند. از هر نژادی که باشیم، می‌توانیم مطمئن باشیم که اگر واقعاً خود را در برابر خدا فروتن کنیم، خداوند به ما رحم می‌کند (دوم پطرس ۳: ۹).

عیسی در مورد توبه اهل نینوا اظهار نظر می‌کند و آن‌ها را با یهودیان سخت‌دل جلیلی که از گوش دادن به دعوت او برای توبه امتناع می‌ورزند، مقایسه می‌کند. او همچنین می‌گوید که همچون یونس که سه روز در شکم نهنگ بود، او نیز سه روز در قبر خواهد بود و سپس دوباره برخواهد خاست.

میکاه و کوه خداوند

پیامبر بعدی ما، **میکاه**، معاصر اشعیا بود، و در دوران پادشاهی بد آحاز و پادشاهی خوب حزقیا می‌زیست. او اهل **مورشت‌جت**، شهری در نزدیکی فلسطین در غرب یهودا بود. باب آغازین کتاب او هشدار می‌دهد که پادشاهی ده_قبیله در شمال به دلیل داوری خدا در مورد گناهانشان، در شرف فروپاشی است. او با ناراحتی اعتراض خود را علیه روش‌های شریرانه‌ای که در همان زمان یهودا را نیز در جنوب آلوده کرده بود، اعلام می‌کند. البته او پیام خود را در مجموعه‌ای از جناس‌های ادبی شگفت‌انگیزی بیان می‌کند که خوانندگان عبری زبان را به خود جذب می‌کرده است.

برای مثال، در باب اول، او شهرهایی از یهودا که به دست مهاجمان خواهد افتاد، فهرست می‌کند. در آیه ۱۰ او می‌گوید "این را در **جَت** اعلام مکنید!" خوانندگان انگلیسی متوجه نمی‌شوند که کلمه جت در زبان عبری شبیه "**بگو**" به نظر می‌رسد. او ادامه می‌دهد: "در **بیت‌عَفرَه**، در خاک بغلطید". بیت‌عَفرَه به معنای "**خانه‌ای از خاک**" است. "ساکنان **صَئانان** بیرون نمی‌آیند". صَئانان در زبان عبری شبیه "**بیرون آمدن**" به نظر می‌رسد. "خانه‌های **اَکزیب** امیدی کاذب برای پادشاهان اسرائیل خواهد بود." اَکزیب به معنای "**خشک‌شده**" است، مانند نهری که در مواقع که نیاز شدید، آب ندارد. و از این قبیل.

باب بعدی کسانی را محکوم می‌کند که شب‌ها بیدار می‌مانند و برنامه‌ریزی می‌کنند که چگونه می‌توانند زمین و خانه‌های فقرا را تصرف کنند. آنها نمی‌خواستند به پیامبرانی مانند میکاه گوش بدهند. آنها فریاد می‌زدند که مشکل و رسوایی را موعظه مکنید (باب ۲: ۶). در آیه ۱۱میکاه با ناراحتی بیان می‌کند که موعظه‌های مورد علاقه آنها در مورد شراب و آبجو است! او گفت، انبیای دیگر "تا وقتی که چیزی برای خوردن دارند، فریاد "صلح" سرمی‌دهند، اما با کسی که چیزی به دهان آنها نمی‌گذارد اعلام جنگ می‌کنند" (باب ۳: ۵). این داستان بسیار آشنایی است.

رهبران کلیسایی که به دنبال محبوبیت هستند پیام خود را تضعیف کرده و بدون راهنمایی اخلاقی، کشور را رها می‌کنند. میکاه پیش‌بینی کرد که کاهنان و امیرانی که انگیزه آنها عشق به پول بود، اورشلیم را مانند مزرعه‌ای شخم زده و ترک خواهند کرد. این قضاوت قرن‌ها بعد درباره رهبران مذهبی حریص، از نسل عیسی، محقق شد؛ هنگامی که ارتش روم تحت فرماندهی **هادریانوس** [1] ویرانه‌های شهر را شخم زد و نام آن را به **ایلیا کاپیتولینا** [2] تغییر داد.

در مقابل، میکاه در باب چهارم با بازخوانی کتاب اشعیا (که معاصر خودش بود) در مورد آخرین روزهایی که اورشلیم بازسازی شده و مرکز عبادت همه ملل خواهد شد، ادامه می‌دهد. در یک بازی کلامی جالب توجه، او قوم اسرائیل را در حال بازگشت از تبعید دید که مانند جدشان یعقوب همراه با عمویشان لابان، در شمال، لنگان لنگان (آیه ۶) و مانند راحیل مادرشان، در حال زایمان، ناله کنان (آیه ۱۰) بازگردانده شدند. آنها مانند او در غم و اندوه می‌گریستند، اما در بیت‌لحم (باب ۵: ۲- ۳) مکانی که راحیل در هنگام زایمان درگذشت) با تولد پسری که در اسرائیل فرمانروا خواهد

Hadrian [1]
Aelia Capitolina [2]

شد، تسلی خواهند یافت. ما می‌دانیم که این پیشگویی مهم، هنگامی تحقق یافت که عیسی در همان شهر متولد شد. و عیسی، که برای داوری بر اسرائیل متولد شد (۵ : ۱)، در طول محاکمه‌اش واقعاً "با عصا بر گونه‌اش کوبیده شد" و توسط همان مردمی که برای رهایی ایشان آمده بود، طرد شد. با این حال در زمان مقتضی، آنها را از دست دشمنانشان نجات خواهد داد و تا اقصی نقاط جهان، در پادشاهی خدا، فرمانروایی خواهد کرد. پیامبر کار خود را با منظره‌ای از خروج در روزهای آخر، برای قوم یهود به پایان می‌رساند. گناهان آنها توسط خدای مهربان در آب‌های دریا شسته خواهد شد، باب ۷: ۱۹، و خدا به وعده خود به ابراهیم عمل خواهد کرد که سرزمین اسرائیل را برای همیشه به او و قومش بدهد. بسیار جالب توجه است که اورشلیم، که توسط رومیان ویران شده بود، هنوز پابرجاست، و قوم خدا که با رد نجات‌دهنده خود، مانند یعقوب لنگ می‌زنند، از پراکندگی به سرزمین‌های خود باز می‌گردند و آماده می‌شوند تا او آنها را از دست دشمنان و گناهانشان نجات دهد.

ناحوم و نینوا

پیامبر بعدی ما متعلق به زمان ارمیا است. کل کتاب کوتاه و به شرح تصویری یک رویداد تکان دهنده جهان اختصاص دارد؛ سقوط نینوا، پایتخت آشور، که در ۶۱۲ قبل از میلاد رخ داد. یونس نبی، که پیشتر با او آشنا شده‌ایم، بیش از یک قرن قبل با اکراه از همان شهر دیدن کرده بود. سپس خدا از داوری در مورد شهر صرف نظر کرد زیرا آشوریان توبه کردند. پس از آن حزقیا به سختی از تسلیم اورشلیم به لشکریان آنها نجات پیدا کرده بود. اما حالا قرار بود به غرور و ظلم بی‌رحمانه آنها پایان داده شود. خدا که نظاره‌گر و داور ملت‌هاست، به این نتیجه رسیده بود که فرصت آنها تمام شده است. همانطور که آیه سه از باب اول بیان می‌کند، خداوند در خشم، کند است. اما او گناهکاران پشیمان نشده را تبرئه نخواهد کرد.

اگر به شعر علاقه دارید، این کتابی است که نمی‌توانید از دست بدهید! شرح غارت نینوا را بشنوید:

ارابه‌ها در کوچه‌ها دیوانه‌وار می‌تازند؛ در میان میدان‌ها به هر سو شتابانند. نمودِ آنها چون مشعل‌هاست، و همچون برق‌ها برمی‌جهند.

بهترین جنگاوران خود را فرامی‌خواند؛ اما آنان در حین راه رفتن می‌لغزند. به جانب حصار می‌شتابند؛ اما برجِ محاصره دیگر برپا شده است.

آب‌بندها گشوده شده، و کاخ شاهی را آب برده است.

حکم صادر شده است: نینوا اسیر شده، به تبعید برده می‌شود. کنیزکانش ماتم می‌کنند، و سینه‌زنان همچون کبوتر می‌نالند.

نینوا در تمامی ایام خود برکهٔ آبی بود، اما اکنون ساکنانش گریزانند. "بازایستید! بازایستید!"، اما هیچ‌کس برنمی‌گردد.

نقره را غارت کنید! طلا را به یغما بِرید! زیرا خزاین آن را پایانی نیست، و نه دولتِ تمامی نفایسش را.

خرابی و ویرانی و نابودی! دل‌ها آب شده و زانوان لرزان است. گُرده‌ها جملگی ضعف بهم رسانده، و رخسارها همه رنگ باخته است!

صفیر تازیانه‌ها و غرش چرخ‌ها؛ جهیدن اسب‌ها و جولان ارابه‌ها.

سواران هجوم می‌آورند؛ شمشیرها برّاق و نیزه‌ها درخشان؛ انبوه کشتگان، تودهٔ اجساد، جنازه‌های بی‌پایان؛ ایشان بر لاشه‌ها لغزیده، می‌افتند! (ناحوم۲: ۴-۱۰ و ۳: ۲-۳)

پیام ناحوم به حقیقت پیوست. ویرانی نینوا کامل شد. و هرگز بازسازی نشد. این مکان ناشناخته بود تا زمانی که ماجراجوی انگلیسی **سر هنری لیارد**[۱] به خاورمیانه آمد و در سال ۱۸۴۵ شروع به حفاری تپه بزرگی در نزدیکی دجله کرد. او در آنجا کتیبه‌های گلی و لوح‌هایی پیدا کرد که ثابت می‌کرد بدون شک بقایای پایتخت بزرگی را که زیر شن‌ها مدفون شده بود، پیدا کرده است. بسیاری از مجسمه‌ها و نقش‌برجسته‌های غول‌پیکری که زمانی بارگاه سلطنتی را زیبا می‌کردند، امروزه در گالری‌های آشوری در **موزه بریتانیا و لوور** قابل مشاهده است.

Sir Henry Layard [۱]

حبقوق در برج نگهبانی

حبقوق نیز معاصر ارمیا بود؛ او در زمان قبل از حمله بابلی‌ها به یهودا زندگی می‌کرد. کتاب مختصر او از مکالمه طولانی بین او و خداوند و به دنبال آن یک مزمور نبوی شگفت انگیز تشکیل شده است.

او با شکایت از خداوند شروع می‌کند که مردمش واقعاً افراد بدی بودند و به نظر می‌رسید که خدا هیچ کاری در این مورد انجام نمی‌دهد. حبقوق ناله سرمی‌دهد که "خشونت پیش روی من است و شریعت سست شده است و عدالت هرگز برقرار نمی‌شود، تا به کی فریاد برکشم و تو نشنوی؟" (حبقوق ۱: ۲-۴ را ملاحظه کنید).

پاسخ خداوند دقیق و ناخوشایند است. او می‌گوید: "فقط بنگرید و ملاحظه کنید." من بابلی‌ها را می‌فرستم. آنها بر سر قوم من داوری وحشتناکی خواهند آورد (حبقوق ۱: ۵-۱۱ را ملاحظه کنید).

این باعث تعجب پیامبر می‌شود. شاید او انتظار چیزی به این شدت را نداشت. او در جواب می‌گوید که "صبر کن، پروردگارا! بی‌تردید بابلی‌ها از قوم یهودا شریرترند. پس عدالت چه می‌شود؟" و تصمیم می‌گیرد روی برج نگهبانی خود بایستد و منتظر روشن شدن موضوع باشد. (حبقوق ۲: ۱)

بار سوم خدا صحبت می‌کند. او می‌گوید: "پاسخ را بنویسید تا در طول قرن‌ها قابل مشاهده باشد" (نگاه کنید به ۲: ۲-۴). جواب چه بود؟ این آیات هزاران سال است که شنیده می‌شود، و یکی از آیات بسیار نقل شده در عهد عتیق است. خداوند گفت: "پارسا به ایمان خود زیست خواهد کرد." همین جمله ساده گویای همه چیز است. ما نمی‌توانیم نحوه اجرای برنامه‌های خدا را درک کنیم. اما اگر به او اعتماد کنیم و منتظر نجات او باشیم، در روز پادشاهی او زندگی خواهیم کرد. ما با اعمال قهرمانانه یا فداکاری‌های بی‌پایان نجات نمی‌یابیم، بلکه با ایمان نجات پیدا می‌کنیم؛ به همین سادگی. خداوند برای ارضای کنجکاوی حبقوق توضیح داد که در زمان مقتضی بابلیان مغرور نیز به نوبه خود مجازات خواهند شد. هدف خدا به طور پیوسته در طول سال‌ها جریان خواهد داشت،

پادشاهی‌ها می‌آیند و می‌روند، تا آن روز بیاد که "خداوند در معبد مقدس خویش است، پس تمامی زمین به حضور وی خاموش باشد." (حبقوق ۲: ۲۰)

بدیهی است که مزمور حبقوق در باب سوم، برای خواندن، نوشته شده است، زیرا سمت و سویی موسیقایی همانند مزامیر داوود دارد. این مزمور منعکس کننده اشعار تثنیه ۳۳ و مزامیر ۶۸ بر اساس سفر بیابانی اسرائیل از سینا به سرزمین موعود، اما بالاتر از آنها است و رویدادی مشابه اما بزرگ‌تر را در زمان پایان به تصویر می‌کشد. خداوند با سپاهیان آسمانی خود از جنوب به اورشلیم لشکرکشی خواهد کرد تا قوم خود را نجات دهد و دشمنان خود را در زلزله و آتش نابود کند. این همان زبان آخرالزمانی است که قبلاً در اشعیا، حزقیال و دانیال دیده‌ایم. این نسخه حبقوق از آرماگدون[1] است، اوج نبردی که به پادشاهی انسان‌ها پایان می‌دهد و پادشاهی خدا را جایگزین می‌کند.

به طرز ملموسی نبی مزمورنویس می‌پذیرد که مشکلاتی برای قومش در پیش است، اما اکنون با توجه به این رویا، می‌تواند با آگاهی از اینکه خداوند در راس امور است، با اطمینان خاطر با آینده روبرو شود.

"اگرچه درخت انجیر شکوفه نیاورَد، و میوه در موها یافت نشود، محصول زیتون از میان برود، و مزرعه‌ها آذوقه ندهد، گله از آغل منقطع شود، و رمه‌ای در طویله‌ها نباشد، لیکن من در خداوند شادمان خواهم بود و در خدای نجات خویش وجد خواهم کرد." (حبقوق ۳: ۱۷ – ۱۸)

این نگرشی است که وقتی کتاب مقدس را باب به باب می‌خوانیم و در اعتماد به خدای حبقوق رشد می‌کنیم، می‌توانیم آن را به اشتراک بگذاریم.

صَفَنیا و زبان پاک

این پیامبر به ما می‌گوید که در دوران سلطنت **یوشیا**، آخرین پادشاه خوب یهودا، و بنابراین کمی قبل از دوران اسارت توسط بابلیان زندگی می‌کرده است. پیام **صفنیا** خطاب به مردم اورشلیم (پایتخت) است. او "روز خداوند" را پیشگویی می‌کند که به خاطر نحوه زندگی غیردینی‌شان بر آنها

---

[1] آرماگدون به صورت عام به پایان جهان و اتفاقات آن اطلاق می‌شود.

نازل خواهد شد. در باب ۱: ۶-۵ میتوانیم ببینیم که افراد قوم او نگرش‌های متفاوتی نسبت به خدا داشتند. ما نیز می‌توانیم همین گرایش‌ها را در جامعه امروز خود ببینیم. برخی در آیه ۵ وجود داشتند که آشکارا ستارگان را می‌پرستیدند. ما نیز در جامعه‌مان افرادی را داریم که باور دارند ستاره‌شناسی می‌تواند به آنها کمک کند. برخی از آنها در آیه ۵ خداوند را می‌پرستیدند، اما مَلکوم، خدای **عمّونیان** را که خواستار قربانی کردن بچه‌ها بود، نیز می‌پرستیدند. آنها دچار دوگانگی بودند و سعی می‌کردند که در هر دو جبهه باشند. ما نیز کسانی را داریم که در کریسمس به کلیسا می‌روند، اما بقیه سال بنده پول هستند و **ممنون** (خدای پول) را می‌پرستند. فرزندان آنها نیز رنج می‌برند زیرا دیگر زمانی برای گذراندن با خانواده خود ندارند. دیگرانی هم بودند در آیه ۶ که به خداوند پشت کرده بودند. آنها زمانی مؤمنانی مشتاق بودند، اما اکنون به کلی اعتقاد خود را کنار گذاشته بودند. ما نیز امروزه تعداد زیادی از آنها را داریم. و اکثریت بزرگی وجود داشتند در آیه ۶ که حتی به دنبال خداوند نبودند و درباره او پرس‌وجو نمی‌کردند. این یک تصویر غم‌انگیز از ملتی بود که زمانی وقف خدا شده بودند. پیام نبی برای پول‌دوستان، تند و تیز بود. او هشدار داد: "در روز غضب خداوند، نه نقرۀ آنان رهایی‌شان تواند داد، نه طلایشان" (۱: ۱۸). ما نیز دیده‌ایم که پس از شروع رکود اقتصادی، امنیت سهام و قیمت سهام و مسکن چقدر ناپایدار هستند. همان‌طور که عیسی می‌گوید، تنها موجودی بانکی که برای آینده قابل اثبات است، گنجی است که ما در آسمان جمع می‌کنیم و کاری که برای خدا می‌کنیم.

در باب سوم، صَفَنیا به حاکمان حمله می‌کند. و در آیه ۳ گفت که امیران، قاضیان، پیامبران و کاهنان در رهبری خود شکست خورده‌اند. امروز هم همین‌طور است. بدون داشتن یک الگوی اخلاقی واضح، از آنهایی که در رأس هستند، کشور به ویرانه تبدیل می‌شود. اما خدا تعیین کرده بود که یک روز داوری را نه تنها برای اسرائیل بلکه برای همه ملتها، قرار خواهد داد تا همه چیز را پاک کند. و پس از آن او به همه ملل روی زمین خواهد آموخت که با هم او را پرستش کنند.

"خداوند می‌فرماید: برای من انتظار بکشید، برای روزی که به جهت غارت برخیزم. زیرا بر آنم که قومها را گرد آورم، و ممالک را جمع کنم، تا غضب خویش را بر آنها فرو ریزم، آری، تمامی آتش خشم خود را؛ زیرا جهان یکسره در آتش غیرت من خواهد سوخت. در آن زمان، زبان قومها را به زبانی پاک تبدیل خواهم کرد، تا همگی نام یهوه را بخوانند و او را با یکدلی خدمت کنند." (صَفَنیا ۳: ۹-۸)

آیه ۹ جذاب است. بسیاری از پیشگویی‌های دیگر درباره پادشاهی خدا وجود دارد که در آن همه ملتها برای اولین بار در عبادت جمع می‌شوند و خدایان دروغین خود را رها می‌کنند. اما این آیه نشان می‌دهد که یکی از عوامل کلیدی در تحقق این امر، پذیرش یک زبان مشترک است. آیه قبلی شامل تمام حروف الفبای عبری است. آیا این سرنخی است که ممکن است زبان باستانی کتاب مقدس دوباره در مدارس سراسر جهان آموزش داده شود و وسیله‌ای مشترک برای پرستش خداوند فراهم کند؟ این پیشگویی با تصویری از اسرائیل متواضع، که توسط خدای مهربان بازسازی و پاکسازی شده است، پایان می‌یابد:

"در آن روز، دیگر به سبب اعمال خود شرمسار نخواهی بود، یعنی به سبب همهٔ اعمالی که بدانها برمن عِصیان ورزیدی. زیرا در آن زمان آن کسانت را که سرمست غرورند، از میانت دور خواهم کرد، و تو دیگر بر کوه مقدس من تکبر نخواهی کرد. اما در میان مردمانی حقیر و بینوا بر جا خواهم نهاد که در نام خداوند پناه خواهند گرفت. باقیماندگان اسرائیل خطا نخواهند ورزید و دروغ نخواهند گفت، و در دهانشان زبان حیله‌گر نخواهد بود. زیرا آنان چَریده، خواهند آرَمید و کسی بیمناکشان نخواهد ساخت." (صفنیا ۳: ۱۱-۱۳)

حَجّی و بازسازی معبد

وقتی کتاب **حَجّی** را باز می‌کنیم، نود سال در زمان به جلو می‌رویم. مردم یهودا در بابل به اسارت برده شده‌اند، یک عمر در آنجا زندگی کرده‌اند و با عفو **کوروش** پادشاه ایران در سال ۵۳۹ قبل از میلاد از آنجا بازگشته‌اند. با بازگشت به اورشلیم ویران، آنها با شادی فراوان بنای معبد جدیدی را گذاشتند و خوشحال بودند که در خانه هستند. اما بیست سال دیگر

استوانه کوروش ــ در توصیف فتح بابل و دستگیری آخرین پادشاه بابلی.

می‌گذرد، و به دلایل مختلف، همانطور که قبلاً در کتاب عزرا دیده‌ایم، معبد هنوز ناتمام است؛ دشمنان مانع کار می‌شوند. مزارع و خانواده‌های خودشان در اولویت هستند و مالیات پادشاه باید پرداخت شود. علفهای هرز روی سنگ اصلی بنا که چنان شادمانه گذاشته شده بود رشد می‌کنند.

دومین سال **داریوش کبیر** است که حجّی وارد عمل می‌شود. کل کتاب او فقط یک دوره چهار ماهه را پوشش می‌دهد، اما در این مدت او دوباره فعالیت را از سر می‌گیرد. بی‌حالی مردم و مشغله آنها در امور خود، مورد ملامت خدایی است که سرزمینشان را به آنها پس داده است. با روی کار آمدن پادشاه جدید، فضای سیاسی مساعد است. زمان شروع ساخت است.

ابتدا حجّی اصرار می‌کند که آنها باید رویکرد خود را تغییر دهند. آنها دستمزد دریافت می‌کردند فقط برای اینکه آن را در کیسه‌ای قرار دهند که به استعاره، سوراخی در ته آن وجود داشت (حجّی ۱: ۶). اگر آنها امور خدا را در اولویت قرار می‌دادند، آنگاه خداوند از ایشان محافظت می‌کرد و محصولاتشان پر بار می‌شد و آنها برای خود محصول فراوان می‌داشتند. این همان تعلیمی است که عیسی آموزش داده است؛ او گفت"بلکه شما، در پی پادشاهی او باشید، که همۀ اینها نیز به شما داده خواهد شد" (لوقا ۱۲: ۳۱). برای اینکه اعتماد داشته باشیم که خداوند از ما مراقبت می‌کند، لازم است که ایمان داشته باشیم، اما ایمان همان چیزی است که انجیل در مورد آن صحبت می‌کند. بیست و سه روز بعد، مردم کار بر روی معبد را آغاز کردند (حجّی ۱: ۱۵ را ملاحظه کنید).

یک ماه بعد (باب ۲ آیه اول را ملاحظه کنید) حجّی دوباره برگشت. برخی از مردم شکایت داشتند که معبدی که می‌سازند شباهتی ناچیز به معبد باشکوهی دارد که بابلی‌ها ویران کرده بودند. روحیه آنها در حال افت بود. آیا واقعا ارزش ادامه دادن را داشت؟ پاسخ تسلی‌دهنده پیامبر، درسی برای همه اعصار است. او گفت که طلا و نقره برای خدا معنایی ندارد. هر چه به او می‌دهیم به هر حال متعلق به اوست. این واقعیت که ما برای او کار می‌کنیم مهم است.

> "زیرا خداوند لشکرها چنین می‌گوید: یک بار دیگر، پس از اندک زمانی، آسمانها و زمین و دریا و خشکی را به لرزه در خواهم آورد. و نیز همۀ قومها را خواهم لرزانید، و گنجینه‌های تمامی قومها بدین‌جا در خواهد آمد. و خداوند لشکرها می‌گوید: من این خانه را از جلال پر خواهم ساخت. خداوند لشکرها می‌فرماید: طلا و نقره از آن من است. خداوند لشکرها می‌گوید: جلال این خانه از جلال خانۀ پیشین عظیم‌تر خواهد بود، و من در این مکان، سلامتی ارزانی خواهم داشت؛ این است فرمودۀ خداوند لشکرها." (حجّی ۲: ۹-۶)

چگونه ممکن بود شکوه و جلال خانه‌ای که اکنون می‌ساختند بیشتر از بنایی باشد که سلیمان ساخته بود؟ پاسخ این است که هر کاری برای خدا انجام دهیم برای روز قیامت بایگانی می‌شود. وقتی زندگی ما مورد بازبینی قرار می‌گیرد، این که چقدر پول اهدا کرده‌ایم مهم نیست، بلکه مهم

این واقعیت است که وقتی ما خانه خدا را ترک می‌کنیم بهتر از زمانی باشد که به آن وارد شدیم خانه خدا، در نهایت، همانطور که پطرس رسول می‌گوید، از سنگهای زنده تشکیل شده است. معبدی که او در آن ساکن خواهد شد از آجر و چوب ساخته نشده است. بلکه یک کلیسای زنده است که پسرش سنگ بنای آن است. در حالی که ما در حال حاضر برای او کار می‌کنیم، خود را برای جلالی آماده می‌کنیم که در روزی که عیسی برای غربال کردن همه ملتها می‌آید، بدن ما را پر از نور ابدی خواهد کرد.

زکریا غیورانه سازندگان را تشویق می‌کند

خداوند حکیم است. هنگامی‌که وضعیت بحرانی است، او وارد عمل می‌شود. بنابراین، مردم یهودا که در حال بازسازی معبد بودند، تنها یک پیامبر نداشتند بلکه از برکت وجود دو پیامبر بهره‌مند بودند.

دو پیامبر تاریخهایی را که کلام خداوند به آنها رسید، با دقت ثبت کردند. می‌توانید ببینید که حجی کارش را با دیدن دو رویای اول خود شروع کرد، و درست زمانی که کار در شرف توقف بود، زکریا پیش آمد تا بر تلاشها بیفزاید. یک ماه بعد حجی دو رویای دیگر دید و **زکریا** دو ماه پس از آن کار را به پایان رساند. ما از گاهشماری **پادشاه داریوش** می‌دانیم که تاریخ واقعی، سال ۵۲۰ پیش از میلاد بوده است.

با مقایسه تاریخهای ثبت شده درحجی و زکریا با آنچه بطور موازی در عزرا ثبت شده است، می‌توان دریافت که چرا بیشتر انگیزه دادن در این زمان ضروری بود. عزرا نیز در باب پنجم کتاب خود مطرح کرده است که بازسازی با تشویقها و القائات حجی و زکریا آغاز شد. او می‌گوید زروبابل فرماندار و یِشوعَ کاهن اعظم کار را بر عهده داشتند. اما او چیزی را اضافه می‌کند که ما در کتابهای دو پیامبر دیگر پیدا نمی‌کنیم. او می‌گوید که مقامات محلی که داریوش منصوب کرده بود به منظور زیر سوال بردن حق یهودیان برای ساختن معبد آمدند و فعالیت خود را در نامه‌ای به امپراتور با نام بردن از دو رهبر گزارش کردند (عزرا ۵: ۲-۴ و ۶-۹). اکنون می‌توانیم بفهمیم که چرا سازندگان ترسیده‌اند. ممکن است دردسر بزرگی برای آنها ایجاد شود! اما عزرا اشاره می‌کند که آنها با شجاعت زیاد به ساخت و ساز ادامه دادند، زیرا می‌دانستند که خدا با آنهاست:

"اما چشم خدای یهودیان بر مشایخ ایشان بود و نتوانستند ایشان را از کار بازدارند تا خبر به داریوش برسد و پاسخ کتبی دربارهٔ آن داده شود." (عزرا ۵: ۵)

پاسخ اعلیحضرت مبنی بر این بود که ایشان را برکت دهد و به مقامات محلی فرمان داد تا مقرر کنند که سازندگان هر گونه مصالحی را که نیاز دارند از انبارهای پادشاه دریافت کنند. بحران تمام شده بود.

جالب است که می‌بینیم رویاهای زکریا بر پایه نقشهای سازندگان و معابد بنا شده است. به عنوان مثال، در باب اول، او چهار نجار را می‌بیند (تقریباً می‌توان مدادی را پشت گوش آنها دید) که چهار شاخ مستقل را دور می‌کنند. شاخ در کتاب مقدس نمادی از قدرت است، مثل گاو نری که با شاخهای خود چیزی را هل می‌دهد، و این شاخها (آیه ۲۱) نماینده قدرتهای غیریهودی است که اسرائیل را پراکنده کرده‌اند؛ آشور، بابل، یونان و روم.

به همین ترتیب در باب دوم او یک کارگر را می‌بیند که ریسمان اندازه گیری در دست دارد. او قصد دارد ابعاد اورشلیم را اندازه‌گیری کند. به پیامبر گفته می‌شود که خداوند، دیوار آتشی در اطراف شهر است، مانند ارابه‌های آتشی که خادم الیشع هنگامی که ترسیده بود در اطراف شهر خود مشاهده کرد (به دوم پادشاهان ۶: ۱۵-۱۷ مراجعه کنید). با حضور خداوند، نیازی نیست که سازندگان از دشمنانی که سعی می‌کردند کار را متوقف کنند بترسند.

در باب سوم، زکریا یِهوشَعَ کاهن اعظم را می‌بیند، که مشغول کارهای یدی در ساخت و ساز بوده است. جای تعجب نیست که لباسهای او کثیف است. پیامبر او را می‌بیند که توسط شیطان متهم می‌شود (کلمه "شیطان" در عهد عتیق بسادگی به معنی دشمن است). و این نحوه ارسال گزارش مقامات محلی به پادشاه را کاملا شبیه‌سازی می‌کند. اما یِهوشَع مورد بخشش قرار گرفته بود. فرشته رو به دشمن فریاد می‌زند: "خداوند تو را توبیخ کند!" و تمام لباسهای کثیف یِهوشَع را با لباسهای تمیز عوض می‌کند و کلاه کاهنی بر سرش می‌گذارد. سپس او اعلام می‌کند که سنگ بنای معبد که یِهوشَع مشغول ساختن آن بود، کتیبه‌ای دارد، همچنانکه دیگر سنگ بناها دارند. نقش حکاکی شده روی آن، هفت چشم بود. او گفت، اینها چشمهای خداوند هستند که بر همه آنچه ما به نام او انجام می‌دهیم نظارت می‌کند.

بنابراین پیشگویی در باب چهارم با یک چراغدان بزرگ، یک قطعه ضروری از وسایل معبد و دو درخت زیتون، به شباهت دو کروبی از چوب زیتون که زمانی در معبد سلیمان قرار داشت، ادامه می‌یابد. باب بعدی شامل یک طومار پرنده، دقیقاً به ابعاد خیمه قدیمی، با یک پیام هشدار دهنده است. پس از آن سبدی با درپوشی از سرب و دو لک‌لک، یکی در هر انتهای سبد، به تقلید از کشتی مقدس با کروبیان بالدار و درپوش طلا است. پیامبر، درون سبد، ده فرمان را ندید، بلکه زنی پلید را مشاهده کرد که در رقابت، معبد خود را در سرزمین **شنعار** یا **بابل** برپا کرد. شاید این اشاره‌ای است به ارتدادی که موجب تشکیل کلیسایی در روم شد، آن شهر بزرگی که بر پادشاهان زمین حکومت می‌کرد. می‌بینید، رؤیاهای زکریا، مانند سایر پیامبران پیش از او، می‌تواند بیش از یکبار محقق شود. آنها مردم زمان خود را تشویق می‌کنند، اما در عین حال به زمان دورتر، به روزهای آخر و آمدن مسیح نیز نگاه می‌کنند. پیامبر در باب ششم، یِهوشَع کاهن اعظم را با تاجی بر سرش می‌بیند. این عجیب به نظر می‌رسد، زیرا کاهنان و پادشاهان در عهد عتیق نقش‌های جداگانه‌ای داشتند، اما منطقی بنظر می‌رسد وقتی به یاد می‌آورید که پسر خدا عیسی (در عبری "یِهوشَع" همان "عیسی" است)، هم کشیش و هم پادشاهی بر تاج و تخت او خواهد بود. آیه ۱۲ اینطور ادامه می‌یابد: "اینک مردی"، و کلمات **پونتیوس پیلاتس** را تکرار می‌کند: "که نامش شاخه است". عیسی از "**ناصره**" آمده است، که معنی آن "**شهر شاخه**" است. "او معبد خداوند را خواهد ساخت". بنابراین او خانه‌ای (از سنگ‌های زنده) خواهد ساخت، که خدا برای همیشه در آن ساکن خواهد شد.

باب‌های پایانی از این پیشگویی مهیج، کارهای عیسی را با جزئیاتی شگفت انگیز برای ما می‌گوید. به باب یازده نگاه کنید که در آن به قرن اول می‌رویم. رد شدن عیسی توسط فرمانروایان، "شبانان" رسمی اسرائیل، و حتی دقیقاً تا سی سکه نقره‌ای که آنها به **یهودای اسخریوطی** پیشنهاد می‌دهند تا به او خیانت کند، و دادن همان پول برای خرید **زمین کوزه‌گر** برای دفن غریبه‌ها پیش‌بینی شده است. باب دوازدهم بسرعت به پایان زمان می‌رسد آنجا که اورشلیم توسط بسیاری از کشورها احاطه شده است. زکریا می‌بیند که ساکنان به "کسی که آنها سوراخ کرده‌اند" نگاه می‌کنند. خدا عیسی

را به زمین فرستاده است، اما اکنون آنها با شرمندگی متوجه شده‌اند که او کسی است که اجدادشان مصلوب کرده‌اند. باب آخر می‌گوید چشمه‌ای برای آنها باز می‌شود تا گناهانشان را بشویید. سرورمان عیسی پای خود را بر **کوه زیتون** در شرق اورشلیم می‌گذارد؛ همان مکانی که قرنها پیش، از آن بالا برده شد. و دشمنان خدا با زلزله و آتش نابود می‌شوند. و نتیجه؟

"خداوند پادشاه تمام زمین خواهد بود. در آن روز خداوند یکی خواهد بود و نام او یکی."
(زکریا ۱۴: ۹)

خداوند به عنوان پادشاه بر تمام زمین، و یک دین مشترک برای همه ملتها؟ (آیه ۱۶ را ملاحظه کنید) مطمئناً ما به پادشاهی خدا آمده‌ایم!

ملاکی پیام‌آور

مَلاکی آخرین پیامبر عهد عتیق بود. پس از مرگ وی، به مدت چهارصد سال هیچ وحی مستقیمی از جانب خدا نبود. آخرین پیام مَلاکی این بود که قوم خدا باید خود را برای ظهور پادشاهشان آماده کنند.

نام عبری ملاکی به معنی "**پیام‌آور**" است و کتاب او حول این موضوع می‌چرخد. از اظهار نظرهای او می‌توان دریافت که او پس از زمان حجی و زکریا زندگی می‌کرده، زیرا معبد بازسازی شده است و کاهنان قربانی‌هایی را طبق دستورات موسی، تقدیم می‌کنند. اما پیامبر از رفتار این مردان مقدس انتقاد می‌کند. آنها باید پیام‌آوران خدا می‌بودند و کلام او را به مردم منتقل می‌کردند، اما در عوض آنها فقط به دنبال کسب سودی برای خود بودند.

پیشگویی به صورت یک گفتگو پیش می‌رود. خدا با کاهنان صحبت‌هایی می‌کند و ملاکی پاسخ آنها را تصور می‌کند. به عنوان مثال، در باب یک خدا کاهنان را متهم می‌کند که او را بی‌حرمت می‌کنند. آنها فریاد می‌زنند "چگونه نام تو را حقیر شمرده‌ایم؟" خدا پاسخ می‌دهد، "چون حیوانات لنگ یا بیمار" و "حیوانات کور برای قربانی تقدیم می‌کنید." بر اساس قانون، فقط پیشکشی بدون عیب و نقص قابل قبول بود، زیرا قربانی کردن بره‌ها و بزها به مرگ عیسی مسیح، که از نظر اخلاقی کامل و عاری از گناه بود، اشاره می‌کرد. اما آسانتر بود که حیوانات درجه دو را به عنوان قربانی از بین ببرند، زیرا نمی‌شد آنها را برای تولید مثل به فروش رساند. خدا می‌گوید "امتحان کنید که به فرماندار پارسی خود هدیه‌ای از حیوانات بیمار بدهید. آیا او تحت تأثیر قرار می‌گیرد؟ پس به نظر

شما من چه احساسی دارم؟ من یک پادشاه عالی هستم و نام من در بین ملتها مهیب خواهد بود. لعنت بر فریبکاری که قوچ بی‌عیبی در گله خود دارد، اما آنرا با معیوب جایگزین میکند"(ملاکی ۱: ۸ -۱۴ را ملاحظه کنید). این درسی است که باید به آن توجه کنیم. خدا یک پادشاه عالی است، و ما باید تمام قلب خود را، و نه ته‌مانده‌هایی از زندگیمان را به او تقدیم کنیم.

اما کاهنان در مورد دیگری نیز شکست خوردند. در روزهای قبل از تلفن و ایمیل، اگر اخبار مهمی برای فرستادن داشتید، اما نمی‌توانستید خودتان سفر کنید، به یک قاصد پول می‌پرداختید تا پیام شما را ببرد. همانطور که سلیمان حکیم نوشت: "پیک امین برای فرستندگان خود، خنکی برف است در گرمای تابستان؛ او جان سروران خویش را تازه می‌سازد" (امثال ۲۵: ۱۳). در زمان موسی، خدا فرزندان لاوی پسر یعقوب را به عنوان پیام‌آوران انتخاب کرد تا احکامش را به قوم خود آموزش دهد:

> خداوند فرمود: "عهد من با لاوی، عهد حیات و سلامتی بود، ... تعلیم صحیح در دهانش بود و بی‌عدالتی بر زبانش یافت نمی‌شد. در آرامش و انصاف با من سلوک می‌کرد، و بسیاری را از گناه بازمی‌گردانید. زیرا لبهای کاهن می‌باید معرفت را پاس دارد، تا تعلیم را از دهانش بجویند، زیرا که او پیام‌آور خداوند لشکرها است." (ملاکی ۲ : ۵-۷)

متأسفانه، کاهنان در زمان ملاکی، دیگر در طول مسیر با پیام خدا حرکت نمی‌کردند. خداوند می‌گوید: "شما از راه منحرف گشته‌اید و با تعلیم خود سبب لغزش بسیاری شده‌اید" (آیه ۸). بدون دانش ضروری شناخت حق و باطل، مردم مانند گوسفندان گمشده سرگردان بودند؛ مشکلی که امروزه همه ما با آن روبرو هستیم، زیرا در جامعه ما نیز هیچکس در مورد خدا به فرزندان ما آموزش نمی‌دهد، و آنها به مشروبات، مواد مخدر و جنایت روی می‌آورند.

با این حال، خدا می‌خواست وارد عمل شود. او گفت که او می‌خواهد یک پیام‌آور دیگر بفرستد، پیام‌آور عهد. که ناگهانی به معبد می‌آید و فرزندان لاوی را تطهیر می‌کند، تا آنها پیشکش‌های مناسب را به خدا تقدیم کنند (ملاکی ۳: ۱-۴). با در دست داشتن عهد جدید، می‌توانیم ببینیم که پیام‌آور موعود، عیسی بود، که با ایمان، راه درست زندگی را به مردم آموخت. او واقعاً بطور غیرمنتظره‌ای در معبد اورشلیم ظاهر شد. او با استفاده از تازیانه‌ای از طناب؛ علمای شریر و فریسیانی را که از قربانی‌ها و صرافی پول در خانه خدا سود زیادی می‌بردند بیرون راند. این آخرین اخطار بود. چهل سال بعد معبد با آتش سوزانده می‌شود و شریعت موسی به پایان می‌رسد.

در باب آخر، ملاکی همانند کاری که پیامبران همیشه می‌کنند، از مشکلات زمان خودش تا روز خداوند در آینده را پیش‌بینی می‌کند. ملاکی گفت: قبل از آن "روز عظیم و مَهیب خداوند"، خدا **ایلیای** نبی را برای آماده سازی مردم می‌فرستد (ملاکی ۴: ۵ - ۶). این واژه‌ها پلی میان عهد عتیق و عهد جدید می‌زنند. ما از اناجیل می‌دانیم که یحیای تعمیددهنده، آن پیامبر بعدی، همان روحیه و انگیزه‌ای را داشت که ایلیا، آن شخصیت تنها که در زمان پادشاهان با ارتداد مبارزه می‌کرد. او اسرائیل را برای ظهور عیسی آماده می‌کرد. او صدای اشعیا در بیابان بود که مردمی را که در چنگال گناه گم شده بودند، تسلی می‌داد.

اما آخرین کلمات ملاکی فراتر از آمدن عیسی در قرن اول و قضاوت آتشین اورشلیم در سال هفتاد بعد از میلاد است. آن کلمات از آینده نیز می‌گویند، هنگامی‌که عیسی، پیام آور خدا، از آسمان برای داوری قلب‌های همه مردمان باز خواهد گشت. کسانی که سرسختانه از توجه به پیام او امتناع ورزیدند، مانند دسته‌ای کاه در زمین درو خواهند سوخت (باب ۴: ۱). و کسانی که به خدا گوش داده‌اند و از خدا ترسیده‌اند، با خوشحالی از سرورمان عیسی استقبال می‌کنند، مانند گوساله‌هایی که پس از روزهای سخت زمستان از آغل رها شده اند (آیه ۲). پیامبر می‌گوید، برای آنها، آفتاب عدالت با پرتو شفابخش خود طلوع خواهد کرد.

عهد جدید

وقتی از ملاکی به متی می‌رسیم زمانی طولانی به اندازه چهار قرن، گذشته است. نوادگان قوم یهودا که در زمان کوروش از بابل به سرزمین خود بازگشته بودند، همچنان در آنجا تحت حکومت مادها و پارس‌ها و سپس یونانیان و سرانجام رومیان بودند. آنها مردمی زیردست بودند و باید به ارباب خود مالیات می‌پرداختند. آنها برای خود پادشاهی نداشتند. یکی از فرمانروایان یونانی به نام **آنتیوخوس** سعی کرد عقاید و مذهب یونانی را بر یهودیان تحمیل کند، اما با مخالفت‌های شدید و در نهایت موفقیت‌آمیز، مواجه شد. داستان دراماتیک این دوره در کتابی به نام **موکابیان در آپوکریفا** روایت می‌شود (آپوکریفا مجموعه‌ای از کتاب‌هایی است که یهودیان و کلیسای اولیه آن را الهام‌گرفته از روح‌القدس خدا نمی‌دانستند). دانیال نبی در کتاب مقدس، در یازدهمین باب کتاب خود، راهنمای دقیقی را برای بسیاری از پادشاهان (و ملکه‌ها) که در آن سال‌های پرتلاطم بین عهدین می‌آیند و می‌روند، ارائه می‌کند.

با شروع عهد جدید، امپراتوری روم تحت حکومت سفت و سخت امپراتور **آگوستوس** قرار گرفت. در سال ۴۲ قبل از میلاد، رومیان **هیرودیس کبیر** را به حکومت بر سرزمین اسرائیل منصوب

کردند. این پادشاه ظالم و خودخواه در اصل یک **ادومی** (از نسل عیسو) بود. او خون یهودی نداشت. او رومیان را متقاعد کرده بود که برایشان متحد خوبی خواهد بود و برای جلب رضایت اربابانش، بندر بزرگی در ساحل دریای مدیترانه در اسرائیل بنا کرد که به نام امپراتور، **قیصریه** نامیده شد. همچنین او با ساختن **معبد** جدیدی در اورشلیم، رعایای یهودی خود را نیز خشنود ساخت. این بنای باشکوه بر روی محل معبد دوم که توسط یوشع و زروبابل بنا شده بود ساخته شد؛ آن ساختمان برای بنای ساختمان جدید تخریب شد. امروزه

سنگ‌های عظیم پی معبد هیرودیس را می‌توان دید. آن بنا در زمان حیات عیسی نیز همچنان در حال ساخته شدن بود.

تاریخ دقیق تولد **عیسی** مورد بحث است، اما ما می‌دانیم که هیرودیس هنوز بر تخت سلطنت بود که حکیمان (مجوسان) از شرق به دنبال پادشاه جدیدی در یهودیه آمدند. به گفته **یوسفوسِ**[1]، مورخ یهودی معاصر عیسی، هیرودیس ۳۷ سال پس از انتصاب توسط رومیان، درگذشت. پس در سال ۴ قبل از میلاد درگذشت. از آنجایی که عیسی در زمانی که مجوسان او را پیدا کردند، یک "کودک خردسال" بود، باید بین سال ۴ تا ۵ قبل از میلاد به دنیا آمده باشد. این بدان معناست که تاریخ قراردادی برای آغاز **دوران مسیحیت**، که توسط راهبی به نام "دنیس کوچولو"[2] در سال ۵۲۵ پس از میلاد طراحی شده بود، چند سالی با تولد مسیح اختلاف دارد.

در آغاز عهد جدید، چندین گروه در راس دولت یهودیان قرار داشتند. **هیرودیان‌ها** یک حزب سیاسی تشکیل دادند که از همکاری با پادشاه هیرودیس خوشحال بودند و از این رو توسط یهودیانی که تمایلات ملی‌گرایانه داشتند تحقیر می‌شدند. **کاتبان** کاهنانی بودند که مسئولیت نسخه‌برداری از کتاب مقدس عبری برای استفاده در **کنیسه‌ها** (مکان‌های اجتماع برای عبادت) به آنها سپرده شد. **فریسیان** بسیار مذهبی تلقی می‌شدند. رداهای نفیس می‌پوشیدند و روزه می‌گرفتند و چندین بار در روز تطهیر می‌کردند. موضع آنها این بود که رعایت دقیق شریعت موسی را تاکید و تقویت کنند، اما آنها بسیاری سنت‌های از خودساخته‌شان را به آن اضافه کرده بودند. **صدوقیان**، گروهی مستقر در اورشلیم بودند که معبد را با مجوز رومیان اداره می‌کردند و بیشتر به پول علاقه داشتند تا پارسایی. آنها در مسائل عقیدتی با فریسیان مخالف بودند و تنها حاکمیت و اقتدار نوشته‌های موسی را قبول داشتند. همچنین فرقه‌های اقلیتی مانند **غیوران** وجود داشتند که می‌خواستند اعاده استقلال کنند؛ یکی از **حواریون** (پیروان عیسی که توسط او به عنوان مبشر انتخاب شدند) **شمعون غیور** بود، شاید به این دلیل که قبل از اینکه شاگرد شود، یک ملی‌گرای فعال بوده است.

Josephus [1]
Little Dennis [2]

نگاهی دیگر به گاهشماری کتاب مقدس

م ۳۳	۴ ق م	۴۲ ق م	۱۶۷ ق م	۵۳۹ ق م	۵۸۶ ق م	۱۰۰۰ ق م
مرگ عیسی	تولد عیسی	هیرودیس کبیر پادشاه می‌شود	مکابیان و شورش یهودیان	سقوط بابل و بازگشت تحت فرمان کوروش	سقوط اورشلیم	پادشاه داوود

چهار انجیل

عیسی مهمترین فرد در عهد جدید است. پس جای تعجب نیست که این بخش با زندگینامه او شروع شود. در واقع ما چهار روایت جداگانه از زندگی او داریم. دو نفر از راویان (**مَتی و یوحنا**) مردانی هستند که از ابتدا شاگردان عیسی بودند. آنها به گروهی متشکل از دوازده شاگرد ویژه برگزیده به نام رسولان تعلق داشتند که قرار بود کلیسای اولیه را رهبری کنند. یکی از راویان (**لوقا**) فردی غیر یهودی است که با پولس رسول سفر می‌کرد و همچنین کتابی به نام اعمال رسولان، در ادامه انجیل خودش نوشت. **مرقس**، که کوتاه‌ترین روایت را نوشته، پسر شخص ایمانداری به نام مریم بود که مجالس کلیسای اولیه را در خانه خود میزبانی می‌کرد. بنابراین او در موقعیت بسیار خوبی بود که حقایق مربوط به عیسی را از دوستان خود دریابد. و اتفاقاً حتی شکاکان کتاب مقدس هم قبول دارند که هر چهار انجیل در قرن اول نوشته شده‌اند. آنها سالها بعد از دل خاطرات مردم بیرون نیامدند. قطعه‌ای از انجیل یوحنا در **مؤسسه رایلند**[1] در منچستر انگلستان وجود دارد که تاریخ آن به آغاز قرن دوم می‌رسد، و یک رونوشت بوده است، نه نسخه اصلی انجیل. بنابراین ما می‌توانیم مطمئن باشیم که انجیل‌ها برای مردم منتشر شده است تا در طی چند سال پس از رویدادهای واقعی، درباره زندگی عیسی بخوانند.

ممکن است بپرسید که چرا ما به این تعداد زندگینامه از سرورمان عیسی نیاز داریم. پاسخ این است که وقتی نیاز دارید تصویری کامل از آنچه در گذشته اتفاق افتاده است را (مثلاً در یک پرونده قضایی) بازسازی کنید، همیشه تعدادی از شاهدان را فرامی‌خوانید تا با مقایسه شهادت آنها بتوانید کل حقیقت را ثابت کنید. در یک تصادف رانندگی، یکی از شاهدان ممکن است متوجه شده باشد که وسیله نقلیه از گوشه‌ای در سمت مخالف جاده آمده است. یکی دیگر ممکن است بعداً به محل

Ryland's Institute [1]

حادثه رسیده باشد، اما خالکوبی روی گردن راننده را وقتی که سرش روی فرمان ماشین افتاده بود به یاد آورد. سومی ممکن است متوجه شده باشد که لاستیک چرخ جلو در سمت راننده کاملاً پنچر بوده است. به این ترتیب شما وقایع متوالی آن صبح سرنوشت‌ساز را بازسازی کرده‌اید. در داستان عیسی نیز چنین است. برخی از نویسندگان چیزهایی را به یاد می‌آورند که دیگران به آنها توجه نکرده‌اند یا آنها را بی‌اهمیت می‌دانند. به عنوان مثال، متی بر آن موقعیت‌هایی تمرکز می‌کند که اعمال عیسی، در نبوت‌های عهد عتیق، پیش‌بینی شده بود. از طرف دیگر، یوحنا معجزاتی را انتخاب می‌کند که عیسی انجام داد و بطور ویژه او را متقاعد کرد که او **مسیح** (مسح شده) و پسر خدا است. وقتی آنها را در کنار هم قرار دهید، تصور واضحی از اینکه عیسای ناصری واقعاً چگونه بود خواهید داشت.

در نهایت، چرا آنها را **"انجیل"** می‌نامند؟ پاسخ این است که این کلمه در لغت به معنای "خبر خوب" است. اناجیل به ما این مژده را می‌دهد که عیسی آمده است تا مردم را از قدرت قبر نجات دهد و زمانی پادشاهی خدا را برقرار کند تا اراده خدا بر روی زمین انجام شود، آنچنان که اکنون در آسمان اطاعت می‌شود. از طریق نوشته‌های رسولان، او ما را به حضور در آنجا فرامی‌خواند.

متی

نام متی در میان دوازده حواری آورده شده است. او حتی در انجیل خود واقعه روزی را یادداشت می‌کند که عیسی او را از شغلش به عنوان جمع‌کننده مالیات برای رومیان، فراخواند تا از پی او برود (متی ۹: ۹ را ملاحظه کنید). دو نام در عهد جدید رایج بود. در توصیف مَرقُس از این واقعه، متی با نام دیگر خود، **لاوی پسر حلفای** خوانده می‌شود.

همانطور که در بالا اشاره کردیم، ذکر موارد جالب و بسیاری که در آن عیسی کاری انجام داد یا برایش اتفاق افتاد که تحقق مستقیم پیش‌گویی‌های صدها سال پیش در عهد عتیق بود، موجب مسرت متی بود. عبارت مورد علاقه او این است که "این واقع شد تا کلام انبیا به حقیقت پیوندد". همانطور که انجیل را می‌خوانید، به پیشگویی‌های مربوط به زایمان باکره، زادگاه عیسی در بِیت‌لِحم، کار او در جلیل، شفای بیماران، شیوه آرام او در موعظه، و سوار شدن بر الاغ در مسیر اورشلیم دقت کنید. حتی پیش‌بینی زکریا در مورد تعداد دقیق نقره‌هایی که به یهودای خائن پرداخته شد، مورد توجه متی قرار می‌گیرد.

متی مانند لوقا، شجره‌نامه عیسی را فهرست می‌کند و نَسَب خون او را از داوود پادشاه و از ابراهیم ثابت می‌کند. او تنها انجیل‌نویسی است که درباره دیدار حکیمان شرقی از عیسای نوزاد و تلاش بیهوده هیرودیس برای کشتن رقیب احتمالی خود، تحقیق و آن را ثبت کرده است.

متی در بابهای پنجم تا هفتم، شرح بسیار مفصلی از **موعظه بالای کوه** ارائه می‌دهد. این بیانیه آغازین عیسی در مورد چیزهایی است که از شاگردانش می‌خواهد. اگر به این فکر کرده‌اید که پیرو عیسی شوید، یا هم اکنون سفر در مسیر پادشاهی خدا را شروع کرده‌اید، خواندن این مطلب برایتان ضروری است. در اینجا عیسی این ایده را مطرح می‌کند که خداوند، خدایی نیست که بشود با قربانی‌های گران قیمت یا روزه یا صدقه برای فقرا کارهای او را جبران کرد. او به ما پدری را نشان می‌دهد که فرزندانش را دوست دارد، و وقتی آنها او را ناامید می‌کنند گریه می‌کند، خدایی که خود، معیاری است که باید به آن برسیم. برای پیروان عیسی، این کافی نیست که ادعا کنند که تا کنون هرگز کسی را نکشته‌اند. آنها باید حتی بر احساسات نفرت و میل به انتقام که منجر به قتل می‌شود نیز غلبه کنند. او سیستم مفصلی از سوگندهایی را که فریسیان برای تضمین وعده‌های خود ایجاد کرده بودند رد می‌کند. یک ایماندار باید همیشه حقیقت را بگوید همانطور که خداوند می‌گوید. جایز نیست همسایه خود را دوست داشته باشید اما از دشمن خود متنفر باشید. شما باید حتی با کسانی که زندگی شما را تبدیل به نکبت می‌کنند مهربانی کنید، زیرا خدا چنین است. او باران را بر بد و خوب، یکسان می‌فرستد به این امید که دشمنانش توبه کنند و دوستان او شوند. "پس شما کامل باشید چنانکه پدر آسمانی شما کامل است" (متی ۵: ۴۸). راه دیگری وجود ندارد. و می‌گوید نگران خوراک و پوشاک و فردا نباشید. بر پادشاهی خدا تمرکز کنید، و پدر آسمانی شما آنچه را که نیاز دارید فراهم خواهد کرد.

از باب ۱۳ به بعد، متی فهرست جامعی از مَثَل‌های معروف عیسی را گردآوری می‌کند. اینها داستان‌هایی هستند که از زندگی روزمره گرفته شده‌اند، و هر کدام یک اصل مهم را به شکلی تعلیم می‌دهد که می‌شود براحتی به یاد آورد. مَثَل‌ها عیسی را از شر دشمنانش در امان نگه می‌داشت. او می‌توانست در مورد پادشاهی خدا صحبت کند، خود را به شکل یک کشاورز، یا تاجر یا پسر یک پادشاه درآورد، و بنابراین چیزی نبود که بتوانند با آن، او را متهم به خیانت علیه سزار کنند. اگر شاگردان متوجه مطلبی نمی‌شدند، زمانی که با او خلوت می‌کردند، راهنمای شخصیت‌های داستان را از او می‌خواستند. اما اغلب معانی آنقدر شفاف بود که حتی دشمنانش هم می‌توانستند ببینند که او آنها را محکوم می‌کند.

متی در آستانه مصلوب شدن عیسی، بوضوح نشان می‌دهد که چگونه رهبران یهودیان از عیسی متنفر بودند و چگونه او به نوبه خود ریاکاری آنها را آشکارا افشا می‌کرد. متی نیز مانند یوحنا، ملاقات عیسی با پیروانش را در جلیل و پس از رستاخیز از مرگ ثبت می‌کند. او کتابش را با فرمان عیسی به رسولان، به پایان می‌برد:

"پس بروید و همهٔ قومها را شاگرد سازید و ایشان را به نام پدر و پسر و روح‌القدس تعمید دهید. و به آنان تعلیم دهید که هرآنچه به شما فرمان داده‌ام، بجا آورند."
(متی ٢٨: ١٩-٢٠)

مَرقُس

مرقس مانند متی نام دومی داشت. به او یوحنا نیز می‌گفتند. یوحنای مرقس، در اورشلیم بزرگ شد، اما هنگامی که پولس رسول برای دیدار به آنجا رفت، تصمیم گرفت که همراه با او به انطاکیه در سوریه برود. بعداً او و پولس و عمویش برنابا را در اولین مأموریت موعظه‌شان نزد غیریهودیان همراهی کرد. او دستیار آنها بود، بنابراین احتمالاً در آن زمان جوان بوده است. در واقع، او حتی ممکن است همان باشد که در انجیل خود، بدون گفتن نامش، به عنوان شاهد دستگیری عیسی در باغ جتسیمانی، "مرد جوانی" توصیف شده است (مرقس ١٤: ٥١-٥٢ را ملاحظه کنید). ما دقیقاً نمی‌دانیم که او چه زمانی انجیل خود را نوشت، اما مطمئناً او در سالهای اولیه مسیحیت در اورشلیم زندگی می‌کرد. او احتمالاً همان مرقس است که در سلامهای پطرس رسول در اول پطرس ٥: ١٣ گنجانده شده است، بنابراین ممکن است زمانی را صرف سفر با پطرس و ثبت داستانهای عیسی کرده باشد.

رویکرد مرقس این است که رویدادهای هیجان‌انگیز خدمت عیسی را در عبارات قدرتمند و پویا خلاصه کند. نوشته او "سینوپتیک[1]" نامیده می‌شود، یعنی دیدی کلی از موضوع بدون گم شدن در جزئیات ارائه می‌کند. او غالباً از کلمات "در دم"، "بی‌درنگ" یا "فوراً" برای توصیف انرژی جوشانی استفاده می‌کند که با آن عیسی در سراسر جلیل راه می‌رفت، شفا می‌داد، تعلیم می‌داد و مردان و زنان را به دنبال کردن خود فرامی‌خواند.

---

[1] Synoptic به معنای هم‌نظیر و مختصر می‌باشد.

سالها پیش، یک هنرپیشه مشهور انگلیسی در لندن یک نمایش تک نفره اجرا کرد که در آن هر شب تمام انجیل مرقس را از حفظ می‌خواند. سعی کنید مرقس را با صدای بلند برای خود بخوانید، انگار که این یک نمایشنامه است و شما در حال بازی در نقش شخصیت‌ها هستید. یا باب چهار و پنج را با هم بخوانید. در اینجا مرقس یک بیست و چهار ساعت معمولی از زندگی عیسی را شرح می‌دهد. به این صورت که عیسی بعدازظهر را روی یک قایق ماهیگیری در حالی که با مثل‌ها تعلیم می‌دهد، سپری می‌کند. شب‌هنگام، خسته به ماهیگیران دستور می‌دهد که او را به آن سوی دریا ببرند. او آنقدر خسته است که در طوفان می‌خوابد، و برای مقابله با بحران در قایق، باید از خواب بیدارش کنند. صبح روز بعد او یک دیوانه را در ساحل شرقی شفا می‌دهد (به نحوی، عیسی می‌دانست که لژیون در آنجا منتظر اوست). وظیفه‌اش را که انجام می‌دهد، به سمت غرب دریاچه باز می‌گردد. او بلافاصله در دریای جمعیت عظیمی که منتظر او هستند غرق می‌شود. او به کار خود مشغول می‌شود. زنی را شفا می‌دهد که دچار خونریزی است. او به خانه یایروس می‌رود و دختر بیمار رئیس کنیسه (مردی که او به آسانی می‌توانست دشمن خود بشمارد) را شفا می‌دهد. به والدینش دستور می‌دهد مطمئن شوند که دختر چیزی می‌خورد، با اینکه خودش وقتی برای غذا خوردن ندارد. یک روز دیگر در حال تمام شدن است و تنها استراحت او چند ساعتی است که خیلی

کوتاه در قایق سپری شده بود. مرقس به ما می‌گوید، این سروری است که ما برای پیروی از وی فراخوانده شده‌ایم؛ عاشق و کاملاً از خود گذشته.

توجه داشته باشید که مرقس چگونه بارها این را ثبت می‌کند که عیسی به شاگردانش توضیح داد که قرار است در اورشلیم کشته شود، اما در روز سوم قیام خواهد کرد. مرقس به خوبی تعجب و حیرت آنها را از تصور این ایده توصیف می‌کند.

شش باب از شانزده باب مرقس به بررسی آخرین هفته از خدمت عیسی و مرگ و رستاخیز او می‌پردازد. در آخرین باب گسستی وجود دارد، و ممکن است پایان اصلی گم شده باشد، اما او شوک

و ناامیدی را که هنگام مرگ عیسی به شاگردان وارد شد، و اینکه چقدر سخت متقاعد شدند که استادشان از مردگان برخاسته است را بطور کامل بیان می‌کند. او نیز مانند متی کتابش را با مأموریت عیسی برای رسولان، برای رفتن به جهان و موعظه خبر خوش به همه ملتها پایان می‌دهد.

لوقا

لوقا در طول خدمت عیسی، پیرو او نبود زیرا او یونانی بود و احتمالاً جایی در ساحل غربی ترکیه ساکن بود. او در طول دومین سفر بزرگ بشارتی پولس رسول، وارد داستان کتاب مقدس شده و دوست صمیمی او شد. از یک اشاره گذرا توسط پولس در یکی از نامه‌هایش متوجه می‌شویم که لوقا در حرفه پزشکی بوده است (کولسیان ۴: ۱۴ را ملاحظه کنید).

لوقا در حالیکه روایت خود از زندگی عیسی را ارائه می‌کند، وظیفه خود را بوضوح مشخص می‌کند:

"از آنجا که بسیاری دست به تألیف حکایت اموری زده‌اند که نزد ما به انجام رسیده است، درست همان‌گونه که آنان که از آغاز شاهدان عینی و خادمان کلام بودند به ما سپردند، من نیز که همه چیز را از آغاز به دقّت بررسی کرده‌ام، مصلحت چنان دیدم که آنها را به شکلی منظم برای شما، عالیجناب تِئوفیلوس، بنگارم، تا از درستی آنچه آموخته‌اید، یقین پیدا کنید." (لوقا ۱: ۱-۴)

ما نمی‌دانیم **تئوفیلوس** چه کسی بود. او حتی ممکن است یک شخصیت فرضی بوده باشد که نماینده هر پرسشگر واقعی است، زیرا این نام صرفاً به معنای "عاشق خدا" است. اما واضح است که لوقا قصد دارد یک گزارش زمانی از آنچه اتفاق افتاده است بنویسد، و او برای مصاحبه با شاهدان دست اولی که از ابتدا عیسی را دنبال کردند، زحمت کشیده است. سبک او بلیغ و عالمانه است و می‌توان حس کرد که او مردی تحصیل کرده است.

شرح مفصل تولد جالب توجه **یحیای تعمیددهنده** را مدیون لوقا هستیم؛ تنها پسر والدینی سالخورده، که از بدو تولد با نذر برای خدا جدا شد. او قرار بود منادی عیسی باشد و دلهای مردم را برای ظهور پادشاه موعودشان آماده کند.

اما لوقا، ابتدا وقایعی را که منجر به تولد عیسی شد بیان می‌کند. اینکه چگونه فرشته **جبرئیل** در ناصره بر **مریم** ظاهر شد و به او گفت که پسر خدا را که با قدرت روح‌القدس آبستن شده است، بدنیا خواهد آورد. لوقا بر اعلان رسمی فرشته تأکید می‌کند که نوزاد باید "عیسی" (یعنی "خدا

نجات می‌دهد") نامیده شود و قرار است وعده‌ای که به پادشاه داوود مبنی بر اینکه از نسل او و برای همیشه کسی بر تخت او می‌نشیند را محقق کند (نگاه کنید به باب ۱: ۳۱-۳۵).

از انجیل لوقا است که می دانیم اگرچه مریم اهل **ناصره** بود، نوزادش در **بیت‌لحم** به دنیا آمد. لوقا این اتفاق را چنین توضیح می‌دهد که درست در زمانی که قرار بود او به دنیا بیاید، امپراتور **آگوستوس** حکم داده بود که همه رعایا باید به خانه‌های اجدادی خود بروند تا برای مالیات ثبت‌نام شوند. از آنجا که مریم از نسل داوود بود، موظف شد خود را در شهر داوود، بیت‌لحم، معرفی کند. در طنزی تلخ، پادشاهی که روزی بر کل زمین حکومت خواهد کرد، نه در زایشگاهی مجلل که پزشکانی مشهور و دریایی از خبرنگاران حضور داشته باشند، بلکه در جایی که آخور چهارپایان گهواره‌اش بود و تنها بازدیدکنندگانش یک عده چوپان بودند بدنیا آمد.

لوقا یک نگاه اجمالی از کودکی عیسی برای ما بجا گذاشته است. این تصویر لحظه‌ای از یک آخر هفته خاص است که عیسی با مریم و ناپدریش یوسف، به همراه خانواده برای عید پسخ به اورشلیم رفته بودند. او دوازده ساله بود. خانواده‌اش تصور می‌کنند که او با دیگر مردم روستاست اما وقتی متوجه می‌شوند که او گم شده است، بشدت نگران، به شهر بازمی‌گردند تا او را جستجو کنند. پس از سه روز، آنها او را در معبد، در حال گفتگو با کارشناسان خبره در شریعت موسی می‌یابند. او به آنها اعتراض می‌کند: "باید در خانه پدرم باشم" (لوقا ۲: ۴۹).

در حدود سال ۲۵ بعد از میلاد **یحیی‌تعمیددهنده** کار خود را در بیابان یهودیه شروع کرد (لوقا تاریخ را دقیقا مشخص می‌کند؛ باب ۳: ۱-۳ را ملاحظه کنید). یحیی آمده بود تا دلهای مردم را برای ظهور مسیحا، پادشاه مورد انتظار اسرائیل آماده کند. او یک تغییر ضروری در سبک زندگی و نیاز به پاکسازی را موعظه می‌کرد که نماد آن، **غسل تعمید** در رود اردن بود. لوقا بدقت ثبت می‌کند

که چگونه خود عیسی نیز به آن صف پیوست و زندگی خود را در خدمت به خدا وقف کرد. در این مرحله، لوقا نسخه خود را از شجره‌نامه عیسی اضافه می‌کند، که خط تبار پادشاه داوود را از طریق دیگری دنبال می‌کند. که ما را به یوسف، پدرخوانده و پدر قانونی عیسی می‌رساند، بطوری که اعتبارنامه او به عنوان "پسر داوود"، هم از مریم و هم از طریق پدر قانونی او بی‌عیب و نقص بود.

لوقا پس از غسل تعمید، **وسوسه** عیسی در بیابان را ثبت می‌کند، آزمایشی نهایی برای آمادگی او تا کار خود را آغاز کند. سپس گاهشماری خدمت عیسی را از جلیل شروع می‌کند. این جامع‌ترین انجیل در میان چهار انجیل است و بسیاری از مَثَل‌های حذف شده از سایر نوشته‌های پیشین را شامل می‌شود.

دیدن لوقا به عنوان یک پزشک حرفه‌ای که با دقت به علائم افرادی که برای شفا نزد عیسی آمده بودند، توجه می‌کند، بسیار جذاب است. مثلاً مردی که "پر از جذام" بود. یا زنی که به مدت ۱۸ سال به دلیل آرتروز دوبرابر خم شده بود. یا زن دیگری که ۱۲ سال دچار خونریزی بود و تمام پس‌انداز خود را خرج پزشکان کرده بود، بی‌آنکه درمان شود. لوقا مشاهده می‌کند که در تمام این موارد، عیسی می‌تواند یک درمان آنی ایجاد کند.

می‌توانیم از لوقا برای ثبت دقیق یکی از دراماتیک‌ترین پیش‌گویی‌های عیسی سپاسگزار باشیم. عیسی، مانند پیامبران عهد عتیق، مکرراً از روح‌القدس برای پیش‌بینی الهام می‌گرفت. این یکی، چند روز قبل از مرگش در کوه زیتون، مشرف به شهر اورشلیم به عیسی رسیده بود. او به رسولان هشدار داده بود که ساختمان‌های باشکوه معبد، روبروی جایی که آنها نشسته بودند، درست در آن سوی دره، همه ویران خواهند شد. از او پرسیده بودند که این چه زمانی خواهد بود؟ او به آنها گفت که قبل از واقعه، آنها انجیل را به پادشاهان و حاکمان موعظه خواهند کرد و در نتیجه مورد آزار و اذیت قرار خواهند گرفت (لوقا ۲۱: ۱۹-۵ را ملاحظه کنید). اما هنگامی که اورشلیم را در محاصره ارتش دیدند، این علامتی برای فرار آنها، برای نجات جان خودشان است. آنها می‌توانستند مطمئن باشند که نابودی شهر قریب الوقوع است. پس از آن یهودیان به عنوان اسیر در میان همه ملتها پراکنده می‌شوند و اورشلیم زیر پای ملتهای غیریهودی گذاشته می‌شود، او گفت: "تا آنگاه که دوران غیریهودیان تحقق یابد."

سپس به آن زمان بسیار دور رفت، زمانی که شن‌های ساعت شنی خدا تمام می‌شوند. او پیش‌بینی کرد:

"بر زمین، قومها از جوش و خروش دریا پریشان و مشوش خواهند شد. مردم از تصور آنچه باید بر دنیا حادث شود، از فرط وحشت بیهوش خواهند شد، زیرا نیروهای آسمان به لرزه در خواهد آمد."

او گفت: "آنگاه پسر انسان را خواهند دید که با قدرت و جلال عظیم در ابری میآید. چون این امور آغاز شود، راست بایستید و سرهای خود را بالا بگیرید، زیرا رهایی شما نزدیک است."

و این مَثَل را برای آنها آورد: "درخت انجیر و درختان دیگر را در نظر آورید. به محض اینکه برگ میدهند، میتوانید ببینید و دریابید که تابستان نزدیک است. به همینسان، هرگاه ببینید این چیزها رخ میدهد، درمییابید که پادشاهی خدا نزدیک شده است" (لوقا ۲۱: ۲۵-۳۱).

همانطور که انتظار داشتیم، عیسی درست میگفت. پس از عروج او به آسمان، رسولان انجیل را در سراسر جهان موعظه کردند و به خاطر دردهای خود از زندان، ضرب و شتم بی رحمانه و حتی مرگ رنج بردند. اما در سال ۷۰ پس از میلاد، تنها چهل سال پس از پیشگویی عیسی، ارتش روم اورشلیم را محاصره کرد و ساختمانهای آن، از جمله معبد زیبای هیرودیس را با خاک یکسان کرد. هنوز هم میتوانید کتیبه پیروزی روم را با نقشبرجستههای سربازان رومی که شهر را غارت میکنند، روی طاق تیتوس در رم ببینید. همانطور که عیسی گفت، یهودیان در سراسر ملل پراکنده شدند، و اورشلیم برای قرنهای متمادی تحت کنترل قدرتهای غیریهودی (ساراسنها ⁱ، صلیبیون و ترکها) قرار داشت. اسرائیل تبدیل به درخت انجیر بیبرگ شده بود. با اینحال، در طول قرن بیستم، زندگی به درخت کهن بازگشت. برگها بیرون آمدند. اسرائیل جای خود را در سازمان ملل متحد گرفته و میلیونها یهودی پراکنده به سرزمین پدران خود بازگشتهاند. عیسی گفت که این نشانه بزرگی خواهد بود که آمدن او نزدیک است. بنابراین، میتوانیم خوشحال باشیم که اگرچه جهان یقیناً پر از ترس و مشکل است، عیسای پادشاه بزودی اینجا خواهد بود تا حکومت ملتها را به دست گیرد و به کسانی که در زمانی که او نبود، صادقانه به او خدمت کردهاند پاداش دهد.

---

¹ Saracens: نامی که یونانیان و رومیان باستان به اعراب اطلاق میکردند و در قرون وسطا اروپاییان به همهٔ مسلمانان اطلاق میکردند.

لوقا انجیل خود را با محاکمه، مصلوب شدن و رستاخیز به پایان می رساند. او شرح مفصلی از عروج از کوه زیتون را در اختیار خوانندگان خود قرار می‌دهد و بدین ترتیب راه را برای آغاز کار بعدی خود، **اعمال رسولان**، هموار می‌کند.

یوحنا

یوحنا برادر **یعقوب** بود، هر دو پسران مردی به نام زبدی بودند که در دریای جلیل کسب و کار ماهیگیری داشت. مادر آنها احتمالاً **سالومه**، خواهر مریم، مادر عیسی، یک شاگرد وفادار بود. یوحنا هرگز در انجیلش نامی از خود نمی‌برد، بلکه از نام مستعار "شاگردی که عیسی دوستش می‌داشت" استفاده می‌کند. سبک او دانشمندانه و اندیشمندانه و در برخی مواقع، تقریباً عرفانی است. او به صراحت به ما می‌گوید که تصمیم گرفت انجیل خود را بنویسد تا نشان دهدکه عیسی، مسیح (پادشاه وعده داده شده به اسرائیل) و پسر خدا است. او هشت معجزه بزرگی را که عیسی انجام داده بود انتخاب می‌کند و با دقت، به شواهدی می‌پردازد که به نظر او ادعاهای عیسی را فراتر از تردیدهای منطقی اثبات می‌کند.

"امّا اینها نوشته شد تا ایمان آورید که عیسی همان مسیح، پسر خداست، و تا با این ایمان، در نام او حیات داشته باشید." (یوحنا ٢٠: ٣١)

یوحنا قصد ندارد همه آنچه عیسی انجام داد را به ما بگوید. او به رویدادها و مکانهای خاص می‌پردازد و کلمات واقعی عیسی و دشمنانش را با جزئیات یادآوری می‌کند، مانند یک گزارشگر اخبار تلویزیونی که در محل ایستاده است. برای مثال، روایت او از شام آخر، در طول پنج باب کامل جریان دارد. او واقعاً به ما این احساس را می‌دهد که در حضور سرورمان بوده‌ایم.

دنبال کردن برخی از موضوعات عالی در کتاب یوحنا بسیار جذاب است. برای نمونه او با **نور و تاریکی** شروع می‌کند. او روز آغازین خداوند در هفته آفرینش را به آغاز کار عیسی بعنوان نور جهان تشبیه می‌کند؛ مرحله‌ای که آن تاریکی که قلب انسانها را پرکرده بود به عقب رانده شد، زیرا عیسی آمد تا رو در رو به مردم نشان دهد که واقعاً خدا چگونه است. جلال خدا که برای یهودیان به صورت ابری نورانی در خیمه یا معبد آشناست، تبدیل می‌شود به آن عشق آشکار و حقانیت و قدوسیت یک نجار، که پسر خدا است. یوحنا عیسی را به ما نشان می‌دهد که چشمان مردی را که از بدو تولد نابینا بوده است، باز می‌کند و او را وادار می‌کند که ماسکی از گِل را در آب حوض سیلوام

از روی چشمانش بشوید. یوحنا اشاره می‌کند که سیلوآم به معنای "فرستاده" است. عیسی فرستاده شده بود تا ذهن‌های بسته را بگشاید و راه زندگی ابدی را روشن کند.

موضوع دیگر **"ساعت"** سرنوشت است. یوحنا می‌بیند که همانطور که عیسی در خدمت خود پیش می‌رود، پدرش او را در برابر سنگسار و توطئه کشتن محافظت می‌کند، زیرا ساعت او هنوز فرانرسیده بود. او وظیفه‌ای داشت که باید انجام می‌داد. اما وقتی او در شام آخر به پایان کار خود می‌رسد، زمان تمام می‌شود. ساعت فرارسیده است. او به پیش می‌رود تا با دشمنانش و با مرگی ظالمانه روبرو شود.

یوحنا بر معجزات بسیاری که عیسی در **روز شبات** انجام داد تأکید می‌کند. او تصمیم گرفت این قرارداد را که شفا دادن، کار است بشکند زیرا به گفته او، پدرش هنوز مشغول کار بود. و استراحت واقعی در شبات پادشاهی را بوجود آورد که در آن بیماری، بخشی از لعنت ناشی از گناه آدم، برای همیشه از بین خواهد رفت.

غالباً یوحنا برای کارهای عیسی از کنایات عهد عتیق استفاده می‌کند و یا مستقیما از تحقق پیش‌گویی‌ها نقل‌قول می‌کند. چیزی که شاگردان در آن زمان متوجه نبودند اما بعدا موجب حیرتشان شد، زیرا متوجه شدند که هر چه پیش‌بینی شده بود محقق شده است. این هنوز یکی از قوی‌ترین استدلال‌هایی است که برای اعتقاد به عیسی وجود دارد. خدمت او قرن‌ها پیش توسط خداوندی که از قبل به همه چیز آگاه است طراحی شده بود.

یک مثال خوب، تبدیل آب به شراب در جشن عروسی است (یوحنا باب دوم را ملاحظه کنید). شراب تمام شده بود. یوحنا اشاره می‌کند که این بیانگر شریعت موسی است که با آمدن عیسی از بین رفته بود. ظروف آب کنارِ دَر، هنگام ورود مهمانان برای مراسم تطهیر استفاده می‌شد. این گونه شستشوها دست‌ها را پاک می‌کرد، اما به قلب نمی‌رسید. عیسی توانست محتویات ظروف آب را به شرابی جدید، بهتر از شراب قدیمی تبدیل کند، که زندگی مردم را متحول می‌کرد.

یا خوراک دادن به پنج هزار نفر را در باب ششم در نظر بگیرید. در اینجا یوحنا نانهایی را که در دستان عیسی تکثیر شده بود به منایی که خدا به بنی‌اسرائیل در بیابان می‌خوراند پیوند می‌دهد. او می‌گوید که عیسی نان زندگی است که بدون او، ما در بیابان گناه خواهیم مرد.

ورود پیروزمندانه عیسی به اورشلیم بر پشت یک الاغ توجه ویژه یوحنا را به خود جلب می‌کند. او این قسمت از زکریا ۹: ۹ را سال‌ها خوانده بود، اما تنها پس از وقوع آن متوجه شد که این پیشگویی در انتظار تحقق بود.

"آنگاه عیسی کره الاغی یافت و بر آن سوار شد؛ چنانکه نوشته شده است: "مترس! ای دختر صَهیون، هان پادشاه تو می‌آید، سوار بر کره الاغی!" شاگردان او نخست این چیزها را درنیافتند، اما چون عیسی جلال یافت، به یاد آوردند که اینها همه دربارهٔ او نوشته شده بود و همان‌گونه نیز آنها با او به عمل آورده بودند." (یوحنا ۱۲: ۱۴-۱۶)

احتمالاً یوحنا انجیل خود را پس از سه انجیل دیگر نوشته است، اما احتمالاً قبل از سقوط اورشلیم در ۷۰ پس از میلاد، زیرا در باب پنجم می‌گوید که حوض بِیت‌حِسْدا، جایی که عیسی مرد فلج را شفا داد، در کنار دروازه گوسفند است و پنج ستون سرپوشیده دارد. پس از ویران شدن اورشلیم این ارجاع دادن، برای خوانندگان او معنا پیدا نمی‌کرد.

یوحنا در ادامه سه نامه از عهد جدید را نوشت که از نظر سبک، شبیه به انجیلش بود. او همچنین رؤیاهای کتاب مکاشفه را دید که وقتی در پایان عمرش در جزیره پاتموس در تبعید اجباری به سر می‌برد، آن را نوشت.

در کنار هم قرار دادن انجیل‌ها

چه اتفاقی می‌افتد وقتی بخواهیم چهار انجیل را در کنار یکدیگر قرار دهیم؟ کتاب‌های خاصی وجود دارند به نام "**مقارنه انجیل**"[1] که این کار را انجام می‌دهند. یکی از بهترین‌ها "مشابهات در اناجیل"[2] است که توسط اچ.اف.دی. اسپارکس[3] نوشته شده است. (شاید بتوانید با جستجوی کتاب گوگل، در

---

gospel parallels [1]
A Synopsis of the Gospels [2]
H.F.D. Sparks [3]

اینترنت نسخهای از آن را پیدا کنید). این کتاب عبارت دقیق استفاده شده در همان سطر در صفحه، در هر یک از چهار انجیل را که در آن رویداد خاص در زندگی عیسی را توصیف میکنند، نشان میدهد. با این رویکرد میتوانید ببینید که یک نویسنده اغلب عبارت یا ایدهای را ارائه میکند که دیگران به آن اشاره نمیکنند، و بنابراین شما تصویر کامل را میسازید. به عنوان مثال، در مثل برزگر، تنها لوقا بذر پراکنده شده را بعنوان "کلام خدا" معرفی میکند. اما وقتی لوقا تعبیر عیسی را از معنای خاک خوب بیان میکند، او بسادگی میگوید که نشاندهنده کسانی است که کلام را میشنوند و آن را نگه میدارند. مرقس اضافه میکند که آنها ابتدا کلمه را میپذیرند، در حالی که متی این واقعیت را نتیجه میگیرد که آنها باید کلام را درک کنند.

سفرهای عیسی

یکی دیگر از تمرینات جذاب این است که ردپای عیسی را در طول سه سال و نیم خدمت او روی نقشه کنار هم قرار دهیم. باز هم، کتابهایی در این زمینه وجود دارد؛ یکی از بهترینها "اطلس زندگی مسیح"[۱] نوشته جان استرلینگ[۲] است (میتوانید در جستجوی کتاب گوگل بیابید)، که خطی را در سراسر نقشه ترسیم میکند که سفرهای عیسی در طول هر فصل از سال را با ارجاع به کتاب مقدس نشان میدهد. نشانههای اصلی گذر ماهها، اعیاد رسمی، بویژه عید پسخ در ماه مارس/آوریل است که هر مرد یهودی باید در اورشلیم حضور میداشت.

این مطالعه نشان میدهد که بیشتر سال اول در جنوب، در ناحیهای به نام یهودیه، جایی که عیسی شاگردان خود را در رود اردن تعمید میداد، سپری شد. سال دوم در قلمرو زادگاهش، جلیل، در حالی سپری شد که با جمعیت بسیاری که از پی اش میرفتند، از روستایی به روستای دیگر سفر میکرد. مهمترین اتفاق این سفرها خوراک دادن با نان، به ۵۰۰۰ نفر در بیابان بود.

در آغاز سال سوم روند جریان شروع به تغییر کرد. مردم از اینکه او در فعالیتهای سیاسی شرکت فعال نداشت، و از پادشاه شدن خودداری میکرد، از وی ناامید شدند. بسیاری از پیروان او رویگردان شدند و نفرت کاتبان و فریسیان شدیدتر شد. در آن تابستان عیسی شاگردان خود را به کلی از کشور خارج کرد و به صور و صیدون (لبنان کنونی) رفتند. او نیاز داشت از فشارهایی که مدام بیشتر میشد بگریزد. پس از بازگشت، از جلیل اجتناب کرد و از سمت شرقی دره اردن به منطقهای رفت

An Atlas of the Life of Christ [۱]
John Stirling [۲]

که ساکنان آن غیریهودیان بودند و در آنجا به چهار هزار نفر خوراک داد. سپس عیسی از دریای جلیل عبور کرد و به سمت غربی برگشت، اما وقتی که در ساحل با فریسیان متخاصم روبرو شد، مستقیماً به قایق بازگشت و به سمت شمال شرقی به سمت انتهای بالای دریای جلیل حرکت کرد، جایی که او سفری طولانی را در کوهستان آغاز کرد. شاگردانش باید از رفتار او متحیر و ترسیده باشند. انگار داشت فرار می‌کرد. پدرش تصمیم گرفت که مداخله کند. در آن کوه که چهره عیسی دگرگون شد، موسی و ایلیا برای مدت کوتاهی به وی پیوستند و برای چند ساعت به زندگی بازگردانده شدند تا درباره روزهای تاریکی که در پیش بود با او صحبت کنند و عزم او را تقویت کنند. روحش تازه شد.

در طول پاییز گذشته، عیسی دوباره از شرق اردن دیدن کرد، به آرامی به سمت جنوب سفر کرد، و آخرین ماه‌های زندگی خود را در خفا گذراند، زیرا برای سرش جایزه گذاشته بودند. سرانجام، آخرین عید پسخ فرا رسید و او از جاده اریحا به پایتخت آمد و با مَثَل صحبت کرد تا از هرگونه سخنی که ممکن است علیه او استفاده شود اجتناب کند. روزهای آخر در دادگاه معبد سپری شد، جایی که او آشکارا ریاکاری دشمنان خود را محکوم کرد و نفرت آنها را به بالاترین حد رساند. یهودا، یکی از ۱۲ حواری، پذیرفت که به او خیانت کند.

عیسی آخرین شب را به صحبت با حواریون خود اختصاص داد و آنها را برای این واقعیت آماده کرد که به نزد پدرش می رود. از این پس، آنها تنها خواهند بود، و باید از یکدیگر حمایت کنند و روح‌القدس، قدرت آسمانی که او می‌فرستد تا اراده خدا را به آنها بیاموزد، فراگیرند. سپس در شب تاریک بیرون رفت تا با شکنجه‌گرانش، تمسخر در محکمه، و عذاب و شرم مصلوب شدن در ملاءعام روبرو شود. اما همانطور که هر چهار نویسنده موافقند، در روز سوم شاگردان حیرت‌زده مقبره او را خالی یافتند. سرورشان از مرگ زنده شده بود.

اعمال رسولان

برای اثبات اینکه نویسنده کتاب اعمال رسولان، لوقا بوده است، کارآگاهی لازم است. یک آیه کلیدی در باب ۱۶: ۱۰ وجود دارد. پولس رسول بتازگی به تروآس رسیده است. در این نقطه، نویسنده در حالیکه قسمت بعدی سفر را توصیف می‌کند، گزارش خود را از سوم شخص به اول شخص تغییرمی‌دهد. این بدان معناست که او باید در این مرحله به جمع همراهان پولس پیوسته باشد. او در فیلیپی جا مانده است، زیرا در این مرحله گزارش سوم شخص ازسرگرفته شده است. اما در

آخرین باب اعمال رسولان، نویسنده با پولس بازگشته است، زیرا از "ما" برای توصیف وقایع مربوط به دوران زندانی شدن پولس در روم استفاده می‌کند. از درودهایی که پولس در یکی از نامه‌های خود از زندان می‌فرستد (کولسیان ۴: ۱۰-۱۷)، می‌توان نتیجه گرفت که باید لوقا با او بوده باشد!

لوقا در مقدمه کتابش، دوست خود تئوفیلوس را به انجیلش، "نخستین کتاب" ارجاع می‌دهد:

"من کتاب نخست خود را، ای تِئوفیلوس، در باب همهٔ اموری تألیف کردم که عیسی به عمل نمودن و تعلیم دادنشان آغاز کرد تا روزی که به واسطهٔ روح‌القدس دستورهایی به رسولان برگزیدهٔ خود داد و سپس به بالا برده شد." (اعمال رسولان ۱: ۱-۲)

در این کتاب جدید او از همان جایی که کارش را رها کرده است ادامه می‌دهد. در باب اول به اختصار، ظاهر شدن عیسی به رسولان را پس از رستاخیز مرور می‌کند. سپس صبح مهمی فرامی‌رسد که عیسی رسولان را به کوه زیتون هدایت کرد و به آسمان صعود کرد و با وعده بازگشت خود، آنها را ترک کرد. اکنون، همانطور که استادشان به آنها دستور داده بود، باید کار خود را برای فراخواندن شاگردانی از همه ملتها، از اورشلیم آغاز کنند. لوقا فضای متشنج آن هفته‌های اولیه را به تصویر می‌کشد، زمانی که رسولان منتظر هدیه موعود روح‌القدس بودند. آنها با ترس از مقامات، که از شایعات عمومی مبنی بر زنده شدن عیسای ناصری ناراضی بودند، با یکدیگر ملاقات می‌کردند. اما هنگامی که ایشان در **روز پنطیکاست** (یکی از اعیاد بزرگ شریعت موسی) با روح‌القدس مسح می‌شوند، مقامات با گروهی کاملاً متفاوت روبرو می‌شوند. پطرس با اطمینان در صحن معبد می‌ایستد و سه هزار یهودی را متقاعد می‌کند که مرگ عیسی تصادفی نبود، بلکه بخشی اساسی از نقشه خدا بود که مدتها پیش در کتب انبیا پیش‌بینی شده بود. مسیح باید می‌مرد. تنها زمانی که یک مرد بیگناه در قبر گذاشته می‌شد، خداوند بوسیله او می‌توانست قدرت گناهی را بشکند که همه ما را در خاک نگه می‌داشت. عیسی زنده بود و آنها، پیروانش، او را با چشمان خود دیده بودند. با ایمان به منجی، مردم اورشلیم می‌توانستند از گناه کشتن او رها شوند. این آغازی باشکوه برای دعوت آنها به عنوان صیادان انسان بود.

بار دیگر، لوقا تضادی را نشان می‌دهد که بین شادی، اتحاد و مشارکت ایمانداران اولیه و نفرت سرد مخالفان آنهاست که مصمم به سرکوبی این جنبش جدید هستند، اما قادر نیستند با این مردان فروتن که در انجام معجزه و توضیح متون مقدس توانا هستند مقابله کنند. **شائول اهل تارسوس،** یک وکیل جوان و پرشور یهودی بود که از سوی کاهن اعظم به او قدرت داده شد تا رهبری گروه

مخالفان را به عهده بگیرد. این گروه به یک کمپین خشونت، زندان و مرگ تبدیل شد؛ پاسخ رایجی از جانب نهادی که از لحاظ فکری شکست خورده است.

اگرچه آزار و شکنجه گروه اصلی ایمانداران در اورشلیم، دردناک بود اما باعث پراکندگی آنها در سراسر حومه شهر شد و انجیل، شروع به گسترش کرد. لوقا به تحولات کلیدی اشاره می‌کند. از جمله آن لشکرکشی، که علیه فیلیپسِ مُبشر اتفاق افتاد؛ وقتی که در میان سامریانی بود که خالصانه به "خبر خوش درباره پادشاهی خدا و نام عیسی مسیح" ایمان آورده و غسل تعمید گرفته بودند. اولین مرد از نژادی دیگر، که غسل تعمید می‌گیرد، وزیری در خدمت ملکه حبشه است که فقط یک بار در زندگی از اورشلیم بازدید می‌کند. سپس، به طرز شگفت‌انگیزی، شائول را می‌بینیم که با حضور عیسای رستاخیز شده متقاعد می‌شود، به دین مسیح می‌گرود و پشیمانی عمیق او، وادارش می‌کند تا بقیه عمر خود را وقف خدمت به استادی کند که آنقدر اشتباه درکش کرده بود.

تا اینجا رسولان کار خود را محدود به یهودیانی کرده بودند که شریعت موسی را رعایت می‌کردند. زمان بازکردن در، به روی غیریهودیان فرارسیده بود. این کار به پطرس واگذار شد. او که از طریق رؤیایی ترغیب شد تا به یک یوزباشی مومن رومی (فرمانده هنگ) و خانواده‌اش بشارت دهد، متقاعد شد که خدا می‌خواهد غیریهودیان در خبر خوش عیسی شریک باشند. هنگامی که آنها نیز عطای روح‌القدس را دریافت کردند، دیگر هیچ شکی وجود نداشت.

اکنون نوبت به گروهی از ایماندارانی رسیده بود که در انطاکیه سوریه زندگی می‌کردند. آنها برای فرار از آزار و شکنجه شائول به شمال رفته بودند. این مردان شروع به بشارت دادن به یونانیان کردند، یعنی افرادی که هیچ پیشینه‌ای در شریعت موسی نداشتند. به برکت خداوند عده زیادی به صفوف آنان پیوستند. لوقا اشاره می‌کند (اعمال رسولان ۱۱: ۲۶ را ملاحظه کنید) که در انطاکیه بود که ایمانداران برای اولین بار، **مسیحی** (پیروان مسیح) نامیده شدند. شبکه انجیل در حال گسترش به جهان بود.

باب دوازدهم به اورشلیم بازمی‌گردد. در فاصله پس از مسیحی شدن شائول، صلح و آرامش بوجود آمده بود. اما اکنون **هیرودیس پادشاه** (از خویشاوندان هیرودیس که سعی در کشتن عیسی در نوزادی داشت) مسیحیان را برمی‌انگیزد. او یعقوب، برادر یوحنا را اعدام می‌کند؛ اولین نفر از حواریون که باید برای ایمانش بمیرد. پطرس در نگاه او نفر بعدی است، اما فرشته‌ای وی را شبانه از صف

مرگ نجات می‌دهد و هیرودیس بر اثر سکته می‌میرد. خدا کنترل همه امور را دارد و کلیسا دوباره می‌تواند نفس بکشد.

بقیه داستان لوقا به کار تبلیغی بزرگ شائول تارسوسی اختصاص دارد که از این پس با نام آشناتر لاتین یعنی **پولس** شناخته می‌شود.

با کمال تعجب، از آنجایی که مرگ هیرودیس در سال ۴۴ بعد از میلاد اتفاق افتاده است، متوجه می‌شویم که ۱۵ سال از مرگ عیسی و ۱۱ سال از غسل تعمید پولس می‌گذرد. اکنون و بتازگی است که عیسی، از طریق روح القدس (اعمال رسولان ۱۳: ۲ را ملاحظه کنید)، پولس را برای اولین تلاش عمده برای بشارت به غیریهودیان می‌فرستد. او و دوست خوبش **بَرنابا** برای انجام این کار انتخاب شدند.

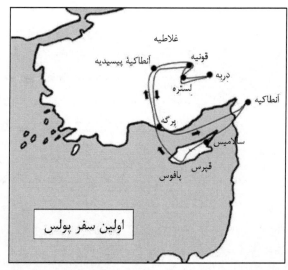

از کجا باید شروع کنند؟ بَرنابا اهل جزیره **قپرس** در دریای مدیترانه بود، بنابراین این مکان جای خوبی برای تمرین بود، زیرا آنها به اولین سفر تبلیغی اعزام می‌شدند. آنها با کشتی به سالامیس، شهر پایتخت رفتند و مسیر خود را در سرتاسر جزیره طی کردند. لوقا به یک پیروزی بزرگ اشاره می‌کند که تغییر دین فرماندار روم، **سرگیوس**

اولین سفر پولس

پولس است. سپس دو مبشر به سرزمین اصلی رفتند و سپس به کوههای غلاطیه رفتند. ممکن است پولس در این زمان بیمار شده باشد، زیرا وقتی بعداً به مسیحیان غلاطیه می‌نویسد، به آنها یادآوری می‌کند (غلاطیان ۴: ۱۳) که "اوّل بار، بیماری جسمی‌ام سبب شد که بشارت انجیل را به شما برسانم." در هر صورت، او همچنان موفق شد در کنیسه‌ای در **انطاکیه پیسیدیه**، خیلی شبیه به سخنرانی تکان‌دهنده پطرس در روز پنطیکاست را ارائه بدهد. او پیشگویی‌های کلیدی عهد عتیق را انتخاب کرد که می‌گفت مسیح باید بمیرد و دوباره زنده شود تا نجات از گناهان را به ارمغان آورد.

چیزی که برای شنوندگان یهودی او قابل هضم نبود. آنها نمی‌توانستند تصور کنند که پادشاه موعودِ خدا، مانند یک جنایتکار خواهد مرد. اما بسیاری از غیریهودیان حاضر تحت تأثیر قرار گرفتند و یک هفته بعد جمعیت عظیمی برای شنیدن تعالیم پولس گرد آمدند. بسیاری از آنها ایمان آوردند. نتایج اولین کمپین شروع به سرازیر شدن کرد.

رهبران یهودی در انطاکیه با ایجاد مشکل برای پولس در میان حاکمان انطاکیه واکنش نشان دادند. او مجبور شد به سمت شرق به سوی **لیکائونیه** و **لِستره** حرکت کند. در لستره زندگی او به تار مویی رسید. او تازه در آنجا شروع به بشارت کرده بود که یهودیان انطاکیه به دنبال او آمدند و او را در ملاء عام سنگسار کردند و او را درحالیکه به حال مرگ افتاده بود رها کردند. خوشبختانه او احیا شد، و سفرهای خود را ازسرگرفت و به **دربه** رفت، جایی که بدون مزاحمت بود، تا زمانیکه شجاعانه به شهرهایی که برای تقویت شاگردان جدید عیسی در آنجا تحت آزار و اذیت قرار گرفته بود بازگشت. او در اولین سفر به غلاطیه دوستانی پیدا کرد که تا پایان عمرش به او وفادار ماندند، از جمله **تیموتائوس** جوان، که قرار بود دست راست او شود.

موفقیت پولس پیامدهایی داشت. مسیحیان اورشلیم، که بسیاری از آنها هنوز شریعت موسی را حفظ می‌کردند، نسبت به این بشارت به غیریهودیان سردرگم بودند. آنها می‌خواستند غیریهودیان ختنه شوند و احکام را حفظ کنند. برخی از این معلمان به غلاطیه آمدند و پولس مجبور شد نامه‌ای محکم به غلاطیان بنویسد تا به آنها هشدار دهد که به این مردان گوش ندهند. در نهایت تصمیم گرفته شد که شورایی در اورشلیم برگزار شود تا درباره این که چه باید کرد تصمیم بگیرند. این امر در اعمال رسولان باب ۱۵ توضیح داده شده است. هنگامیکه حضار گزارش پولس را در مورد واکنش شگفت‌انگیزی که او دریافت کرده بود شنیدند و پطرس و یعقوب، رهبران مورد اعتماد کلیسا، تأیید خود را بر کار پولس اضافه کردند، موافقت شد که نامه‌ای رسمی به ایمانداران غیریهودی بنویسند. این نامه می‌گفت که آنها نیازی به رعایت شریعت موسی ندارند، اما مفید خواهد بود اگر بتوانند از اعمال خاصی که یهودیان را ناراحت می‌کند، مانند خوردن گوشت قربانی‌های تقدیمی به بتها یا فرآورده‌های خونی، اجتناب کنند. پولس می‌توانست دوباره نفس بکشد. اگر تصمیم شورا بر ضد او بود، مسیحیت شاخه‌ای از یهودیت باقی می‌ماند. حالا او می‌توانست وارد دنیای روم شود.

دومین سفر بشارتی با بازگشت به غلاطیه آغاز شد، که پس از آن، رسول توسط روح‌القدس هدایت شد تا از طریق **فیلیپی**، یک شهر بزرگ در شمال یونان، به سمت اروپا حرکت کند، سپس

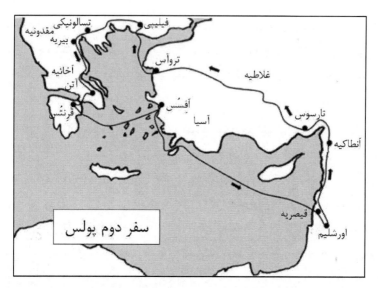

از طریق استان مقدونیه روم به سمت جنوب به **آتن**، پایتخت یونان برود. قاعده او این بود که تا زمانیکه می‌تواند در یک شهر بماند و تا زمانی که آزار و شکنجه غیرقابل تحمل شود، به کارش ادامه دهد. ما باید شجاعت راستین این مرد بزرگ را تحسین کنیم که زندان، ضرب و شتم، دزدی، غرق شدنِ کشتی و هزاران مایل راه در جاده‌های غبارآلود را تحمل کرد تا خبر خوش را به افراد مشتاق بیشتری برساند. او نپذیرفتن پول از مخاطبان را سرلوحه کارش قرار داده بود. این بدان معنی بود که او مجبور بود هزینه‌های سفر خود را با کار یدی به عنوان یک چادرساز، حرفه‌ای که در جوانی آموخته بود، بپردازد. بشارت‌های پولس در اوقات فراغت او انجام می‌شد. و در تمام مدت مراقب بود که از دشمنانش دور بماند.

فیلسوفان آتن تحت تأثیر تلاش‌های پولس که می‌خواست آنها را درباره بازگشت عیسی از مرگ متقاعد کند، قرار نگرفتند اما او مخاطبانی آماده را در بندر شلوغ **قُرِنتُس** در جنوب پیدا کرد. او قبل از آنکه به پایگاه خود در انطاکیه در سوریه بازگردد، هجده ماه در آنجا ماند.

سومین سفر، پولس را به غلاطیه و سپس به **اَفِسُس**، شهری وسیع در نزدیکی ساحل غربی ترکیه امروزی برد. او در مجموع سه سال را در آنجا گذراند. طبق رسمی که داشت، که باید اولین فرصت برای شنیدن انجیل به یهودیان داده شود، کارش را با بازدید از کنیسه شروع کرد و تنها آن زمانی که رهبران یهودی با او خصومت کردند، به جمعیت غیریهودیان پرداخت. بسیاری از افسسیان ایمان

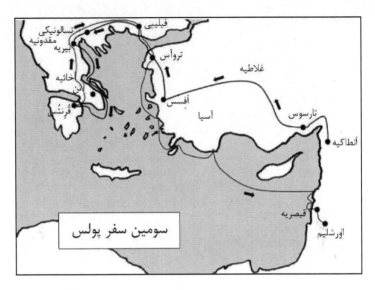

سومین سفر پولس

آوردند و او باعث کاهش محسوس تعداد زائرانی شد که از **معبد آرتمیس** (دیانا) سوغاتی می‌خریدند. این امر به ضرر جیب نقره‌کاران بود. آنها با هم متحد شدند تا دست به اعتراض عمومی بزنند (اعمال رسولان ۱۹: ۲۳ به بعد را ملاحظه کنید) و همراهان پولس را به میدان مسابقات کشاندند (فضای عمومی بزرگی که امروزه ویرانه‌های آن هنوز قابل بازدید است) اما توسط داروغه شهر، که با درایت، جمعیت شورشی را متفرق ساخت، نجات یافتند.

پولس مجبور شد به یونان برود. جایی که او قبلاً ترتیبی داده بود که از ایمانداران آنجا پول جمع کند تا به مسیحیان فقیرتر در اورشلیم به عنوان نشانه‌ای از محبت، همبستگی و حمایت عملی، کمک کند. این طرح پیش می‌رفت تا آنکه قصد یهودیان برای ترور پولس در کشتی، او را مجبور کرد به جای آن، از طریق مقدونیه به فیلیپی سفر کند. او در راه بازگشت به اورشلیم با دوستان خود در ترکیه خداحافظی کرد، زیرا اکنون قصد داشت به سمت غرب به سمت ایتالیا و اسپانیا حرکت کند. اما زندگی غیر قابل پیش‌بینی است و نقشه بزرگ او به هم ریخت.

هنگامی که رسول به اورشلیم آمد و پولی را که جمع‌آوری کرده بود تحویل داد، چندین بار از معبد دیدن کرد. متاسفانه بطور تصادفی توسط برخی از دشمنانش، یهودیانی از ایالت آسیا که از آن شهر نیز بازدید می‌کردند، شناسایی شد. با شورشی که آنها به راه انداختند، پولس به شدت مورد ضرب و شتم قرار گرفت و تنها با دخالت فرمانده رومی که مسئول منطقه معبد بود، نجات یافت.

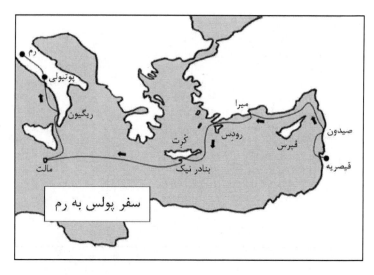

سفر پولس به رم

این آغاز یک دوره طولانی و آزاردهنده در زندگی پولس بود. او سه سال بعد را در زندان گذراند و منتظر محاکمه‌ای مناسب بود. در پایان این زمان، او مجبور شد از حق استیناف خود به عنوان یک شهروند رومی (پدرش شهروند بود و او این امتیاز را به ارث برده بود) استفاده کند تا پرونده او توسط امپراتور در رم مورد رسیدگی قرار گیرد. داستان دراماتیک سفر او به آنجا، به عنوان یک زندانی، با همراهی لوقای وفادار، بیست و هفتمین باب از اعمال رسولان را تشکیل می‌دهد. کشتی آنها در جزیره **مالت** غرق شد، اما او جان سالم به در برد و بهار سال بعد به رُم آمد تا دو سال دیگر در صف طولانی عدالت روم، در بازداشت منتظر بماند.

لوقا گزارش خود را در این نقطه پایان می‌دهد. با این حال، می‌توانیم از نامه‌هایی که پولس نوشته بود، بفهمیم که او در نهایت آزاد شد (هیچ پرونده معتبری علیه او وجود نداشت). برای چند سال دیگر توانست سفرهای خود را از سر بگیرد تا اینکه **امپراتور نرون** علیه مسیحیان به مخالفت برخاست و او به رم بازگردانده شد تا به اعدام محکوم شود.

آن سالهای حبس، اگرچه برای مردی که بیشتر عمرش را در جاده‌های آزاد گذرانده بود، تلخ بود، اما بسیار پر بار بود. حتی در زندان، پولس آن مردی نبود که در گوشه‌ای بنشیند و بغض کند. او که قادر به دیدار دوستانش نبود، نامه‌های طولانی و مفصلی برای آنها نوشت، که برخی از آنها در کتاب‌های عهد جدید ما محفوظ مانده است، و از طریق آنها اصول و آموزه‌های کلیسای قرن اول به طور ماندگار و غیر قابل حذفی، ثبت شده است.

نامه‌های عهد جدید

اکنون به آخرین بخش عهد جدید رسیده‌ایم که از نامه‌هایی که از رسولان نوشته‌اند و همچنین کتاب مکاشفه به یوحنای رسول، تشکیل شده است.

بدیهی است که ما فقط تعداد کمی از نامه‌های بسیاری را داریم که واقعاً توسط رسولان نوشته شده است. به عنوان مثال، در اول قرنتیان ٥: ٩، پولس رسول می‌گوید: "در نامه خود به شما نوشتم ..." اما ما فقط دو نامه به قرنتیان در کتاب مقدس خود داریم. بنابراین آنچه که ما نامه اول به قرنتیان می‌نامیم، در واقع نامه دوم بوده است. و در نامه‌ای که ما به عنوان نامه اول می‌شناسیم، پولس به تعدادی از سؤالاتی پاسخ می‌دهد که قرنتیان قبلاً برای او در نامه دیگری که حفظ نشده است، فرستاده بودند. درباره بسیاری از نامه‌ها، ما باید در خواندن هر سطری دقیق باشیم تا پیش‌زمینه و شرایطی که در آن نوشته شده‌اند را حدس بزنیم. تا حدودی شبیه به موقعیتی است که شما با دخترتان در اتاقی هستید و او تلفنی با دوستش صحبت می‌کند و شما نمی‌توانید صدای آن طرف مقابل را بشنوید.

چگونه این نامه‌های خاص در کتاب مقدس آمده است؟ پرسش جالبی است. به غیر از تمام آن نامه‌هایی که حفظ نشدند، می‌دانیم که نامه‌های جعلی نیز وجود داشت که توسط افرادی نوشته شد که تلاش می‌کردند وانمود کنند که رسول هستند. پولس در دوم تسالونیکیان ٢: ٢ به این پیشروی تأسف‌آور اشاره می‌کند و به دوستان خود هشدار می‌دهد که "از پیام نبوّتی یا گفته یا نامه‌ای منتسب به ما، زود متزلزل یا مشوش مشوید." به همین دلیل است که پولس همیشه نامه‌هایش را خودش امضا می‌کرد. معمولاً نامه‌هایش را دیکته می‌کرد، بنابراین بسته به اینکه چه کسی در آن زمان منشی او بود، با دستخط‌های متفاوت نوشته می‌شد. اما امضای او تایید می‌کرد که آنها نامه‌های اصلی هستند؛ او می‌گوید: "من، پولُس، به خط خود این سلام را می‌نویسم. این نشان ویژهٔ همهٔ نامه‌های من است. من چنین می‌نویسم" (دوم تسالونیکیان ٣: ١٧). بنابراین پس از قرن اول، نامه‌ها (و همچنین اناجیل) زیادی در گردش بود که بعضی از آنها اصل و بعضی ساختگی بودند.

چنین وضعیتی در مورد نوشته‌های عهد عتیق نیز صادق بود، اما یهودیان مدت‌ها قبل از زمان مسیح، درباره این که کدامیک از آن نوشته‌های قبلی قابل اعتماد است، تصمیم گرفته بودند. تصمیمات در مورد کتاب‌های عهد جدید توسط رهبران کلیساهای اولیه گرفته شده است، برخی از آنها را به عنوان اصیل و الهام گرفته از خدا، برخی دیگر را به عنوان مشکوک طبقه‌بندی می‌کنند (اینها در

مجموعه‌ای به نام **آپوکریفا**[1] با هم دسته‌بندی شده‌اند)، و برخی دیگر را تحت عنوان فریب‌های محض طبقه‌بندی می‌کنند که باید رد شوند، مانند **شبان هرماس**[2] و **انجیل توماس**[3]. **آتاناسیوس**[4] که در سال ۳۶۷ بعد از میلاد نوشته شده است، لیستی از تمام ۳۹ کتاب عهد جدید ما را ارائه می‌کند. موضوع تعیین آنچه به عنوان "**معیارهای کتاب مقدس**[5]" شناخته می‌شود در کتابی بسیار خواندنی با این عنوان، نوشته اف.اف. بروس[6] پوشش داده شده است.

نامه پولس به رومیان

هیچ ترتیب زمانی برای رساله‌های عهد جدید وجود ندارد، برای مثال، ترتیبی که در کتاب مقدس روسی وجود دارد، نسبت به کتاب مقدس انگلیسی متفاوت است. با این حال، معمولاً با سرنخ‌هایی در خود نامه‌ها می‌توان به طور تقریبی زمان نوشته شدن آنها را

فروم در رم امروزی

مشخص کرد. به عنوان مثال، نامه به رومیان باید در پایان سفر سوم پولس نوشته شده باشد، زیرا او در باب‌های پایانی به طور مفصل توضیح می‌دهد که اکنون کار موعظه خود را در جایی که ما امروزه ترکیه می‌نامیم تکمیل کرده است، و آماده است که به راه خود ادامه دهد. ابتدا لازم بود با جمع‌آوری پول برای ایمانداران آنجا به اورشلیم برود (موضوع جمع کردن پول در اول قرنتیان ۱۶: ۱-۲ ذکر شده است). سپس به برادران و خواهران رومی در راه اسپانیا می‌گوید: "امید دارم سر راهم به اسپانیا،

Apocrypha [1]
Shepherd of Hermas [2]
Gospel of Thomas [3]
Athanasius [4]
Canon of Scripture [5]
F. F. Bruce [6]

به دیدار شما بیایم تا پس از آنکه چندی از مصاحبت شما بهره‌مند شدم، مرا در سفر به آنجا یاری دهید" (رومیان ۱۵: ۲۴). پس نامه برای این بود که مسیحیان رومی را برای دیدارش آماده کند.

اگرچه پولس قبلاً به ایتالیا نرفته بود، اما در سفرهای خود با بسیاری از ایمانداران در رم ملاقات کرده بود، زیرا او در آخرین باب به بیش از بیست نفر از آنها درود می‌فرستد. مردم کاملاً آزادانه در اطراف منطقه مدیترانه رفت و آمد می‌کردند. به احتمال زیاد بخش عظیمی از جماعت، یهودی بودند. کنیسه‌های زیادی در پایتخت وجود داشت و برخی از اعضای آنها در سفر به اورشلیم با انجیل روبرو می‌شدند. به هر حال، این **مسیحیان یهودی** هستند که رسول در این مقاله درخشان مورد خطاب قرار می‌دهد. قصد او این است که آنها را متقاعد کند که اگرچه اسرائیل نقش مهمی در هدف خدا دارد، اما از نسل ابراهیم بودن و آگاهی از شریعت موسی، به خودی خود باعث نجات از گناه و مرگ نخواهد شد. آنچه مهم است ایمان به خدا و باور به قربانی شدن عیسی است. بدون این، هیچ کس نجات نخواهد یافت.

او با شرح تصویری از جامعه روم شروع می‌کند. او می‌گوید در جهانی که خالقی را به رسمیت نمی‌شناسد، هر چیزی پیش می‌آید (امروز می‌توانیم همین پدیده را ببینیم). آن جامعه بیرحم و خودخواه بود. اما برای یک یهودی، با شریعت نازل شده الهی‌اش، غیرمنطقی بود که غیریهودیان را به خاطر بی‌عفتی‌شان محکوم کند، مگر اینکه خودش زندگی بی عیب و نقصی داشته باشد. و مشکل همین بود. شریعت موسی در برجسته کردن گناه انسان بسیار خوب بود، اما گناه را از بین نبرد. این امر یهودیان و همچنین غیریهودیان را در شرایطی گرفتار کرد که در آن به مرگ محکوم می‌شوند زیرا هر دو در دستیابی به زندگی مقدسی که خدا می‌خواهد شکست می‌خورند. در واقع یک یهودی، که کتاب مقدس را به خوبی می‌دانست، بیشتر از آن شهروند رومی که فقط درکی کلی از درست و غلط داشت، مقصر بود.

می‌گوید ختنه را در نظر بگیرید. این نشانه عهد خدا با قومش بود. اما خدا، ابراهیم پدر ملت را مدتها قبل از ختنه شدنش **پارسا** نامید (این کلمه در لغت به معنای بیگناه شمرده شدن در برابر قاضی است). بنابراین لازم نیست برای نجات یافتن، ختنه شد. و او را پارسا نامیدند، نه بخاطر کار بزرگی که انجام داده باشد، بلکه به این دلیل که باور داشت که خداوند به آنچه می‌گوید عمل خواهد کرد. ایمان، کلید اصلی بود. پولس می‌گوید که همه ما گناهکار هستیم، چه یهودی و چه غیریهودی، و تنها راه گریز برای همه، ایمان به عیسی است.

پولس در رومیان باب ششم می‌نویسد، با غسل تعمید (فرورفتن در آب که نماد مرگ و رستاخیز است)، ما ایمان خود را به او ابراز می‌کنیم. در آب همه گناهان ما پشت سر گذاشته می‌شود. زندگی جدیدی را شروع می‌کنیم. ما جبهه خود را تغییر می‌دهیم و از آدم به سمت مسیح می‌رویم. از این پس ما از آنِ خدا هستیم و گناه، دیگر ما را به عنوان بنده خود نخواهد داشت. البته ما همچنان به گناه کردن ادامه می‌دهیم. ما با آنچه طبیعت انسانی ما را وادار به انجام آن می‌کند می‌جنگیم و شکست می‌خوریم. اما خدا در مسیح، خطاهای ما را زمانی که قلب ما درست باشد خواهد بخشید.

باب هشتم اوج صحبت اوست. او می‌گوید که ما بسیار مفتخریم که توسط خدا به عنوان دختران و پسران او به فرزندی پذیرفته شده‌ایم. ما وارثان اوییم و منتظر روزی هستیم که حق ثروت پدری را دریافت کنیم. البته انتظار برای پادشاهی خدا آسان نیست، و ما در رنج، ناله خواهیم کرد. اما بهترین‌ها هنوز پیش روی ماست. و هر اتفاقی که در زندگی بیفتد، می‌توانیم مطمئن باشیم که عشق خدا و پسرش، ما را تا قبر احاطه خواهد کرد.

بخش بعدی به جایگاه اسرائیل در هدف خداوند می‌پردازد. آنها این امتیاز را داشتند که خدا و احکام او را بشناسند. اما آنها عدالت را به اطاعت از فهرست طولانی "بایدها" و "نبایدها" تبدیل کرده بودند. این طور نمی‌شود. ما نمی‌توانیم نجات را به دست آوریم. ما باید به آن کسی که خدا فرستاده است ایمان داشته باشیم. متأسفانه، این امر اکثر یهودیان را نسبت به دعوت انجیل ناشنوا کرد. فقط اقلیتی، مانند آن ۷۰۰۰ نفری که به روز ایلیا ایمان داشتند، غسل تعمید داده شده بودند. با اینحال، پولس اینطور به پایان می‌برد که خداوند مهربان است، روزی در آینده خواهد آمد که عیسای نجات دهنده، نزد قوم خود باز خواهد گشت و گذشته آنها را خواهد بخشید. آنگاه قوم اسرائیل به خدا بازگردانده خواهد شد، مانند شاخه‌ای که به درختش پیوند زده شده است. "و اینچنین تمامی اسرائیل نجات خواهد یافت" (رومیان ۱۱: ۲۶). تمام اسرائیل، آنها کسانی هستند که از نژاد ابراهیم که سرانجام به نجات‌دهنده‌ای که مصلوب کردند ایمان می‌آوردند، و همچنین آن غیریهودیانی هستند که از طریق ایمان به ابراهیم، از فرزندان او محسوب می‌شوند.

کتاب رومیان با موعظه‌های کوتاه، با دستورالعمل‌هایی در مورد دعا، مدارا با کسانی که دیدگاه متفاوتی در مورد مسائل غیر مهم دارند، و اهمیت وحدت، به پایان می‌رسد. برنامه‌های رسول برای دیدار از آنها، همانطور که با نگاهی به گذشته از کتاب اعمال رسولان می‌بینیم، محقق نشد. او در اورشلیم دستگیر شد و سال‌ها در زندان به سر برد. اما در نهایت، تحت حفاظت یک فرمانده، به در رم

رسید و دو سال بعد از زندان آزاد شد تا به کار خود برای خداوندی که بسیار دوستش داشت ادامه دهد.

نامه به قُرِنتیان

پولس در پایان سفر دوم خود به **قُرِنتُس** آمد. آنجا یک بندر شلوغ در جنوب یونان، در منطقه‌ای با نام رومی **آخائیه** بود. پولس یک سال و نیم در آنجا ماند و جماعتی قوی از ایمانداران تشکیل داد. شرایط مانع از بازگشت او شد و در غیاب او مشکلات زیادی پدید آمده بود که مشارکت شاد برادران و خواهران اهل قرنتس را از بین می‌برد (در عهد جدید، ایمانداران از یکدیگر به عنوان فرزندخواندگان خدا یاد می‌کنند). **اولین نامه قرنتیان،** از آن سوی دریای اژه، در اَفِسُس نوشته شد؛ جایی که پولس سه سال از سفر سوم خود را در آنجا توقف کرد. خبر مشکلات در قرنتس توسط اعضای خانواده خواهری به نام خِلوئه در طی بازدید از افسس به گوش پولس رسید (اول قرنتیان ۱: ۱۱ را ملاحظه کنید). پولس از این اخبار شوکه شد. به دلیل تعهداتش در افسس، شخصاً نمی‌توانست نزد قرنتیان برود، پس تصمیم گرفت به جای آن نامه‌ای برای آنها بنویسد.

اول قرنتیان

پولس متوجه شد که کلیسای قرنتس به گروه‌های رقیب تقسیم شده است (اتفاقاً کلمه یونانی "اِکلِژیا[1] که در عهد جدید به **"کلیسا"** ترجمه می‌شود، همیشه به جمعیت حاضر در کلیسا اشاره می‌کند، نه به یک ساختمان؛ در لغت به معنای "فراخوانده‌شدگان" است.

معبد آپولو در قُرِنتُس

گروهی ادعا می‌کردند که از طرفداران پطرس هستند، گروهی دیگر می‌گفتند که پولس رهبر آنهاست، و گروهی دیگر اعلام

---

ekklesia [1]

می‌کردند که از مسیح پیروی می‌کنند. رسول اعلام کرد که این وحشتناک است. تنها یک سَر برای جامعه مسیحی وجود دارد. او می‌گوید که رسولان و یارانشان فقط سازندگانی هستند که سنگ‌های بیشتری را بر پی بنا اضافه می‌کنند. مسیح، پی آن بنا بود. او برایشان زمانی را یادآوری می‌کند که برای اولین بار نزد آنها آمده بود، زمانی که تازه توسط فیلسوفان آتن طرد شده بود. او فقط یک موضوع را بشارت داده بود اینکه عیسای ناصری مصلوب شده و از مردگان زنده شده بود.

"من نیز ای برادران، هنگامی که نزد شما آمدم، با فصاحت و حکمت بشری نیامدم، آنگاه که راز خدا را به شما اعلام می‌کردم. زیرا عزم جزم کرده بودم در میان شما چیزی ندانم جز عیسی مسیح، آن هم عیسای مصلوب." (اول قرنتیان ۲: ۱- ۲)

اینکه چقدر یک واعظ خاص، محبوب باشد در مقایسه با خود عیسی اهمیتی نداشت.

پولس باب پنجم را به مشکل جدی بی‌عفتی در کلیسا اختصاص می‌دهد. گزارش شده بود که یکی از اعضا با همسر پدرش (احتمالاً نامادریش) رابطه دارد. با این حال، جامعه مسیحیان اجازه داده بود که این کار بدون انتقاد ادامه یابد. در اینجا رسول تاکید داشت که باید کاری انجام شود. آنها باید در کلیسا گردهمایی برگزار کنند و گناهکار پشیمان نشده را محکوم به اخراج کنند.

سپس او به پرونده‌ای می‌پردازد که در آن دو برادر مسیحی با هم درگیر شده بودند و علیه یکدیگر به دادگاه شکایت کرده بودند. او می‌گوید که مطمئناً این اختلاف می‌تواند توسط یک داور در کلیسا حل و فصل شود.

او به موضوع روابط جنسی برمی‌گردد. یک فلسفه رایج یونانی تعلیم می‌داد که بدن و روح از هم جدا هستند، بنابراین مهم نیست که با بدن خود چه کنیم. بنابراین رفتن به رختخواب با یک فاحشه (که به عنوان بخشی از عبادت در معابد یونانی رایج است) بی‌ضرر بود. اما نظر پولس این است که بدن ما متعلق به مسیح است و باید مقدس نگه داشته شود. او می‌گوید: "آیا نمی‌دانید که بدن شما معبد روح‌القدس است که در شماست ... و دیگر از آنِ خود نیستید؟" زیرا "به بهایی خریده شده‌اید" (اول قرنتیان ۶: ۱۹-۲۰). خداوند مقرر کرده است که روابط جنسی در پیوند زناشویی برقرار شود. برای جلوگیری از فشارهای ناشی از تجرد، بهتر است ازدواج کنید. اگر مرد یا زنی مسیحی شد اما شریک زندگی آنها بی‌ایمان ماند، باید به زندگی مشترک خود ادامه دهند، مگر اینکه باعث نزاع شود. و کسی که شریک زندگی او بمیرد، آزاد است که دوباره، اما فقط با یک ایماندار ازدواج کند.

اول قرنتیان باب هشتم سؤالی را که برای او فرستاده بودند بررسی می‌کند. آنها پرسیده بودند آیا خوردن خوراک تقدیمی به بتها درست است؟ در شهرهای یونان زیارتگاه‌های زیادی وجود داشت و مردم در رستوران‌های معابد می‌نشستند تا با هم گفتگو کنند یا امور تجاری خود را انجام دهند و در همین حین گوشتی را که ابتدا به بتها تقدیم شده بود، می‌خوردند. حتی تکه گوشت‌هایی که در بازارها به فروش می‌رسیدند، اغلب دوباره از همان قربانی‌ها تهیه می‌شد. برخی در قرنتس احساس می‌کردند که چون خدایان دروغین وجود واقعی ندارند، باید بنشینند، شکر کنند و از آن خوراک لذت ببرند. حکم پولس قابل توجه بود. او می‌گوید آنچه مهم است تأثیر عمل شما بر دیگران است. اگر با خوردن خوراکی، برادر حساس دیگری را بر خلاف وجدانش وسوسه کردید که این کار را انجام دهد؛ یا اگر خوردن آن خوراک شما را در نظر کافران، مخالف با عقایدتان جلوه دهد، باید از خوردن آن خوراک خودداری کنید. همه ما باید برای کمک به دیگران در راه پادشاهی خدا فداکاری کنیم. او در باب نهم توضیح می‌دهد که من عمداً از حقوق خودم برای هزینه‌های موعظه چشم‌پوشی کرده‌ام، تا مانع از سردرگمی کسانی شوم که ممکن است فکر کنند من برای پول موعظه کرده‌ام. ما باید مانند ورزشکارانی باشیم که برای کسب جایزه در مسابقات، خود را از بسیاری از لذت‌ها محروم می‌کنند. تعمید شدن، فقط آغاز است. ما باید یک عمر استقامت کنیم. او می‌گوید که تمام اسرائیل همراه موسی از دریای سرخ گذشتند، اما تنها دو نفر به سرزمین موعود رسیدند.

اکنون رسول به مجامع عمومی کلیساها، به ویژه به گردهمایی هفتگی برای یادآوری عیسی در خوردن نان و نوشیدن شراب، توجه می‌کند. او حکم کرد که خواهران باید در این زمان‌ها سر خود را بپوشانند تا نمادی از اطاعت کلیسا از شوهرش، مسیح، باشد. او علیه اینکه اجازه دهند مراسم تبدیل به جشن مستی شود اعتراض کرد. و به ویژه نگران این بود که این جلسات با سروصدا و بی‌نظمی مختل شود.

در قرن اول، رسولان می‌توانستند قدرت روح‌القدسی را که در روز پنطیکاست دریافت کرده بودند، با دست نهادن، به دیگر ایمانداران بدهند (اعمال رسولان ۸: ۱۴-۱۷ را ملاحظه کنید). پولس عطایای مختلفی را در اول قرنتیان باب ۱۲ فهرست می‌کند. مهم‌ترین آنها عطایایی بودند که به اداره کلیسا و فعالیت‌های بشارتی آن کمک می‌کردند؛ نبوت، تعلیم، شفا و خدمت. آنچه در پایین لیست قرار داشت، توانایی صحبت با خارجی‌ها به زبان خودشان بود؛ چیزی که بجز برای واعظان، فایده بسیار محدودی داشت. با این حال، برخی از اعضای کلیسای قرنتس که از این عطیه برخوردار بودند، از مراسم نان و شراب به عنوان فرصتی برای نشان دادن توانایی‌های زبانی خود استفاده

می‌کردند و با صدای بلند به زبانی خارجی صحبت می‌کردند که هیچ کس در بین مخاطبان قادر به درک آن نبود. پولس اصرار داشت که این باید متوقف شود. هیچ کس نباید به زبان خارجی صحبت کند، مگر اینکه اجازه دهد پیام ترجمه شود، و اگر پیامبری، پیامی (به زبان یونانی) داشته باشد، رساندن آن پیام باید اولویت داشته باشد. او اینگونه به کلامش پایان داد: "همه چیز باید به شایستگی و با نظم و ترتیب انجام شود" (اول قرنتیان ۱۴: ۴۰).

پولس در میان قوانین خود در مورد گردهمایی‌های عمومی، به بابی لذت بخش (اول قرنتیان ۱۳) گریز می‌زند. در این باب تعلیم می‌دهد که داشتن عطیه‌ای از روح‌القدس در مقایسه با داشتن کیفیت در عشق، اهمیتی ندارد. عشق مسیحی فراتر از کشش جنسی یا عشق مادر به فرزند است. فدا کردن خود برای نجات دیگران است. شاید بتوانیم معجزه کنیم، یا کتاب مقدس را به زبان اصل عبری یا یونانی بفهمیم، یا حتی به عنوان شهدای ایمان بمیریم، اما برای خدا هیچ معنایی نخواهد داشت، مگر اینکه عشق را نیز کسب کنیم. و او تعریف قدرتمندی از معنای عشق در عمل ارائه می‌دهد؛ صبوری با دیگران، بخشش خطاها، مهربانی و فروتنی.

باب پانزدهم اول قرنتیان یک مقاله تاریخی در مورد رستاخیز مردگان است. فرستادگان خلوئه خبر داده بودند که برخی در قرنتس، دیگر باور ندارند که در بازگشت مسیح، رستاخیز خواهند شد. آنها تردید داشتند که بدن انسانی به زندگی بازگردد تا بتواند پادشاهی ابدی را به ارث ببرد. در ابتدا پولس اصرار دارد که رستاخیز خود عیسی، مرکز مطلق امید مسیحیان است. شاهدان بیشماری، از جمله خود رسول، مسیح رستاخیزشده را دیده بودند. بدون آن قبر خالی، هیچ یک از ما نمی‌توانستیم به زندگی ابدی امیدوار باشیم، زیرا یک نجات‌دهنده مرده نمی‌تواند به کسی کمک کند. سپس او این روند را توضیح می‌دهد؛ ابتدا مسیح برخاسته بود، به عنوان پیشرو خیل عظیمی از ایمانداران که در دومین رستاخیز و آمدن دوباره او، برخواهند خاست. بدن‌هایی که اکنون داریم به بدن‌های جدید و جاودانه تبدیل خواهند شد و در پایان جهان، زمانی که همه دشمنان خدا رام شدند، خود مرگ، برای همیشه ناپدید خواهد شد.

آخرین باب از اول قرنتیان، به پروژه بزرگ پولس، جمع‌آوری هدایا برای ایمانداران فقیر در اورشلیم، می‌پردازد. او می‌خواست که غیریهودیان با حمایت عملی از یهودیان، همبستگی خود را با ایمانداران یهودی نشان دهند. او پیشنهاد می‌کند که از همین الان پول را در یک صندوق کنار بگذارند، تا

وقتی که برای دیدن آنها آمد، پول آماده باشد. جمع‌آوری پول هفتگی، هنوز هم امروزه در گردهمایی ایمانداران مشاهده می‌شود.

خواننده عزیز، ما مدتی را صرف این کتاب خاص کردیم تا نشان دهیم که می‌توانیم از محصول فراوان حکمت و آموزش عملی در نامه‌های پولس بهره ببریم. ما می‌توانیم توصیه‌های او را به مسیحیانی که در دنیایی کاملاً متفاوت از دنیای ما زندگی می‌کردند، گوش کنیم و درسهای زیادی را که هنوز هم در قرن بیست و یکم کاربرد دارند، فرابگیریم.

دوم قرنتیان

احتمالاً نامه دوم بلافاصله به دنبال نامه اول فرستاده شده است. پولس پس از ارسال نامه‌اش که حاوی صحبتهای بسیار ساده‌ای بود، درباره این که پیامش چه تأثیری خواهد داشت، نگران شد. آیا قرنتیان ایماندار نصایح او را جدی می‌گیرند و راههای خود را اصلاح می‌کنند؟ یا اینکه آزرده می‌شوند و به او پشت می‌کنند؟ فقط یک راه برای فهمیدن این موضوع وجود داشت و آن، فرستادن قاصدی از افسس به قرنتس بود. برای این نقش که نیاز به سیاستمداری بزرگ داشت، تیتوس انتخاب شد.

پس از راهی کردن او، پولس در رنج انتظار به سر می‌برد. چه خوب بود اگر فقط امکان ارسال یک پیامک را داشت! اما اینها به آینده‌ای دور تعلق داشتند. پس از مدتی او از انتظار برای اینکه تیتوس با خبری برگردد خسته شد. او تصمیم گرفت به همراه تیموتائوس، دستیار جوانش، افسس را ترک کند و خودش را از اخبار مطلع شود. او به شمال به تروآس سفر کرد و در آنجا نوکیشان بالقوه زیادی را یافت (دوم قرنتیان ۲: ۱۲- ۱۳ را ملاحظه کنید)، اما چشمان خود را بر این فرصت برای بشارت بست و به سرعت در خلاف جهت عقربه‌های ساعت به سمت فیلیپی و یونان رفت. در جایی با تیتوس ملاقات کرد که او در جهت مخالف (احتمالاً در همان جاده) حرکت می‌کرد. ملاقات هیجان‌انگیزی بود. پولس وقتی فهمید که قرنتیان هنوز او را دوست دارند و آنچه را که او توصیه کرده بود انجام داده‌اند، خیالش راحت شد. اما تیتوس گزارش داد که عده‌ای هستند که حق او را برای وضع قوانین زیر سوال می‌برند و ادعا می‌کنند که آنها نیز مانند او رسول هستند. آنها به ویژه تصمیم او را برای اینکه قبل از رفتن به دیدن آنها، از مقدونیه در شمال یونان بازدید کند، مورد انتقاد قرار دادند. آنها انتظار داشتند که او مستقیماً از افسس به قرنتس سفر کند، همانطور که در نامه اولش مشخص کرده بود. بنابراین پولس دوباره تیتوس را با نامه دوم به قرنتس باز می‌فرستد تا اوضاع را اصلاح کند؛ از این رو نامه دوم به قرنتیان را داریم.

پولس با تشریح آزار و شکنجه بی امانی که از رهبران یهودی در افسس متحمل شده بود، شروع می‌کند. آنها با روشهای درست و غلط سعی کرده بودند که او را از موعظه باز دارند. گاه به سختی از مرگ فرار کرده بود. سپس درباره انتقاد آنها از تغییر برنامه‌اش می‌گوید. او گفت که تصمیم گرفته بود آمدنش را به تعویق بیندازد، نه به این دلیل که از آن جور آدمهایی بود که نمی‌توان به حرفهایش اعتماد کرد، بلکه به این دلیل که برای اثرگذاری نامه اولش زمان بیشتری بگذارد. او خوشحال بود که توصیه‌های او را انجام داده‌اند و برادر بی‌عفت را از اجتماعشان بیرون کرده‌اند و از تیتوس شنیده بود که فرد گناهکار اکنون توبه کرده است. او گفت اکنون وظیفه آنها بود که او را بپذیرند و ببخشند.

مخالفان او در قرنتس در واقع اصرار داشتند که او یک توصیه‌نامه رسمی از افسس با خود بیاورد. دردناک بود. مطمئناً برادران و خواهران در قرنتس شاهدی زنده برای ادعای رسول بودن او بودند! او در یک قطعه غنایی، از یهودیان مذهبی (که خود یکی از آنها بود) انتقاد می‌کند که به ده فرمان احترام می‌گذاشتند و فکر می‌کردند که آنها ماندگار هستند. کار پولس نوشتن خبر خوش در مورد عیسی بود، نه بر روی لوحهای سنگی، بلکه بر قلب انسانها. مسلماً شریعت موسی جلالی داشت که می‌توانست خوانندگانش را خیره کند، مانند چهره موسی پس از ورود به خیمه. اما جلالی حتی درخشان‌تر، اکنون در چهره عیسی آشکار شده بود. انجیل، نور درخشانی بود که تاریکی گناه را از بین می‌برد. متأسفانه خدای این جهان (ممنون) اغلب چشمان کافران را کور می‌کرد و آنها را در تاریکی رها می‌کرد. اما پولس گفت که باید ادامه دهد، زیرا می‌داند که همه چیز در این زندگی موقتی است و پاداش او در روز داوری مسیح خواهد بود.

او دوباره به آنها یادآوری می‌کند که رساندن انجیل به آنها چه هزینه‌ای برای او داشته است:

"بلکه در هر چیز شایستگی خود را نشان می‌دهیم، آن‌گونه که از خادمان خدا انتظار می‌رود: با بردباریِ بسیار در زحمات، در سختیها، در تنگناها، در تازیانه‌ها، در زندانها، در هجوم خشمگین مردم، در کار سخت، در بی‌خوابی، و در گرسنگی." (دوم قرنتیان ۶: ۴-۵)

مطمئناً آنها می‌توانستند ببینند که او یک رسول واقعی است و این همه رنج می‌برد.

در بابهای هشتم و نهم، پولس به موضوع جمع‌آوری بزرگ هدایا بازمی‌گردد. مقدونی‌هایی که او در هنگام نوشتن نامه نزد آنها مانده بود، یک کمک سخاوتمندانه برای اورشلیم جمع کرده بودند. قرنتیان نیز مبلغ زیادی را وعده داده بودند. او می‌گوید، آنها باید از الان شروع به پس‌انداز کنند تا

وقتی که او می‌آید مجبور نباشند عجله کنند. در بخشی مهم در مورد بخشندگی مسیحیان، او اصرار دارد که خدا به یک بخشنده سخاوتمند، پاداش می‌دهد و آنها با سخاوتمندی ضرر نمی‌کنند.

در پایان، او با مخالفان خود در قرنتس سر و کار دارد. او خیلی مؤدب‌تر از آن است که نامی از آنها ببرد. اما آنها با تهمت‌های خود، اقتدار او را تضعیف می‌کردند، همانطور که مار حوا را فریب داد تا فکر کند باید به او گوش دهد، نه به خدا. آن آبرررسولان، به ویژه آنها که تبارشان از ابراهیم بود، به اعتبار خود می‌بالیدند. اما اگر آنها می‌خواستند مسابقه‌ای برگزار کنند، او می‌توانست همه آنها را شکست دهد. او برتری خود را نه با شایستگی‌های انسانی، بلکه با چیزهایی که به خاطر انجیل متحمل شده بود نشان می‌داد. کدامیک از آن لافزنان پر سر و صدا، برای هیچ پاداشی بجز رضایت حاصل از نجات مردان و زنان از مرگ ابدی، به سوی ناشناخته رفته بود؟ او یکبار دیگر برخی از ماجراهای خود را فهرست می‌کند:

"آیا خادم مسیح‌اند؟ چون دیوانگان سخن می‌گویم - من بیشتر هستم! از همه سخت‌تر کار کرده‌ام، به دفعاتِ بیشتر به زندان افتاده‌ام، بیش از همه تازیانه خورده‌ام، بارها و بارها با خطر مرگ روبه‌رو شده‌ام. پنج بار از یهودیان، سی و نه ضربه شلاق خوردم. سه بار چوبم زدند، یک بار سنگسار شدم، سه بار کشتی سفرم غرق شد، یک شبانه‌روز را در دریا سپری کردم. همواره در سفر بوده‌ام و خطر از هر سو تهدیدم کرده است: خطرِ گذر از رودخانه‌ها، خطرِ راهزنان؛ خطر از سوی قوم خود، خطر از سوی اجنبیان؛ خطر در شهر، خطر در بیابان، خطر در دریا؛ خطر از سوی برادران دروغین. سخت کار کرده و محنت کشیده‌ام، بارها بی‌خوابی بر خود هموار کرده‌ام؛ گرسنگی و تشنگی را تحمل کرده‌ام، بارها بی‌غذا مانده‌ام و سرما و عریانی به خود دیده‌ام. افزون بر همۀ اینها، بارِ نگرانی برای همۀ کلیساهاست که هر روزه بر دوشم سنگینی می‌کند." (دوم قرنتیان ۱۱: ۲۳-۲۸)

این مطلب مختصر، ما را شرمنده می‌کند. چقدر این مرد، بزرگ بود که زندگی برای او، زندگی برای استادش مسیح بود و مردن، استراحتی بود تا زمانی که چهره او را ببیند! ما باید سعی کنیم از او الگو بگیریم.

نامه به غلاطیان

شاید از کتاب اعمال رسولان به خاطر بیاورید که غلاطیه، منطقه‌ای در مرکز ترکیه امروزی بود. پولس و برنابا در اولین سفر از غلاطیه دیدن کردند و در آنجا موجب ایمان آوردن بسیاری شدند. آنها در پایان مأموریتشان به پایگاه خود در انطاکیه بازگشتند. مدتی بعد، چند مسیحی یهودی از اورشلیم نیز به غلاطیه سفر کردند و به شاگردان جدید آنجا تعلیم می‌دادند که همگی باید ختنه شوند و شریعت موسی را رعایت کنند، که در غیر این صورت نجات نخواهند یافت. این مردان توسط رسولان فرستاده نشده بودند. بلکه خودسرانه کار می‌کردند.

وقتی پولس رسول درباره این تحولات شنید، عمیقاً ناراحت شد. او قبلاً در انطاکیه با این واعظان (که گاهی اوقات مسیحیان یهودی[1] نامیده می‌شوند) برخورد کرده بود. او می‌توانست ببیند که کار بزرگش در موعظه به غیریهودیان تخریب می‌شود و مسیحیت به شاخه‌ای از یهودیت کاهش می‌یابد. او که نمی‌توانست برای دیدار دوستانش، انطاکیه را ترک کند، برایشان "نامه به غلاطیان" را نوشت. او مصمم بود که این ضدیت را سرکوب کند. تمام مهارت‌های او به عنوان یک وکیل آموزش دیده برای ارائه استدلال‌های منطقی و قدرتمند برای اثبات اشتباه واعظان سیار فراخوانده شد؛ که نجات نه با حفظ احکام، بلکه با ایمان به عیسی حاصل می‌شود.

او نامه خود را با این هشدار آغاز می‌کند که فقط یک انجیل وجود دارد. حقیقت در مورد عیسی و پادشاهی او قابل تغییر نیست. او می‌گوید آنچه که ما باید باور کنیم، آن چیزی است که رسولان موعظه می‌کردند. شاید این یک تذکر ارزشمند برای روزگار ما باشد، در این زمانی که بسیاری از گروه‌ها ادعا می‌کنند مسیحی هستند؛ ما باید برای یافتن انجیل اصیل قرن اول، به کتب عهد جدید برگردیم.

پولس اکنون هفت دلیل جداگانه برای تقویت پرونده خود ارائه می‌کند. اولاً، او اصرار داشت که انجیلی که به آنها موعظه کرده بود توسط افراد دیگر به وی تعلیم داده نشده بود، بلکه توسط مکاشفه مستقیم، توسط خود عیسی به او تعلیم داده شده بود (که احتمالاً در طول مدتی بوده است که او پس از گرویدن به مسیح، در بیابان سپری کرده بود، (غلاطیان ۱: ۱۵ - ۱۸ را ملاحظه کنید)).

---

[1] Judaisers

و هنگامی که ۱۴ سال بعد رسولان را در اورشلیم ملاقات کرد، آنها به گزارش موعظه او گوش داده و او را برکت دادند. پس انجیل او با آنها یکسان بود.

در آن دیدار از اورشلیم، او دوست جوان خود خود **تیتوس** را، که یک ایماندار غیریهودی بود، با خود بُرد. سایر حواریون، تیتوس را بدون هیچ گونه سؤالی به عنوان برادر پذیرفته بودند. آنها بر این که او باید ختنه شود، اصرارنکرده بودند. بنابراین ختنه، بخشی از انجیل رسولان نبود.

مورد بعدی، پرونده پطرس بود. شمعون پطرس پس از گرویدن کُرنلیوس یوزباشی، متقاعد شده بود که خدا می‌خواهد غیریهودیان نجات یابند، و از آن زمان با غیریهودیان با رفاقت کامل بر سر یک میز می‌نشست. اما هنگامی که بازدیدکنندگان از اورشلیم به انطاکیه آمدند، او عقاید خود را انکار کرده بود و در گردهمایی‌ها، خود را از مسیحیان غیریهودی جدا نگه می‌داشت. پولس مجبور شده بود رسول را علی‌رغم بزرگتر بودنش علناً سرزنش کند و پطرس با مهربانی این توبیخ را قبول کرده بود. بنابراین پطرس موافقت کرد که غیریهودیان بدون ختنه قابل پذیرش هستند.

ایمانداران غلاطیه برای کمک به امور الهی از عطایای شگفت‌انگیز روح‌القدس برخوردار شده بودند. آیا این هدایا را به خاطر اطاعت از دستورات شریعت بدست آورده بودند یا به این دلیل که به فیض خدا ایمان داشتند؟ فقط یک جواب وجود داشت.

سپس پرونده ابراهیم بود. آیا وقتی که داستان او را در کتاب پیدایش می‌خوانیم، به این نتیجه می‌رسیم که وعده‌هایی که خدا به او داده مشروط به اطاعت از صدها فرمان بوده است؟ رسول می‌گوید نه، برکاتی که خداوند به ابراهیم و نسل (فرزندان) او وعده داده بود، مدتها قبل از آمدن شریعت آمده بود و بدون قید و شرط بود. این ایمان ابراهیم بود که او را به خدا معرفی کرد، و با همان ایمان است که ما، حتی اگر غیریهودی باشیم، می‌توانیم به عنوان نسل ابراهیم به حساب بیاییم.

"دیگر نه یهودی معنی دارد نه یونانی، نه غلام نه آزاد، نه مرد نه زن، زیرا شما همگی در مسیحْ عیسی یکی هستید. و حال اگر شما از آنِ مسیح هستید، پس نسل ابراهیم‌اید و بنا بر وعده، وارثان نیز هستید." (غلاطیان ۳: ۲۸-۲۹)

در تشبیهی قدرتمند، پولس قانون را به یک "آموزگار" تشبیه می‌کند؛ برده‌ای در یک خانواده مهم که وظیفه‌اش این بود که مطمئن شود بچه‌ها به مدرسه می‌روند و درس‌هایشان را می‌آموزند. هدف

از قانون این بود که درباره آمدن عیسی به مردم تعلیم بدهد. منجی با مرگ خود بر روی صلیب، قربانی‌های شریعت را کامل کرده بود. اکنون او با مرگ خود گناهان را از بین برده بود، شریعت دیگر زائد بود. دیگر هدفی نداشت. بازگشت به آن مانند این است که پس از شروع اولین شغلتان، به جدول ضرب خسته کننده مدرسه بازگردید.

آخرین استدلال، یک قطعه زیبا از بیانات کتاب مقدس است. تمثیلی که محبوب یونانیان می‌باشد. رسول به ما یادآوری می‌کند که ابراهیم دو پسر داشت. اولین پسری که به دنیا آمد اسماعیل، پسر هاجر، کنیز همسر ابراهیم بود. پس از اینکه اسحاق به صورت معجزه‌آسا و در سنین پیریِ سارا از وی متولد شد، اسماعیل از موقعیتش بعنوان پسر محبوب کنار گذاشته شد. خدا خودش مقرر کرده بود که اسحاق وارث وعده‌های ابراهیم خواهد بود و کنیز و پسرش باید به صحرای سینا فرستاده شوند. پولس می‌گوید، این یک تمثیل بود. ما دو کوه و دو زن داریم. **کوه سینا**، جایی که خدا شریعت را به موسی داد، در کشور اسماعیل، عربستان است. **هاجر** نشان‌دهنده برده است. که طرفدار شریعت است و قانون بردگی ابدی را بوجود می‌آورد. در مقابل، اسحاق، پسر سارا است که توسط ابراهیم در کوه صهیون برای قربانی شدن آماده شده بود. اسحاق نشان‌دهنده عیسی است، پسری که خدا وعده داده برای نجات ما بفرستد. و **سارا** با نام مستعار **کوه صهیون** (اورشلیم) نشان‌دهنده فیض و آزادی است که خداوند در مسیح به ما داده است. اورشلیم، و نه سینا، مادر واقعی مسیحیان است.

می‌توانیم استدلال‌های پولس را کارآمد فرض کنیم، زیرا ما دیگر چیزی در مورد آن واعظان سیار نمی‌شنویم، و زمانی کوتاه پس از آنکه شورای بزرگ در اورشلیم برای بحث در مورد موقعیت ایمانداران غیریهودی تشکیل شد (که در اعمال رسولان باب ۱۵ آن را مرور کردیم)، آنها دیگر ملزم به ختنه شدن یا رعایت شریعت نبودند.

اما پولس کلام آخر را می‌گوید. فقط به این دلیل که ما از قوانین طاقت فرسا آزاد شده‌ایم، بدان معنا نیست که می‌توانیم هر کاری را که دوست داریم انجام بدهیم. بلکه همچنان باید به استانداردهای بالاتری برسیم. تنها کافی نیست که اعمال بد نفسانی را کنترل کنیم (غلاطیان ۵: ۱۹ -۲۱). ما باید هدف خود را تولید ثمرات روح، آن ویژگی‌هایی که خدای باغبان در باغچه زندگی ما جستجو می‌کند؛ عشق، شادی، شکیبایی و آرامش قرار دهیم.

نامه به اَفِسُسیان

پولس در سفر سوم خود، سه سال را درآفِسُس گذراند، بنابراین ایمانداران آنجا را بخوبی می‌شناخت. آنها عمدتاً مسیحیان غیریهودی بودند. تاریخ این نامه ما را از رساله غلاطیان و حتی خیلی بیشتر ما را از زمان نامه رومیان دور می‌کند. باب سوم به ما می‌گوید که پولس یک زندانی بود (آیه ۱)، و در باب آخر می‌گوید که او سفیری بود که بخاطر پادشاهی خدا در غل و زنجیر بود (افسسیان ۶: ۲۰ را ملاحظه کنید). در اینجا طنز خاصی وجود دارد. سفیران معمولاً به زنجیر نمی‌افتند، زیرا مصونیت دیپلماتیک دارند! اما او در آن دورانی که بابهای آخر اعمال رسولان را می‌نویسد، در زندان است.

علیرغم شرایط بدی که رسول سالخورده دارد، برای آن نیکویی که خدا در دعوت از ما به دانستن انجیل نشان داده است، سرشار از شکرگزاری است. او از خدا می‌خواهد که چشمان افسسیان را بگشاید تا آنها واقعاً قدر فیض او را بدانند. که این فیض بخاطر انجام هیچ کدام از کارهای آنها نبود، بلکه از روی عشق بود. زمانی، آنها چون غیریهودی بودند، از وعده‌هایی که خدا داده بود، محروم شده بودند. اکنون، از طریق قربانی عیسی، غیریهودیان و یهودیان می‌توانستند صلحی را که انجیل به ارمغان می‌آورد به اشتراک بگذارند.

> "... به یاد داشته باشید که زمانی از مسیح جدا، از تابعیت اسرائیل محروم و با عهدهای شامل وعده، بیگانه بودید، و بی‌امید و بی‌خدا در این جهان به سر می‌بردید. امّا اکنون در مسیحِ عیسی، شما که زمانی دور بودید، به واسطۀ خون مسیح نزدیک آورده شده‌اید." (افسسیان ۲: ۱۲-۱۳)

اظهارات پولس همچنان صادق است. اگر از پیشنهاد صلحی که خدا داده است استفاده نکنیم و خود را به سرورمان عیسی ملحق نکنیم، امیدی نداریم. امید چیزی است که ما در این دنیای رو به مرگ، بشدت به آن نیاز داریم.

واعظ بزرگ بار دیگر با بلاغت با امتیاز خود در اجازه انتشار خبر خوش صحبت می‌کند. و می‌گوید "زانو می‌زنم در برابر آن پدر..." و دعا می‌کند که خوانندگانش شروع به درک عشق شگفت‌انگیز مسیح کنند. عشقی که به گفته او، به چهار بُعد عرض، طول، ارتفاع و عمق، گسترش می‌یابد (افسسیان ۳: ۱۷-۱۹)!

تازه زمانی که به باب چهارم می‌رسد، به موعظه خود می‌پردازد. چون خداوند آنها را به صلح با خود دعوت کرده بود، باید با یکدیگر در صلح زندگی کنند. یهودیان و غیریهودیان در گروه کلیسایی باید با وجود پیشینه‌های متفاوت با هم متحد شوند و نسبت به یکدیگر فروتنی و بردباری نشان دهند. مسیح (برخاسته) قیام کرده، هدایای روح‌القدس را بر آنها بارید (او مزمور ۶۸ را نقل می‌کند تا نشان دهد که این پدیده پیش‌بینی شده بود). این قدرتهای ماوراء طبیعی کمک می‌کرد که کلیسای اولیه مانند بدن آدمی با اعضا و اندمهای مختلف، از خردسالی به بزرگسالی رشد کند و به شباهت سرور خود درآید.

این فکر، او را به یک قیاس ساده اما قدرتمند در مورد دو تن‌پوش سوق می‌دهد. قبل از غسل تعمیدمان در مسیح، همه ما فرزندان آدم هستیم که توسط امیال جسمانی و اعمال شیطانی به پیش می‌رویم. او می‌گوید اکنون باید تن‌پوش آدم را با روش‌های بدش که منجر به فساد می‌شود، درآوریم و تن‌پوش عیسی را بپوشیم، تن‌پوشی که ما را شبیه خدا می‌کند؛ نه فقط در ظاهر، بلکه در ذهن و دیدگاه. پس چون خدا راست می‌گوید باید دروغ را کنار بگذاریم. چون خداوند سخاوتمند است، باید دست از دزدی از مردم برداریم و در عوض به نیازمندان ببخشیم. از آنجایی که سخنان خدا برکت می‌آورد، باید به صحبت‌های آزاردهنده پایان دهیم و آنچه را که دیگران را تقویت و تشویق می‌کند، بیان کنیم. و چون خداوند گناهان ما را آمرزید، ما باید یکدیگر را ببخشیم. او می‌گوید: بچه‌ها از والدین خود تقلید می‌کنند (همه ما یادمان می‌آید زمانی را که از مادر یا پدر در نقاشی، آشپزی یا کندن باغچه تقلید می‌کردیم). پس بعنوان فرزندان خدا باید از او تقلید کنیم.

قوم آدم در تاریکی زندگی می‌کنند. ما فرزندان نور هستیم. پولس آنچه را که احتمالاً بیتی از یک سرود اولیه مسیحیان است در مورد تعمید و رستاخیز نقل می‌کند:

"ای که در خوابی، بیدار شو، از مردگان برخیز، که مسیح بر تو خواهد درخشید." (افسسیان ۵: ۱۴)

مسیحیِ تازه متولد شده که از یک قبر پرآب نمادین بیرون می‌آید، مانند مرد نابینایی که در حوض سیلوآم شسته شده، به دنیای جدیدی می‌آید که در آن مسیح، نور جهان، به او شادی و جهت می‌دهد.

پولس موضوع اتحاد و توجه به یکدیگر را با صحبت از سه جفت در میان جماعت به پایان می‌رساند. زن و شوهر جفت اول را تشکیل می‌دهند. او می‌گوید که آنها باید تسلیم یکدیگر شوند. زن باید با شوهرش طوری رفتار کند که گویی او مسیح است و شوهر باید با همان عشقی که عیسی به عروسش یعنی کلیسا نشان داد، از همسرش مراقبت کند. فرزند و والدین جفت بعدی هستند. فرزندان باید از پدر و مادر خود اطاعت کنند، همانطور که عیسی از پدر خود اطاعت کرد؛ خداوند برای این کار برکتی را وعده می‌دهد. در عین حال نباید پدران نسبت به فرزندان خود سختگیر باشند. آنها باید این را به عنوان وظیفه خود بپذیرند که فرزندان خود را "با تعلیم و تربیت خداوند" بزرگ کنند (افسسیان ۶: ۴). این چیزی است که باید در این روزهای بی‌قانون به خاطر بسپارید. جفت آخر غلام و ارباب است. برده‌داری در دنیای روم امری عادی بود و برخی از بردگان امید و هدف خود را در پیروی از عیسی یافتند. پولس اصرار

می‌کند که آنها باید خدمات خوبی ارائه دهند، گویی که به خود عیسی خدمت می‌کنند. اربابان مسیحی باید به خاطر داشته باشند که آنها خادمان خداوند بودند که نزد او کسی را بر دیگری برتری نیست. تصویر ارباب و برده در کنار هم در اولین روز هفته در حالیکه سرور مشترکشان را در نان و شراب به یاد می‌آورند، نمونه شگفت انگیزی از وحدتی است که پیروان مسیح را به هم پیوند می‌دهد.

نامه با درسی از سربازان رومی به پایان می‌رسد؛ شاید یکی از آنها هنگامی که رسول در حال نوشتن بود، از وی محافظت می‌کرد. پولس زندگی مسیحی را به جنگ علیه گناه تشبیه می‌کند. ما به تمام

زره‌هایی که خدا فراهم کرده نیاز داریم؛ کلاهخود، سپر، شمشیر و حتی صندل‌هایی از انجیل، و شجاعت برای استوار ایستادن در هنگامی که شرایط سخت می‌شود.

نامه به فیلیپیان

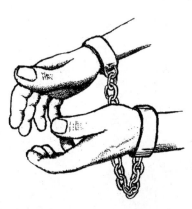

این یک نامه پر احساس است، زیرا پولس دوستی گرمی با آن گروه در فیلیپی داشت. این نامه دیگری از زندان است که احتمالاً در پایان "دو سال کامل" که او در رم سپری کرد، نوشته شده است زیرا او از آزادیش مطمئن است. این یک نامه قدردانی است. فیلیپیان می‌دانستند که رسول از آزادی و آسایش روزمره محروم است. آنها فکرهای خود را روی هم گذاشته بودند و برای او هدیه‌ای درست کرده بودند که توسط اپافرودیتوس، یکی از اعضایشان، به رم برده شده بود.

اکنون وی در حال بازگشت بود و پولس نامه‌ای نوشت تا او ببرد. احتمالا در یک روز یکشنبه، آن نامه با صدای بلند برای جمعیت فراوان جمع شده در آن گردهمایی خوانده می‌شود و می‌توانیم چهره‌های مشتاق آنها را در حال شنیدن اخبار پولس از سلولش در زندان، تصور کنیم.

او به آنها می‌گوید که حتی زندانی شدنش موجب خیر شده است. هر سربازی که برای نگهبانی از رسول حاضر می‌شد متوجه شده بود که او به خاطر عیسای ناصری در زنجیر است. در نتیجه برخی از سپاهیان امپراتوری در واقع مسیحی شده بودند. انرژی پولس در موعظه در زندان بر برادران و خواهران رومی که با الگوبرداری از او برانگیخته شده بودند، نفوذ کرده بود. وقتی این مرد شگفت‌انگیز را می‌بینیم که آنچنان خودش را وقف سرورش می‌کند، نمی‌توانیم شرمنده نشویم. حتی وقتی مجبور است سفرهای خود را بخاطر دسیسه‌های دشمنانش متوقف کند، حاضر نیست در گوشه‌ای بنشیند و ماتم بگیرد. هر فردی که از در سلول او می‌آمد، شاگردی بالقوه بود. او باید آنها را از مرگ ابدی نجات می‌داد.

باب دوم قیاس زیرکانه‌ای بین آدم و مسیح ترسیم می‌کند. پولس به ما می‌آموزد که غرور طبیعی خود را نابود کنیم و همیشه کاری را انجام دهیم که به دیگران کمک می‌کند. او به ما می‌گوید که عیسی باید الگوی ما باشد. او نیز مانند آدم، شکل فیزیکی خالق را داشت. اما برخلاف آدم، که به

میوه ممنوعه به امید اینکه بتواند او را شبیه خدا کند، چنگ زد، عیسی قانون خدا را زیر پا نگذاشت. اگرچه او به عنوان پادشاه پادشاهان به دنیا آمد، اما برابری با خدا را چیزی نمی‌دانست که باید به آن آویخت، و نقش پَست خدمتگزاری به همنوعان خود را پذیرفت. آدم خود را محکوم به مرگ یافت. در مقابل، عیسی بخاطر فروتنی‌اش، نامی بالاتر از هر نام خواهد داشت.

پولس به فیلیپیان اطلاع می‌دهد که تیموتائوس را به محض شنیدن نتیجه پرونده خود نزد آنها می‌فرستد، به این امید که خود او نیز در پی‌اش برود. اما اکنون او باید فرستاده آنها اپافرودیتوس را به آنها بازگرداند. در این مرحله یک نمایش احساسی کوچک بوجود می‌آید. ظاهراً این برادر در رم، تا سرحد مرگ، بیمار شده و موجب نگرانی شدید پولس شده بود. اما خدا به او رحم کرده بود و به او سلامتی عطا کرده بود و حالا داشت با آن نامه بازمی‌گشت.

از دیدگاه انسانی، پولس وکیل جوان جاه‌طلب، زندگی خود را هدر داده بود، سالها آزار و شکنجه را بعنوان یک مسیحی تحمل کرده بود و اکنون در زندان محبوس شده بود. اما او با خوشحالی شغل گذشته خود را در ازای دریافت پاداشی فوق‌العاده یعنی شناخت اربابش عیسی، رها کرده بود. هدف او دیگر شهرت و ثروت نبود، بلکه رستاخیز از مردگان بود. او به اندازه یک ورزشکار در یک مسابقه، که مصمم به کسب تاج گل پیروزی است، خودش را وقف کرده بود:

"امّا یک کار می‌کنم، و آن اینکه آنچه در عقب است به فراموشی می‌سپارم و به سوی آنچه در پیش است خود را به جلو کشانده، برای رسیدن به خط پایان می‌کوشم، تا جایزه‌ای را به دست آورم که خدا برای آن مرا در مسیحْ عیسی به بالا فراخوانده است." (فیلیپیان ۳: ۱۴-۱۳)

سرانجام در باب آخر به دلیل نامه‌اش می‌پردازد. او می‌گوید: این واقعاً از مهربانیشان بود که به او فکر کرده بودند. او آموخته بود که محرومیتها و ناراحتیها را بپذیرد. اما قدر هدیه آنها را می‌دانست. و او مطمئن بود که خداوند برای توجه و تدبیرشان به آنها پاداش خواهد داد. ما نمی‌دانیم برای او چه فرستادند. پتو و کیک میوه‌ای بود یا ژاکت دست بافت و کاغذ تحریر؟ ما نمی‌توانیم بفهمیم. اما واکنش او نشان می‌دهد که یک حرکت اندیشمندانه می‌تواند برای کسی که در مشکل است، چه تفاوتی ایجاد کند.

نامه به کولسیان

کولسیان نامه دیگری از مجموعه "زندان" است و به دلیل شباهت آن به رساله افسسیان احتمال دارد که در همان زمان نوشته شده باشد. با اینحال، خوانندگان این نامه بسیار متفاوت بودند. کولسی در قرن اول یک شهر کوچک در ۱۲۰ مایلی (۲۰۰ کیلومتری) شرق افسس بود که تحت تاثیر شهری در نزدیکی لائودیکیه واقع شده بود. رسول در سفرهای خود از کولسی دیدن نکرده بود. پس چگونه انجیل به این شهر آمده بود؟ پاسخ در باب اول آشکار می‌شود، جایی که پولس همکار خود **اپافراس** را تحسین می‌کند. او می‌گوید که برادران و خواهران کولسی انجیل را از دهان او آموخته بودند. احتمالا اپافراس موعظه پولس را شاید در طول یک سفر کاری به افسس شنیده بود و غسل تعمید داده شده بود. در بازگشت، با قدرت واشتیاقی شدید شروع به گفتن این خبر به دوستانش کرد و کلیسای جدیدی تشکیل شد. بنابراین پولس برای افرادی که رو در رو ملاقات نکرده بود، نامه می‌نوشت.

از آنجایی که اپافراس با این نامه سلام خود را می‌فرستد (کولسیان ۴: ۱۲)، به نظر می‌رسد که او در آن زمان با پولس در روم بوده است. و دلیل نوشتن نامه خبر ناراحت کننده‌ای بود که اپافراس آورده بود. کلیسای نوپا مورد هجوم یک فلسفه جدید قرار گرفته بود. با خواندن دقیق، می‌توانیم متوجه شویم که دو نظر در کولسی در جریان بوده است؛ اول اینکه عیسی خیلی مهم نبود، و دوم اینکه اگر می‌خواهیم نجات پیدا کنیم، باید بدن‌هایمان را آزار دهیم.

پولس درباره اولین اشتباه آنها کمی با تندی اظهار نظر می‌کند. او اعلام می‌کند که عیسی **نخست‌زاده** خداست. او اول به دنیا نیامد. آدم اول بود. و آدم بر اولین آفرینش سرور بود. اما آدم گناه کرد. بنابراین، خداوند، عیسی را (همانطور که در عهد عتیق اسحاق بر اسماعیل و یعقوب بر عیسو ارتقا داده شد) بر آفرینش جدید، که نه از حیوانات و گیاهان، بلکه از افراد مقدسی تشکیل شده، که از طریق خون وی با خدا آشتی کرده‌اند، برتری داد.

"او بدن، یعنی کلیسا، را سَر است. او سرآغاز و نخست‌زاده از میان مردگان است، تا در همه چیزْ برتری از آن او باشد. زیرا خشنودی خدا در این بود که با همهٔ کمال خود در او ساکن شود، و به واسطهٔ او همه چیز را، چه در آسمان و چه بر زمین، با خود آشتی دهد، به وسیلهٔ صلحی که با ریخته شدن خون وی بر صلیب پدید آورد." (کولسیان ۱: ۱۸-۲۰)

پولس مطابق برخوردی که با غلاطیان کرد، در اینجا نیز اصرار می‌ورزد که باید به انجیلی که شنیده‌اند پایبند باشند و از آن منحرف نشوند (کولسیان ۱: ۲۳). جایی برای اضافات وجود ندارد. این هشداری مفید برای ماست، زیرا بسیاری از رهبران مذهبی در طول قرن‌ها ادعا کرده‌اند که الهامات جدیدی از جانب خدا دارند که با تعالیم رسولان متغایر است.

اشتباه دوم حساس‌تر بود؛ اینکه ما به قوانین سخت‌گیرانه‌ای درباره اینکه چه چیزی بخوریم و از چه چیزی پرهیز کنیم، و اینکه روزهای مشخصی از سال را خاص اعلام کنیم، نیاز داریم. این یک نسخه یونانی از رویکرد کتاب قانونگذاران یهودی بود. رسول تأکید می‌کند که مسیحیان ملزم به رعایت شبات یا اجتناب از گوشت خوک نیستند. این نگرش، میل انسان را برای درستکار جلوه کردن ارضا می‌کند، اما قلب را تغییر نمی‌دهد (کولسیان ۲: ۱۶-۲۲ را ملاحظه کنید). این نکته مهمی برای روزگار ماست که تاکید زیادی بر ایجاد اندامی عالی با رژیم‌های غذایی و جراحی و لوازم آرایشی دارد. بدن از بین خواهد رفت. این ذهن ماست که آینده ابدی ما را تعیین خواهد کرد. عیسی بدن را مصلوب کرد، و ما باید امیال جسمانی را در خود بمیرانیم، نه فقط گناهان شرم‌آور بی‌عفتی و طمع، بلکه خشم و کینه‌توزی و دروغ را. همانطور که در افسسیان، پولس دو تن‌پوش دارد، یکی برای درآوردن و دیگری برای پوشیدن، و تن‌پوش جدید نشان‌دهنده مهربانی، شفقت و بخشش است. و کمربندی که آن را بسته است عشق است (کولسیان ۳: ۱۲-۱۴).

نامه با سه جفتی که در افسسیان داشتیم و فهرستی از درودها و دستورالعمل‌ها به پایان می‌رسد. از جمله آن دستورها این است که این نامه باید به برادران و خواهران در لائودیکیه منتقل شود و آنها نیز نامه به لائودیکیه (که در لیست نامه‌های حفظ نشده است) را بخوانند (کولسیان ۴: ۱۶). این نشان می‌دهد که نامه‌های پولس قرار بود بعنوان پند و اندرز برای همه پخش و خوانده شوند.

نامه‌های تَسالونیکیان

فقط برای اینکه نشان دهیم ترتیب نامه‌ها در عهد جدید چقدر "بهم ریخته" است، اکنون به یکی از اولین نامه‌هایی که پولس نوشته است باز می‌گردیم. او در دومین سفر بشارتی، به تسالونیکی در شمال یونان آمد و زمانی که دشمنان یهودیش مردم را علیه او برانگیختند با عجله شهر را ترک کرد. او که نگران نوکیشان بود، تیموتائوس را نزد آنها فرستاد. وقتی تیموتائوس و سیلاس با خبرهای خوب بازگشتند، بلافاصله نامه اول را به تسالونیکیان نوشت تا آنها را تشویق کند که محکم بایستند.

اول تَسالونیکیان

پولس از برادران تقدیر می‌کند، زیرا آنها چراغ ایمان جدید خود را زیر تخت نگه نداشته بودند (به نقل از عیسی)، بلکه آن را در کل منطقه اطراف انعکاس داده بودند. و در نتیجه متحمل آزار و اذیت یهودیان شده بودند. او آرزو داشت که خودش می‌توانست برای حمایت از آنها بیاید، اما شیطان (به معنای واقعی کلمه، "بازدارنده"، یعنی مخالفت یهودیان)، او را دور نگه داشته بود (اول تسالونیکیان ۲: ۱۸). اکنون که از تیموتائوس شنیده بود که آنها ایمانشان قوی است، و با محبت از او یاد کرده‌اند، خیالش آسوده شده بود. او دستوراتی را که داده بود به آنها یادآوری می‌کند؛ اینکه چگونه آنها باید از بی‌اخلاقی جنسی دوری کنند و یکدیگر را دوست داشته باشند و برای زندگی خود تلاش کنند. سپس در چهارمین باب به خلاصه مهمی از امید مسیحیان به زندگی پس از مرگ، گریز می‌زند. بنظر می‌رسد که برخی از اعضای کلیسای آنها مرده بودند و آنها برایشان سوگوار شده بودند. پولس می‌گوید که مرگ پایان فرد ایماندار نیست. هنگامی که عیسی در بازگشت ثانویه برمی‌گردد، اولین کاری که انجام می‌دهد این است که دوستان مرده خود را زنده کند، حتی قبل از اینکه به ایمانداران زنده سلام کند. این امر مانند کوه سینا خواهد بود، زمانی که خدا با صدای شیپور نازل شد تا موسی و بزرگان اسرائیل را در ابرهای کوه فراخواند. پس عیسی ایمانداران را، از جمله آنانی که در قبر خفته‌اند، نزد خود جمع خواهد کرد.

در هر باب از این نامه کوتاه به بازگشت سرورمان اشاره شده است. پولس با این یادآوری پایان می‌دهد که وقتی عیسی بیاید، مانند یک سارق در نیمه‌شب خواهد بود. او به آنها هشدار می‌دهد که بیدار بمانند و تماشا کنند؛ کلماتی که امروزه نیز کاربرد دارند.

دوم تَسالونیکیان

دومین نامه، درودهایی از پولس، سیلاس و تیموتائوس را ارسال می‌کند؛ همان سه نفری که در نامه اول دیده می‌شوند. بنظر می‌رسد این نامه به سرعت به دنبال نامه اول فرستاده شده است. رسول تحت تأثیر پایداری ایمان تسالونیکیانی قرار می‌گیرد که آزار و شکنجه‌ای را که همچنان ادامه داشت تحمل می‌کردند، و به آنها می‌گوید که خداوند به آنها پاداش خواهد داد. هنگامی که عیسی بازگردد داوری آتشین، بر همه کسانی که از شنیدن انجیل امتناع کرده‌اند، و آرامشی صلح‌آمیز برای کسانی که به خاطر آن رنج کشیده‌اند، خواهد آورد. اگرچه او در ادامه می‌گوید که آنها نباید انتظار بازگشت فوری داشته باشند. ابتدا باید آن عصیان، آن ارتداد (دور شدن از ایمان) ایجاد شود، که در آن یک رهبر خود را در جایگاهی قرار خواهد داد که گویی خدای روی زمین است و در معبد خدا، کلیسا، بر تخت سلطنت خواهد نشست (دوم تسالونیکیان ۲: ۳-۴). این پیشروی‌ها با نشانه‌ها و معجزات دروغینی که مردم را فریب می‌دهد تقویت می‌شود (عیسی با همین عبارات، درباره ظهور ضد مسیح به رسولان هشدار داده بود). نظام این دین دروغین، پس از آمدن عیسی و توسط وی از بین خواهد رفت.

باب سوم بار دیگر تأکید می‌کند که از ایمانداران انتظار می‌رود که غذا و لباس خود را با کارکردن بدست آورند، نه اینکه با صدقه دیگران زندگی کنند (دوم تسالونیکیان ۳: ۱۰-۱۲). پولس در زمانی که با آنها بود، برای کسب درآمد چادر می‌ساخت و فقط در اوقات فراغت خود موعظه می‌کرد، و اینگونه برای آنها الگویی قرار داده بود. او خودش نامه را امضا می‌کند (احتمالاً این نامه دیکته شده بود) تا آنها بدانند که نامه اصل است، و دعا می‌کند که فیض عیسی با آنها باشد.

نامه‌های شبانی پولس

سه نامه بعدی با تمام نامه‌هایی که تاکنون خوانده‌ایم متفاوت است. آنها برای افراد نوشته شده‌اند، نه برای جوامع کلیسایی. این نامه‌ها به نامه‌های شبانی (چوپانی) معروف هستند، زیرا برای راهنمایی دو رهبر جوان گله نوشته شده‌اند. تیموتائوس و تیتوس هر دو یاران مشتاق رسول بودند، و ما قبلاً

در نگاهی به کتاب اعمال رسولان با آنها ملاقات کرده‌ایم. پولس اغلب وظایف مهمی را به آنها محول کرده بود که به جای او انجام دهند. این نامه‌ها صحبت‌های یک رهبر تیم با دستیارانش است؛ نمونه‌ای عالی از نحوه تشویق دیگران.

اول تیموتائوس

آیه سوم از باب اول به ما می‌گوید که طبق نوشته پولس، خود او در مقدونیه است و تیموتائوس را برای مرتب کردن کارهای ناتمام در اِفِسُس ترک کرده است. این ترکیب با هیچ یک از سفرهای اعمال رسولان مطابقت ندارد. احتمالاً متعلق به زمانی پس از پایان اعمال رسولان در باب ۲۸ است، زمانی که رسول از زندان آزاد شد تا سفرهای خود را از سر بگیرد.

به نظر می‌رسد که جامعه کلیسایی افسس توسط مسیحیان یهودی که بی‌وقفه بر سر چیزهای بی‌اهمیت بحث می‌کردند، پریشان شده بود. آنها به شجره‌نامه‌ها می‌پرداختند (انگار مهم است که شما از نسل چه کسی هستید!). آنها خود را به عنوان مفسران جزئیات شریعت موسی معرفی کردند، اما نکته واقعی شریعت را که ایجاد عشق در قلب انسان‌ها بود، از دست داده بودند. بنابراین پولس قوانین اساسی را برای اجرا (رفتار) در کلیسا وضع می‌کند. او می‌گوید مهم است برای کسانی که بر ما حکومت می‌کنند دعا کنیم تا خودمان بتوانیم در آرامش به عبادت ادامه دهیم. می‌گوید که برادران باید دعا بخوانند، در حالیکه خواهران باید لباسی شایسته و متین بپوشند و نقش معلمی را بر عهده نگیرند. در ابتدای باب سوم، او یک درخواست شغل خیالی برای یکی از **بزرگان** جماعت می‌نویسد (باید معلمی خوب باشد، فردی منظم، محترم در جامعه، مهمان نواز، طلاق نگرفته و ...). سپس همین کار را برای یک **خادم** انجام می‌دهد (این اصطلاح مبهم است؛ ممکن است به یک کارآموز مسن اشاره داشته باشد). او می‌گوید برای بهبود استانداردها در جامعه کلیسایی، باید از بالا شروع کنید. مردانی که تجرد یا رژیم‌های غذایی خاص یا دوره‌های تناسب اندام را تدریس می‌کردند، یا وقت خود را صرف افسانه‌ها و داستان‌های شیاطین می‌کردند، باید کنار گذاشته می‌شدند.

این مسئولیت برای تغییر نگرش‌ها برای تیموتی، که ذاتاً ترسو بود، فرمانی سخت و جدی بود و مربی، او را تشویق کرد که بهترین راه برای اینکه مردم را متقاعد کند که حق با اوست، این است که با مثال آموزش دهد.

مواردی از استفاده نادرست از بودجه کلیسا در افسس وجود داشت که نیاز به اصلاح داشت. ما می‌دانیم که در قرن اول هیچ سیستم حمایت اجتماعی دولتی برای افراد فقیر، مانند زنانی که شوهرانشان در جوانی مرده بودند، وجود نداشت. بنابراین معمولا از محل پول‌های جمع آوری شده درکلیسا که در روز اول هر هفته دریافت می‌شد، به زنان بیوه وجه مشارکت پرداخت شود. در باب پنجم، پولس قوانینی را در مورد واجد شرایط بودن، وضع می‌کند. یک بیوه تنها در صورتی می‌باید مبلغی دریافت کند که هیچ فرزند یا نوه‌ای نداشته باشد که از وی حمایت کند، و همچنین باید بیش از ۶۰ سال داشته و شهرت نیکویی داشته باشد (اول تیموتائوس ۵: ۹-۱۰).اینها همه مسائلی کاربردی هستند و دیدن اینکه امروزه نیز چنین چالش‌های مشابهی وجود دارد جالب توجه است.

باب آخر به موضوع بردگانی باز می‌گردد که باید به اربابان خود احترام بگذارند، به خصوص اگر آنها مسیحی می‌بودند. همچنین در مورد خطر وقف زمان به پول و دارایی، با این عبارت جاودانه "عشق به پول ریشه انواع بدیها است" هشدار می‌دهد (اول تیموتائوس ۶: ۱۰) که به ویژه متناسب با جامعه مادی‌گرای امروزی ما است. در عوض پولس، بار این مسئولیت را بر عهده تیموتائوس می‌گذارد که باید به خوبی از سپرده‌ای که به او سپرده شده است (در اینجا سایه‌هایی از مثل قنطارها می‌بینیم) محافظت کند و مردم را تشویق کند که از ثروت، غنی باشند، نه ثروتی از سهام و مشارکت، بلکه ثروتی از کارهای خوب.

دوم تیموتائوس

نامه دوم به تیموتائوس غم‌انگیز است. این آخرین نامه‌ای است که پولس درست قبل از اعدام نوشت. امپراتور از مسیحیان روی گردانیده بود. پولس به عنوان رهبر جامعه منفور دستگیر و برای بار دوم به رم آورده شده بود. او منتظر بود تا جلسه دادگاهش برگزار شود و از نتیجه کاملا مطمئن بود. او ناامیدانه می‌خواست که قبل از مرگ دوست جوانش را دوباره ببیند و فرصت زیادی نمانده بود.

ویژگی قابل توجه این نامه اطمینان سرشار از آرامش رسول بزرگ به پاداشی است که فراتر از شمشیر رومی است که به زندگی او پایان می‌دهد. از نظر ظاهری، زندگی او شکست خورده بود؛ وکیل جوان مغرور که در پایش بود تا حد سلولی مرطوب در زندان تنزل پیدا کرده بود و هیچ دارایی جز چند طومار و آواز مرگ بر دیوارها، نداشت. اما ایمان او به طور اجتناب ناپذیری فراتر از شرایطش بود. سَرورش بر مرگ غلبه کرده بود.

"ولی اکنون با ظهور نجات‌دهندهٔ ما مسیحْ عیسی عیان گشته است – همان که به واسطهٔ انجیل، مرگ را باطل کرد و حیات و فنانا‌پذیری را آشکار ساخت. و من برگماشته شده‌ام تا واعظ، رسول و معلّم این انجیل باشم. از همین روست که این‌گونه رنج می‌کشم، امّا عار ندارم، چرا که می‌دانم به که ایمان آورده‌ام و یقین دارم که او قادر است امانتم را تا بدان روز حفظ کند." (دوم تیموتائوس ۱: ۱۰-۱۲)

رسول سالخورده دو باب اول را برای تشویق تیموتائوس به شجاعت در این دوران آزار و شکنجه صرف می‌کند. او نباید از انجیل خجالت بکشد، بلکه باید برخیزد و شهادت دهد. به او یادآوری می‌کند بدون تلاش هیچ چیز بدست نمی‌آید. سربازان در مبارزات، ناراحتی را تحمل می‌کنند. ورزشکاران برای پیروزی به سختی تمرین می‌کنند. کشاورزان در حالیکه زمین را برای محصول آینده آماده می‌کنند عرق می‌ریزند. پس باید رنج را به عنوان وظیفه خود بپذیریم و به یاد داشته باشیم که پاداش، ارزش رنج را دارد. متأسفانه بسیاری از کسانی که پولس زمانی به آنها اعتماد داشت، هنگامی که آزار و شکنجه شروع شد، او را انکار کردند. اما او **اونیسیفوروس،** برادری از افسس را ستایش می‌کند. این دوست قدیمی برای جستجوی زندانی خاص در کلانشهر وسیعی که پولس در آن نگهداری می‌شد، جان خود را بدست گرفته بود.

"رحمت خداوند بر خانوادهٔ اونیسیفوروس باد، چه او بارها جان مرا تازه کرد و از زنجیرهایم عار نداشت بلکه چون به روم آمد، بسیار مرا جُست تا سرانجام یافت." (دوم تیموتائوس ۱: ۱۶-۱۷)

پولس هشدار می‌دهد که در "ایام آخر"، جامعه از هم می‌پاشد و شیادان در کلیسا ظاهر می‌شوند. او به تیموتائوس، به عنوان یکی از رهبران نسل جدید، دستور می‌دهد که به آنچه به او آموخته شده است، پایبند باشد و کتاب مقدس را راهنمای خود قرار دهد، زیرا می‌گوید:

"تمامی کتبِ مقدّس الهام خداست و برای تعلیم و تأدیب و اصلاح و تربیت در پارسایی سودمند است، تا مرد خدا به کمال برای هر کارِ نیکو تجهیز گردد." (دوم تیموتائوس ۳: ۱۷-۱۶)

در آخرین کلمات ثبت شده، او دوباره تیموتائوس را موعظه می‌کند که نقش خود را بعنوان یک رهبر، مبشر و معلم، استوار و با صبر به انجام برساند. خودش هم نزدیک بود تعظیم کند. سخنان او و اشک در چشمان جاری می کند:

"جنگِ نیکو را جنگیده‌ام، مسابقه را به پایان رسانده و ایمان را محفوظ داشته‌ام. اکنون تاج پارسایی برایم آماده است، تاجی که خداوند، آن داور عادل، در آن روز به من عطا خواهد کرد، نه تنها به من، بلکه به همهٔ آنان که مشتاق ظهور او بوده‌اند." (دوم تیموتائوس ۴: ۷-۸)

خوب می‌شد اگر ما نیز در روزهای پایانی زندگیمان می‌توانستیم اینطور صحبت کنیم! اما زمان رو به اتمام بود. او اصرار می‌کند: "بکوش تا هر چه زودتر نزد من آیی" ما نمی‌توانیم بدانیم که آیا تیموتائوس چنین کرد یا خیر. می‌گویند که در جلسه دوم محاکمه، پولس به مرگ محکوم شد و در روز مقرر به خارج از حدود شهر به محل اعدام هدایت شد. او به عنوان یک شهروند رومی، متهم به مرگی سریع و نسبتاً بدون درد شده بود. او در خاک می‌خوابد و منتظر "آن روز" است که تاج زندگی را از استادی که به خوبی به او خدمت می‌کرد دریافت کند.

تیتوس

نامه به تیتوس مانند اول تیموتائوس مربوط به دوران پس از آزادی پولس از زندان است. او بتازگی همراه با تیتوس از جزیره **کِرت** در دریای مدیترانه دیدن کرده بود و وقتی که به سرزمین اصلی بازگشته بود، تیتوس را در آنجا گذاشته بود. پولس در طول سه سفر تبلیغی خود در این جزیره موعظه نکرده بود، با این حال او در اینجا در مورد جامعه کلیسایی هر شهر می‌نویسد (تیتوس ۱: ۵ را ملاحظه کنید). می‌دانیم که در سه دهه پس از روز پنطیکاست، او مشغول شاگردسازی بود. با اینحال، بنظر می‌رسد پولس از معیارهای رعایت شده توسط این مسیحیان نسبتاً منزوی، ناامید شده بود و وظیفه دشوار بهبود بخشیدن به اوضاع را به تیتوس سپرده بود.

اول، او باید برادران مناسب در هر کلیسا را برای ایفای نقش **مشایخ** انتخاب می‌کرد (باب ۱: ۵-۸ را ملاحظه کنید). خصوصیات ضروری که پولس برای این نقش ذکر کرد، تکرار آنهایی است که در اول تیموتائوس با آنها آشنا شدیم. توجه داشته باشید که در هر جامعه کلیسایی باید تعدادی از مشایخ وجود داشته باشد. این در کلیسای قرن اول، قانون بود. رهبری هرگز به دست یک نفر سپرده نمی‌شد. قانون یک رهبر برای یک کلیسا تا مدتها پس از زمان رسولان به وجود نیامده بود و به تدریج طی قرنها به صورت یک سلسله مراتب کامل (هرم کنترل) تبدیل شد. سادگی ساختار عهد جدید، که در آن همه با هم برابر بودند، ایده‌آلی است که باید از آن پیروی کنیم.

این مشایخ تازه منصوب شده می‌توانند آموزه‌های خوب را آموزش دهند، و مردان شروری که وانمود می‌کردند مهم هستند و از ایمانداران پول در می‌آوردند را سرزنش کنند. مردان سالخورده باید میانه‌رو می‌بودند، زنان سالخورده باید آماده می‌بودند تا به کوچکترها بیاموزند که همسر و مادری خوب باشند و مردان جوان باید خویشتندار می‌بودند. به عنوان نماینده پولس، تیتوس این اقتدار را داشت که کلیساها را بر پایه درستی قرار دهد، اما مانند تیموتائوس، تیتوس نیز خودش باید الگو می‌بود. به کسانی که قوانین را زیر پا می‌گذاشتند یک بار تذکر داده می‌شد، سپس دو بار و بار سوم از مجمع حذف می‌شدند.

پولس پس از آن سالهایی که در زندان بود برنامه فشرده‌ای برای رسیدگی به امور داشت، و سرانجام از تیتوس درخواست کرد تا به محض اینکه آرتماس یا تیخیکوس که در راه کرت بودند، رسیدند، تیتوس برای کمک به او به **نیکوپولیس** (در سواحل غربی یونان) برود (تیتوس ۳: ۱۲).

نامه به فیلیمون

یک بار دیگر، ما با تاریخ این نامه که به موازات نامه به کولسیان نوشته شده بود، در زمان به عقب برمی‌گردیم. این پیام توسط همان پیام‌آوران، تیخیکوس و اونیسیموس ابلاغ شد (کولسیان ۴: ۷-۹ را ملاحظه کنید). تفاوت این است که نامه کولسیان برای کل جامعه کلیسایی در نظر گرفته شده بود، اما این نامه شخصی به دوست پولس، **فیلیمون** بود، که در آن درخواست ویژه‌ای از او داشت.

با خواندن این سطرها، داستان شگفت انگیزی شروع می‌شود. فیلیمون ظاهراً مردی ثروتمند بود، زیرا خانه او به اندازه کافی بزرگ بود که برادران و خواهران، جلسات خود را در آنجا برگزار کنند (به آیه ۲ مراجعه کنید؛ این امر در قرن اول رایج بود؛ آکیلا و نیمفا به طور مشابه بعنوان میزبان

یک گروه کلیسایی ثبت شده‌اند). پولس در سلام خود، شهرت دوستش را بخاطر محبت و توجه به دیگران می‌ستاید. اما حالا او به اصل مطلب می‌رسد. او می‌خواهد یک درخواست خاص را مطرح کند.

بنظر می‌رسد که فیلیمون برده‌هایی داشت، همانطور که اکثر مردان ثروتمند داشتند. یکی از آنها، **اونِسیموس**، به روم فرار کرده بود، جایی که می‌توانست در میان جمعیت عظیم آنجا پنهان شود. او به نحوی با رسول که در زندان بود ارتباط برقرار کرده بود. ما نمی‌توانیم با اطمینان بگوییم که چگونه این اتفاق افتاد، جز اینکه خدا اغلب شرایط زندگی ما را طوری می‌گرداند که ما را به انجیل برساند. احتمالا اونِسیموس رسول راهنگامی که هنوز در خدمت اربابش بود در افسس ملاقات کرده بود و با او آشنا شده بود و اکنون که تنها و ترسیده بود آمده بود تا از او مشورت بگیرد. با اینحال، پولس او را متقاعد کرده بود که مسیحی باشد، و او خدمتگزاری ارزشمند برای نیازهایش شده بود. اما این امر، مشکلی ایجاد کرد. پولس احساس افتخار می‌کرد که اونِسیموس را به اربابش بازگرداند. با اینحال، طبق قوانین روم، این امر می‌توانست برده را در معرض مجازات شدید یا حتی اعدام قرار دهد. بنابراین او از فیلیمون به عنوان دوستش می‌خواهد که اونِسیموس را نه فقط به عنوان برده، بلکه به عنوان یک برادر مسیحی، پس بگیرد. نام "اونِسیموس" به معنای "مفید" است. پولس با کلمات بازی می‌کند و می‌گوید که تا به حال خیلی مفید نبوده است، اما شاید این یک نقطه عطف باشد. و اگر اونِسیموس قبل از رفتن چیزی دزدیده بود، پولس قول داد که هزینه آن را بپردازد.

ما می‌مانیم و تصور وقتی که اونِسیموس خودش را برای زدن درِ خانه فیلیمون آماده می‌کند؛ چهره خشمگین اربابش وقتی که او را می‌شناسد؛ و سپس حیرت او هنگام خواندن نامه‌ای که اونِسیموس به سمت او جلو برده است. پولس در نامه به کولسیان دقت می‌کند که اونِسیموس را به عنوان "برادر امین و عزیز ما که از خود شماست" به جماعت معرفی کند (کولسیان ۴: ۹)، تا هیچ سوءتفاهمی پیش نیاید.

این نامه کوتاه، الگویی است از درایت و فیض، که با طنز همراه است. این نامه مجموعه نامه‌هایی را که می‌دانیم از پولس هستند کامل می‌کند، اگرچه نامه بعدی ما، به عبرانیان، نیز ممکن است از قلم او باشد.

نامه به عبرانیان

از عنوان، مشخص است که این نامه برای خوانندگان یهودی‌الاصل نوشته شده است. آنها ایماندار نیز بودند. نویسنده آنها را برادران و خواهران می‌خواند، قدرت روح‌القدس به آنها داده شده است و به خاطر ایمانشان تحت آزار و اذیت قرار دارند. این که نویسنده احتمالاً پولس است، اینگونه پشتیبانی می‌شود که او از طرف برادران ایتالیایی درود می‌فرستد، و همچنین از آنها می‌خواهد که دعا کنند تا به زودی به آنها بازگردانده شود،که با بودن او در زندان مطابقت دارد. استدلال‌های منطقی و کتاب مقدسی نیز شیوه معمول آن حقوقدان بزرگ است. ما از دوم پطرس ۳: ۱۵ می‌دانیم که پولس نامه‌ای به عبرانیان نوشت، در واقع به همان خوانندگان، برای آن "غریبان پراکنده" که پطرس نامه‌های خود را فرستاد (اول پطرس ۱: ۱). با اینحال، همچنان این که پولس این رساله را با نام خود امضا نکرده غیرعادی است.

این نامه از مسیحیان یهودی می‌خواهد که آشکارا از معبد و یهودیت جدا شوند، زیرا به گفته او پایان دولت یهود نزدیک است. اگر آنها همچنان به سنتهای خود و امنیت دروغین شریعت موسی پایبند باشند، در سرنگونی اورشلیم گرفتار خواهند شد. آنها باید از اردوگاه بیرون بروند، همان کاری که عیسی هنگام مصلوب شدن انجام داد. در این سطرها، همانند آن نامه که رسول خطاب به رومیان نوشت، استدلال‌های منطقی برای نمایش زائد بودن شریعت ارائه می‌شود. او می‌گوید که عیسی قربانی کاملی را تقدیم کرده است که بره‌ها و گاوهای نر شریعت به آن اشاره داشته‌اند. کهانت تغییر کرده است. و یک میثاق جدید جایگزین عهد قدیمی شده است.

ما به اختصار، بیانات قدرتمند او را مرور خواهیم کرد، که در هر مرحله، با نقل‌قول‌هایی از عهد عتیق پشتیبانی می‌شود تا نشان دهد که نظام جدید، خواست خدا بوده است.

او با اثبات اینکه عیسی فقط یک نبی دیگر نبوده است، شروع می‌کند. او پسر خدا، برتر از فرشتگان و مرکز نقشه بزرگ خدا بود. خداوند در طی قرن‌ها، از زبان انبیا سخن گفته بود، اما در عیسی شخصیت خود را در بدنی زنده نشان داده بود.

همانطور که مزمور ۸ پیش‌گویی کرده بود، عیسی مدتی پایین‌تر از فرشتگان زندگی می‌کرد. این برای آن بود که با تحمل مرگ بتواند به طور کامل در وضعیت مردان و زنانی که برای نجاتشان آمده بود قرار بگیرد. اما اکنون عیسی تعالی یافته بود تا از فرشتگان برتر باشد و روزی دنیا را زیر پای خود خواهد داشت. مرگ فداکارانه او، مرگ را برای ابلیس (گناه در قلب انسان) به همراه آورد

و برادران و خواهرانش را از چنگال قبر رها کرد. و تجربیات او به عنوان انسانی مانند ما، او را برای نقش فعلی خود به عنوان کاهن اعظم پیروانش آماده کرده بود.

باب سوم و چهارم شرح جمله به جمله مزمور ۹۵ است. در اینجا، داوود مزمورنویس به مردم زمان خود می‌گوید که بودن در آسایش شبانی که خدا به قوم خود وعده داده است را از دست ندهند. نسل اولیه بنی‌اسرائیل که مصر را ترک کردند نتوانستند به سرزمین موعود وارد شوند، زیرا آنها دل سختی داشتند. آنها نتوانستند ایمان بیاورند که خدا می‌تواند آنچه را که می‌گوید انجام دهد. داوود به خوانندگان خود هشدار می‌دهد که اشتباه مشابهی را مرتکب نشوند. اکنون، رسول استدلال می‌کند، از آنجایی که داوود ۵۰۰ سال پس از خروج نوشته است، باید هنوز "آسایشی" برای مردم در زمان داوود وجود داشته باشد. و اگر آسایشی در انتظار قوم داوود بود، پس باید در انتظار ما نیز باشد. بنابراین، میراث اولیه که یوشع در اختیار گرفت تنها یک الگو یا گونه‌ای از "آسایش" در آینده بود که عیسی (همان نام یوشع در زبان عبری) برای پیروان خود خواهد آورد. بنابراین شریعت و کهانتش، مرحله نهایی برنامه خدا نبود و به میراثی بهتر، یعنی پادشاهی خدا اشاره داشت.

حقوقدان، اکنون توجه خود را به کار عیسی به عنوان کاهن اعظم ما معطوف کرده است. شریعت موسی کاهنانی داشت که از نسل هارون در قبیله لاوی بودند. کاهنان باید به انسانهای فانی کمک کنند تا از مشکلات و رنجها و ناکامی‌های خود جان سالم به در ببرند و درخواستهای خود را در دعا نزد خداوند ببرند. رسول می‌گوید که عیسی بطور منحصر بفردی برای انجام این کار گمارده شده است. او هم مثل ما یک انسان بود و وسوسه‌ها و ضعفهای ما را می‌داند. و وقتی اعتراف می‌کنیم که در برابر خدا گناه کرده‌ایم، او قربانی کاملی برای پاک کردن گناهان دارد؛ جان خودش.

او در طول یک باب به ما هشدار می‌دهد که باید از مغز خود استفاده کنیم تا فراتر از حقایق ابتدایی در مورد نجات پیش برویم و اصول عمیق‌تری را که در کلام خدا نهفته است، ببینیم. او می‌گوید که ما وارث وعده‌هایی هستیم که خداوند به ابراهیم داده است، وعده‌هایی که در آینده قرار دارد نه اکنون. آنها در طوفانهای زندگی مانند لنگری هستند، چیزی که می‌توان به آن چسبید، مطمئن و استوار، زیرا آنها را خود خداوند تضمین می‌کند. طنابی که ما را به لنگر متصل می‌کند، به شکل استعاری، از پرده خیمه می‌گذرد (خیمه‌ای که در آن، خدا در سفر به بیابان پرستش می‌شد، دارای یک محفظه درونی، بسیار مقدس، بود که نشان دهنده حضور خدا بود). عیسی، کاهن اعظم ما، قبلاً از پرده فناپذیری عبور کرده است، و به عنوان مرد قابل اعتماد ما، در دست راست خدا نشسته است.

اکنون رسول با موضوع عیسی به عنوان کاهن به مسیر خود بازگشته است. عیسی مانند کاهنان شریعت موسی، منصب کهانت را از اجداد خود به ارث نبرد. همانطور که در مزمور ۱۱۰ می‌خوانیم، او توسط خدا سوگند داده شد. در اینجا سرور داوود (عیسی) "به دستور ملکیصدق" به عنوان کاهن اعلام شده است. **ملکیصِدِق** در زمان ابراهیم زندگی می‌کرد. او هم پادشاه و هم کاهن بود و ابراهیم به او عشریه داد. بنابراین، رسول دلیل می‌آورد که ملکیصدق، بر هارون رئیس لاویان که از نسل ابراهیم بود، برتری داشت. و در مزمور، سرورمان عیسی "برای همیشه" کاهنی است که پادشاه شده است. این امر او را بالاتر از لاویان قرار می‌دهد که فقط اندازه عمر یک انسان خدمت می‌کردند. سرانجام، اگر خدا عیسی را قرنها پس از اعطای شریعت به عنوان کاهن اعظم منصوب کرد، این بدان معناست که کاهنان شریعت موسی ناگزیر بودند که جای خود را از طریق کاهنی که برای همیشه زنده می‌ماند، به روشی بهتر برای آشتی با خدا بدهند.

او ادامه می‌دهد، ما می‌توانیم جلوتر برویم. نه تنها کهانت، بلکه عهد و پیمانی که میراث ارض موعود بر آن بنا شده بود نیز باید تجدید شود. او از ارمیا ۳۱ نقل می‌کند، بابی که با بازگرداندن قوم خدا از پراکندگی، شروع می‌شود. عهد عتیق که در سینا بسته شد، متلاشی شد، زیرا قوم خدا به وعده خود مبنی بر اطاعت از دستورات خداوند عمل نکردند. اما خداوند مهربان است، او در ارمیا ۳۱: ۳۱-۳۴ وعده داده است که دوباره با عهدی جدید و بهتر شروع کند. این یکی نه تنها گناهان را برجسته می‌کند، بلکه آنها را از بین می‌برد.

"اما خدا نقصی یافت و بدیشان فرمود: "خداوند می‌گوید، هان روزهایی فرامی‌رسد که من با خاندان اسرائیل و خاندان یهودا عهدی تازه خواهم بست. نه مانند عهدی که با پدرانشان بستم، آن روز که دست ایشان را گرفتم تا از سرزمین مصر به در آورم؛ زیرا، خداوند می‌گوید، آنان به عهد من وفادار نماندند. پس، از ایشان روی گرداندم. اما خداوند چنین اعلام می‌کند: این است عهدی که پس از آن ایام با خاندان اسرائیل خواهم بست. احکام خود را در ذهن ایشان خواهم نهاد، و بر دلهای ایشان خواهم نگاشت. من خدای ایشان خواهم بود، و ایشان قوم من خواهند بود." (عبرانیان ۸: ۱۰-۱۰)

بنابراین، نویسنده نتیجه می‌گیرد که اگر خدا از عهد جدید صحبت کرده است، بدیهی است که قرار است جایگزین عهد قدیم شود. او اشاره می‌کند که این زمان برای مسیحیان فرا رسیده است. آنها

نه بر اساس خون حیوانات، بلکه بر اساس قربانی شدن خود عیسی، به عهد جدید وارد شده‌اند. بنابراین زمان آن فرارسیده است که شریعت را که منسوخ شده است کنار بگذاریم.

باب نهم این رشته فکری را دنبال می‌کند. خیمه زیبا با دو محفظه و چراغدان، نان و صندوق طلایی آن به عنوان کمک بصری طراحی شده است. بخش بیرونی نشان‌دهنده سفر زیارتی فانی ما است که با کلام خدا روشن می‌شود و از نانی که خداوند هر روز فراهم می‌کند تغذیه می‌شود. اتاق داخلی نشان‌دهنده پادشاهی است که ما به آن سفر می‌کنیم. کاهن اعظم لاوی تنها یک بار در سال، در روز کفاره، زمانی که برای گناهان مردم، خون یک بز را می‌گرفت، اجازه ورود به این اتاق را داشت. سپس بیرون آمد تا عبادت‌کنندگان را برکت دهد. بنابراین عیسی به بهشت رفته است، اما باز خواهد گشت تا برای کسانی که در انتظار او هستند، زندگی جاودانی به ارمغان بیاورد.

او اکنون استدلال‌ها را کنار هم قرار می‌دهد. اگر خدا شریعت موسی را با روشی جدید و بهتر، مبتنی بر قربانی عیسی، جایگزین کرده است، مسیحیان یهودی اکنون باید از وفاداری خود به دولت اسرائیل و خدمت به معبد دست بکشند. زمان سختی در راه بود (که توسط عیسی پیش‌بینی شده بود) که اورشلیم ویران خواهد شد و معبد در آتش خواهد سوخت. آنها باید خود را از آنها جدا کنند وگرنه گرفتار آن سرنگونی وحشتناک خواهند شد. پشت کردن به هموطنان خود و بیرون رفتن از آنجا، به ایمان نیاز دارد. اما، ایمان چیزی است که اگر بخواهیم خدا را خشنود کنیم، به آن نیاز داریم. بنابراین، در باب باشکوه یازدهم، رسول زندگی بسیاری از شخصیت‌های بزرگ عهد عتیق که دقیقاً این کار را انجام داده‌اند، مرور می‌کند. نوح کشتی را ساخت زیرا معتقد بود که وقتی خداوند درباره داوری پیش رو، طوفان، هشدار می‌داد خیلی جدی بود. ابراهیم از امنیت ظاهری اور کلدانیان "بیرون رفت" و بقیه روزهای خود را در خیمه‌ای گذراند و منتظر بود تا خدا زمینی را که وعده داده بود به او بدهد. موسی، پسرخوانده دختر فرعون، به جاذبه‌های مصر پشت کرد، زیرا آینده بهتر را در پاداش‌هایی می‌دید، که خداوند می‌دهد. عیسی نیز عذاب صلیب را تحمل کرد زیرا توانست به شادمانی پادشاهی نگاه کند. بنابراین، او اینگونه موعظه می‌کند که ما مسیحیان یهودی باید کاملا از آنها جدا شویم. خداوند در شرف تکان دادن آسمانها و زمین دولت یهود است، همانطور که حجّی نبی پیشگویی کرده بود. ما باید بیرون برویم، در حالیکه ایمان داریم که خدا از ما مراقبت خواهد کرد. خود عیسی نیز بیرون از حصارهای شهر رنج کشید.

"پس بیایید در حالی که همان ننگ را که او متحمل شد، بر خود حمل می‌کنیم، نزد او بیرون از اردوگاه برویم. زیرا در اینجا شهری ماندگار نداریم بلکه مشتاقانه در انتظار آن شهر آینده هستیم." (عبرانیان ۱۳: ۱۳-۱۴)

اگر چه این موعظه‌ها، خواننده گرامی، پیامی دردناک برای مؤمنان قرن اول داشت، اما ما نیز می‌توانیم آنها را مورد توجه قرار دهیم. خدا هشدار داده است که روز داوری مشابهی بر جهان نابسامان غیریهودی ما نازل خواهد شد. ما باید آماده باشیم تا برای دیدار با اربابی که از دست راست خدا برمی‌گردد، همانطور که مزمور ۱۱۰ وعده داده است، بیرون برویم تا دشمنانش را کرسی زیر پایش سازیم.

نامه یعقوب

مانند نامه عبرانیان، این نامه نیز برای ایمانداران یهودی نوشته شده است. نامه خطاب "به دوازده قبیله که در جهان پراکنده‌اند" شروع می‌شود، یعنی برای یهودیانی که در خارج از سرزمین اسرائیل زندگی می‌کنند. در این که کدام یعقوب این رساله را نوشته است مباحثاتی وجود دارد. یک یعقوب، در میان دوازده حواری بود. او برادر یوحنایی بود که انجیل را نوشت، و متأسفانه در اوایل تاریخ انجیل، قبل از شروع کار بزرگ موعظه به غیریهودیان، توسط هیرودیس پادشاه به شهادت رسید (اعمال رسولان ۱۲: ۲ را ملاحظه کنید). دیگری یعقوب برادر عیسی بود. این یعقوب پس از رستاخیز ملاقاتی خصوصی با عیسی داشت (اول قرنتیان ۱۵: ۷ را ملاحظه کنید)، و بعدها یکی از رهبران مهم کلیسای اورشلیم شد. برای مثال، در کنفرانس بزرگی که برای تصمیم‌گیری در مورد اینکه آیا مسیحیان غیریهودی باید شریعت موسی را نگه دارند یا نه، حرف آخر را زد (اعمال رسولان ۱۵: ۱۳-۲۱ را ملاحظه کنید). هر کدام از این دو نفر می‌توانستند نویسنده این نامه باشند. سبک نامه، صریح و بی‌محابا و یادآور تدریس خود استاد با درسهای به یاد ماندنی است.

در باب اول، یعقوب می‌گوید که ما می‌توانیم از خدا درخواست حکمت کنیم، و اگر به باورمان به او، ایمان داشته باشیم، به ما داده خواهد شد. موقعیت‌های زیادی در زندگی وجود دارد که نمی‌دانیم بهترین کاری که می‌توانیم بکنیم چیست. یعقوب می‌گوید ما باید از خدا مشورت و مصلحت بخواهیم، و سپس آماده باشیم که بدون تردید از هدایتی که او می‌فرستند پیروی کنیم.

سپس بیانیه مهمی در مورد طبیعت انسان بیان می‌کند. او می‌گوید وقتی گناه می‌کنیم نمی‌توانیم خدا را سرزنش کنیم. وسوسه در درون ما می‌جوشد و آرزوی شریرانه ما، مانند نوزادی در رحم، در

قلب ما رشد می‌کند. در نهایت، بدون کنترل، نوزادی چون گناه متولد می‌شود. سپس نوزاد بزرگ می‌شود و بعد چون مردی پیر ما را به مرگ می‌کشاند.

یعقوب می‌پرسد دین پاک چیست (یعقوب ۱: ۲۷)؟ این یک سوال مهم است. آیا به کلیساها یا مساجد، زیارت‌های طولانی و روزهای مقدس نیاز دارد؟ او می‌گوید که نه. خیلی ساده است. به این معناست که از فقرا دستگیری کنیم و خود را از آلایش این دنیا دور بداریم.

او خوانندگانش را "برادران" خطاب می‌کند که نشان می‌دهد آنها ایماندار بودند، اما آنها را به خاطر رفتار نابرابر با برادران فقیرترشان سرزنش می‌کند. او اصرار دارد که خداوند عموماً کار با فقرا را انتخاب کرده است نه با ثروتمندان. ما باید عشق عملی خود را با مراقبت از کسانی که از موهبت‌های ما برخوردار نیستند نشان دهیم. تظاهر به ایمان به خدا کافی نیست، اگر آن را با اعمال محبت آمیز پشتیبانی نکنیم.

باب سوم او در مورد خطرناک‌ترین عضو بدن انسان، زبان، هشدار می‌دهد. چند تکان از آن تکه گوشت نوک تیز، که می‌تواند موجب اعدام شدن، یا ازدواج کردن، یا نجات یافتن افراد شود. رام کردن زبان، وظیفه دشواری برای مسیحیان است. زبان، اغلب با کلمات عجولانه‌اش فرد را ناامید می‌کند، و با این حال وقتی از آن بخوبی استفاده شود، می‌تواند برکت و شادی را به ارمغان آورد.

یعقوب می‌گوید اگر بخواهیم دوستان خدا باشیم، نمی توانیم با دنیا معاشرت داشته باشیم. ما باید با تواضع به خدا نزدیک شویم و همه برنامه‌های خود را با عبارت "به امید خدا" انجام دهیم و زندگی خود را به دستان او بسپاریم.

باب آخر به یهودیان ثروتمندی می‌پردازد که کارمندان خود را فریب داده‌اند. وپایداری در صبر در مواقع آزمایش را القا می‌کند، و با این فکر به پایان می‌رسد که ما باید نه فقط برای نیازهای خود، بلکه برای دیگران دعا کنیم.

نامه‌های پطرس

در این که دو نامه بعدی را چه کسی نوشته است، هیچ شکی نیست. پطرس یکی از سه حواری بود که به عیسی نزدیک‌تر بودند. او با اینکه لحظات بدی داشت، اما همیشه واعظی بی‌باک بود. هنگامی که کلیسا تأسیس شد و پولس رسول سفرهای خود را برای تعلیم غیریهودیان آغاز کرد، پطرس وظیفه خود را در بودن با یهودیان می‌دانست. پولس در مورد توافقی که آنها بدست آوردند می‌نویسد:

"... او که از طریق پطرس چون رسولِ یهودیان عمل کرد، از طریق من نیز چون رسولِ غیریهودیان عمل نمود." (غلاطیان ۲: ۸)

پس عجیب نیست که می‌خوانیم پطرس مانند یعقوب نامه‌های خود را "به غریبانِ پراکنده که برگزیده شده‌اند" می‌فرستد (اول پطرس ۱: ۱). او به طور خاص، مکاتبات خود را خطاب به مسیحیان یهودی ساکن در سرزمینی که اکنون ترکیه می‌نامیم، می‌نویسد.

اول پطرس

رسول به خوانندگان خود می‌گوید که در امید نجاتی که خدا از طریق قربانی پسرش به آنها داده است، شادی کنند. اما او هشدار می‌دهد که آنها باید انتظار داشته باشند که ایمانشان به خدا از طریق امتحان‌هایی آزموده شود، همانطور که طلا در کوره ذوب و خالص می‌شود. ارزش واقعی آن تنها در بازگشت مسیح آشکار می‌شود.

او بسیاری از تعلیمات کتاب مقدس را به یاد می‌آورد که عیسی درباره پیشگویی‌های عهد عتیق در مورد خودش تعلیم داده بود و هم رنج و هم رستاخیز او را در جلال پیش‌بینی می‌کرد. اکنون خبر خوش درباره عیسی به خوانندگان او رسیده بود، و آنها دوباره متولد شده بودند، نه با دخالت انسان، بلکه از طریق کلام زنده خدا. به عنوان نوزادان مسیحی، آنها به شیر روحانی نیاز داشتند تا به سمت نجات، رشد کنند.

نامه پطرس مملو از نقل‌قول‌هایی از عهد عتیق است که برای ایمانداران به کار می‌برد. او آنها را سنگ‌های زنده می‌نامد که برای جمع شدن در معبد خدا تراشیده و صاف شده‌اند، که عیسی، همانطور که مزمورنویس در مزمور ۱۱۸: ۲۲ نوشت، مهمترین سنگ بنای آن است. آنها قوم خدا هستند که او به آنها رحم کرد، همانطور که هوشع نبوت کرد. آنها زائر هستند، مانند ابراهیم، بیگانگانی در جامعه هستند، اما همچنان موظف به رعایت قانون و احترام به امپراتور هستند. بردگان باید رفتار خشن را تحمل کنند، حتی زمانی که هیچ اشتباهی مرتکب نمی‌شوند، درست همانطور

که عیسی در برابر اسیرکنندگانش رفتار کرد. زنان باید از لباسهای گران قیمت و آرایش مو بپرهیزند و خود را به روحیه فروتنی آراسته کنند و تسلیم شوهران خود باشند. همه آنها باید مهربان و بخشنده باشند و از الگوی مسیح تقلید کنند.

سرانجام، پطرس مصیبت‌هایی را پیش‌بینی می‌کند که در سال ۷۰ میلادی بر سر دولت یهود خواهد آمد. او به خوانندگانش می‌گوید که مانند برادرانشان در سرزمین‌های دیگر، بخاطر ایمانشان به عیسی، آماده مواجهه با رنج و توهین باشند. او با درودی از طرف "خواهر شما که در بابِل است"، همراه با "پسر من" مرقس (اول پطرس ۵: ۱۳)، نامه را پایان می‌دهد، و ما را سرگردان، رها می‌کند، زیرا بابل در عراق و بسیار دور است. شاید او از نام دشمن عهد عتیق اسرائیل، به عنوان رمزی برای روم استفاده می‌کند که در حال آزار و اذیت مسیحیان است؟ و آیا مرقس همان یوحنای مرقس است که ما قبلاً از اورشلیم می‌شناسیم؟ ما فقط اینطور حدس می‌زنیم.

دوم پطرس

پطرس دوباره برای همان خوانندگان می‌نویسد (دوم پطرس ۳: ۱ را ملاحظه کنید)، این بار نه برای اینکه آنها را برای آزار و شکنجه آماده کند، بلکه به آنها درباره نفوذ افراد شرور در کلیسا و گمراه کردن ایمانداران بیگناه هشدار می‌دهد.

او اولین باب را با یک رشته از فضایل اخلاقی شروع می‌کند که آنها را هدف قرار دهیم؛ ایمان، دانش، خویشتنداری، استواری و غیره، که در عشق به اوج خود می‌رسد، و در میان این همه، مطلوب‌ترین ویژگی است (دوم پطرس ۱: ۵-۸). او می‌گوید، ما باید اینها را تمرین کنیم، مانند پیانیستی که با تمام وجود تمرین می‌کند، تا ورود خود را به پادشاهی خدا قطعی کنیم.

پطرس پیش‌بینی می‌کند که بزودی می‌میرد (به ما یادآوری می‌کند که عیسی به او هشدار داده بود که بخاطر ایمانش به شهادت خواهد رسید) و او می‌خواهد آخرین پیامش توسط نسل بعدی به یادگار بماند. او اصرار دارد که انجیلی که آموزش داده بود، افسانه و داستان نبوده، بلکه بر اساس گواهی معتبر شاهدان عینیِ جلال مسیح، و با پشتوانه از تعالیم الهام‌شده بر انبیای عهد عتیق است؛ نکته مهمی برای امروز، که اومانیست‌ها به کتاب مقدس پوزخند می‌زنند.

باب دوم نمونه‌هایی از عهد عتیق از مردان شرور را انتخاب می‌کند که سرانجام به روز داوری خود رسیدند؛ نسل نوح که توسط طوفان نابود شد، مردان سدوم و عموره، و بلعام پیشگو که سعی در

خنثی کردن برکت خداوند بر اسرائیل داشت. به همین ترتیب، او چنین استنباط می‌کند که مردان شروری که اکنون وارد کلیسا شده‌اند و به دنبال پول و قدرت بر دیگران هستند، به سزای خود خواهند رسید.

باب آخر پطرس مهم است. او به آینده نگاه می‌کند و زمانی را می‌بیند که به دلیل تأخیر طولانی، مردم، آمدن دوم سرورمان عیسی را به زیر سوال خواهند برد. ما می‌توانیم همین نگرش را امروز ببینیم! اما او توضیح می‌دهد که تأخیر فقط در ذهن ماست، نه در ذهن خدا. خداوند صبورانه منتظر است و روز قیامت را برای جامعه شریر ما به تعویق می‌اندازد تا شاید یکی دو نفر دیگر به انجیل پاسخ دهند و توبه کنند و از مرگ ابدی نجات پیدا کنند. اما سرانجام این بردباری به پایان خواهد رسید و جهان ما در یک داوری آتشین که عصر جدید پادشاهی او را به ارمغان خواهد آورد، از بنیان به لرزه در خواهد آمد. او می‌گوید پس ما نیز باید شکیبا باشیم و خود را از دنیا پاک نگه داریم و آماده ملاقات با قاضی خود باشیم.

نامه‌های یوحنا

یوحنای رسول در کنار انجیلش و کتاب مکاشفه، نامه‌هایی نیز نوشت. سه مورد از آنها در کتاب مقدس حفظ شده است. آنها به دوره‌ای در اواخر قرن اول تعلق دارند، زیرا شواهدی از نفوذ همان افراد شرور که توسط پولس و پطرس پیش‌بینی شده بود در این نامه‌ها نیز وجود دارد. از اولین باب مکاشفه می‌دانیم که یوحنا مسئولیت ویژه‌ای برای گروهی متشکل از هفت جامعه کلیسایی از مسیحیان عمدتا غیر یهودی در استان رومی **آسیا** (در سمت غربی ترکیه) داشت. بنابراین به نظر می‌رسد که او آخرین روزهای زندگیش را دور از سرزمین اسرائیل گذرانده است. سبک این نامه‌ها، به ویژه نامه اول، منعکس‌کننده سبک انجیل او است؛ انتزاعی، متفکرانه و منطقی.

نامه اول یوحنا

پیگیری بحث در پنج باب رساله اول دشوار است. باید به خاطر داشت که نامه اصلی به بابهای مختلف تقسیم نشده و در واقع حتی نقطه‌گذاری نداشته است، و در این مورد ما بشدت به مترجمان اتکا می‌کنیم تا ما را در ظرافت‌های متن یونانی راهنمایی کنند. موضوع کلی روشن است؛ اینکه اگر ایمانداران می‌خواهند خدا گناهان آنها را ببخشد باید یکدیگر را دوست داشته باشند. اما یوحنا همچنین به کسانی که رابطه پدر و پسری بین عیسی و خدا را زیر سوال برده بودند، انتقاد می‌کند.

آیات آغازین، با ابتدای انجیل یوحنا مطابقت دارد؛ این مفهوم هیجان‌انگیز که کلامِ خدا، اراده او برای آوردن نوع جدیدی از زندگی به این جهان، که به صورت شفاهی در عهد عتیق نازل شده بود، اکنون بصورت فیزیکی به انسان نشان داده شده، و در پسرش تجسم یافته است. یوحنا می‌گوید با عیسی زندگی کنید، همانطور که ما قبلاً زندگی می‌کردیم، تا ببینید که خدا واقعاً چگونه است، درست همانطور که هر پسری شبیه پدرش است.

خواننده گرامی، این سخن، عیسای ناصری را از هر کس دیگری که تا بحال زندگی کرده است، بالاتر می‌برد. زمانی که ما به زندگی پسر خدا می‌اندیشیم، ادعاهای دیگر رهبران مذهبی به سنگ می‌خورد. هیچ مقایسه‌ای نمی‌تواند وجود داشته باشد. عیسی، یک پیامبرِ دیگر نیست. همانطور که یوحنا در باب پنجم می‌نویسد: "خدا به ما حیات جاویدان بخشیده، و این حیات در پسر اوست. آن که پسر را دارد، حیات دارد و آن که پسر خدا را ندارد از حیات برخوردار نیست" (اول یوحنا ۵: ۱۱- ۱۲).

تاریکی و روشنایی با هم ترکیب نمی‌شوند. او می‌گوید اگر زندگی گناه آلودی داشته باشیم، نمی‌توانیم به خدایی که در نور ساکن است نزدیک شویم. البته هیچ یک از ما بجز عیسی واقعاً بیگناه نیستیم. اما خطاهای ما، که با فروتنی به آنها معترفیم، می‌تواند بخاطر عیسی بخشیده شود. دو چیز ادعای واقعی ما را درباره عشق به خدا در بهشت می‌سنجد؛ اول اینکه ما مهیا شده‌ایم تا محبت خود را نسبت به برادرانمان، اینجا روی زمین نشان دهیم و دوم اینکه ما خود را از دنیای شیطانی اطرافمان جدا نگه می‌داریم.

یوحنا به یاد می‌آورد که عیسی هشدار داده بود که "ضد مسیحان" (مخالفان عیسی) ظهور خواهند کرد. او می‌گوید که آنها هم‌اکنون آمده‌اند و انکار می‌کنند که عیسی، مسیح موعود بوده است. او اضافه می‌کند اینکه آنها شروع به ترک کلیسا و بازگشت به جهان کرده‌اند، ثابت می‌کند که اصیل نیستند، زیرا در حضور حقیقت، ناراحت هستند. روح‌القدس، مانند روغن مسحی که پادشاهان و کاهنان را تقدیس می‌کرد، این حقیقت را برای جامعه ایمانداران آشکار کرده است. و ما باید محکم به حقیقت بچسبیم.

او دوباره به نقش حیاتی محبت در زندگی یک مسیحی بازمی‌گردد. اگر ما از یکدیگر متنفریم، همانطور که قابیل از برادرش هابیل متنفر بود، عملاً ما نیز قاتل هستیم، حتی اگر هیچ ضربه‌ای به کسی نزنیم. محبت، فداکاری است و در عمل، در بخشودن دیگران و بخشیدن از مال و حتی شفاعت

برای آمرزش یک گناهکار دیگر، پدیدار می‌شود. محبت از خدا شروع می‌شود؛ او ابتدا ما را دوست داشت و پسرش را فرستاد تا ما را به خود آوَرَد. حالا ما باید آن محبت را به دیگران نشان دهیم. هیچکس نمی‌تواند خدا را ببیند. اما همانطور که خودمان زمانی به عیسی نگاه کردیم و او را دوست داشتیم، اکنون مردم باید با نگاه کردن به ما، اندکی از شخصیت خدا را ببینند. یوحنا خوانندگانش را در هر عصری که زندگی می‌کنند در چنین چالشی قرار می‌دهد!

نامه دوم یوحنا

نامه دوم بسیار مختصر است. خطاب به "بانوی برگزیده" (انتخاب شده توسط خدا) است. نمی‌توانیم با اطمینان بگوییم که آیا این یک خواهر مسیحی است یا کلمه رمز یوحنا برای جماعتی از ایمانداران است. یوحنا فرزندان او را به خاطر اعمال وفادارانه‌شان تحسین می‌کند و نیاز به محبت به یکدیگر را به او یادآوری می‌کند (موضوع اصلی همه عمر یوحنا). اما او به تندی هشدار می‌دهد. او می‌گوید که ضد مسیحان در راه هستند، مردانی که انکار می‌کنند که عیسی، فردی مانند ما و در معرض وسوسه و مرگ بوده است. تعالیم آنها قربانی شدن عیسی را از معنای پیروزی او بر گناه، تهی کرده و تضعیف می‌کند. هر کسی که با این ایده‌های اشتباه نزد شما می‌آید نباید به او خوشآمد بگویید، حتی اجازه ندهید او وارد خانه شما شود.

این کلمات قوی، دو چیز مهم را نشان می‌دهد: اول، آنچه ما به آن ایمان داریم مهم است، و دوم، حقیقتی که رسولان تعلیم دادند قابل تغییر نیست. اشتباه گرفتن یا تغییر نقش عیسی بعنوان پسر خدا و پسر انسان به معنای خطر از دست دادن پاداش است.

نامه سوم یوحنا

این دفعه، گیرنده نامه یوحنا یک نام دارد؛ **گایوس.** که در قرن اول نامی رایج بود، بنابراین ما نمی‌توانیم او را با مانند نامهایی که در رومیان و اعمال رسولان ذکر شده است، با قطعیت شناسایی کنیم. برادران مسیحی که مدام در سفر بودند، به ملاقات یوحنا رفته بودند و در مورد وضعیت جامعه کلیسایی گایوس به او گفته بودند. بعضی چیزها خوب نبود. این برادران سعی کرده بودند از کلیسایی که گایوس در آن حضور داشت بازدید کنند، اما مردی به نام **دیوترِفیس،** رهبر یک جامعه کلیسایی، که خودش را به آن سمت نصب کرده بود، جلوی آنها را گرفته بود. او حتی اقتدار یوحنا، یکی از ۱۲ حواری را هم نپذیرفته بود! اما گایوس، برادر وفادار، بازدیدکنندگان را پذیرفته و از آنها استقبال

کرده بود. همچنین می‌شد به برادر **دیمیتریوس** نیز اعتماد کرد. یوحنا به گایوس می‌گوید که بزودی به آنجا می‌رود. او می‌خواست دیداری حضوری داشته باشد و دیوتْرِفیس را سر جایش بنشاند.

این نامه یک بار دیگر نشان می‌دهد که در فاصله کوتاهی بعد از زمان عیسی، تأثیرات بدی در کلیسا رخنه کرده است. این یک هشدار برای ماست که نگرش آسان‌گیرانه، خیلی زود باعث تضعیف و تخریب انجیل می‌شود و نجات ما از مرگ به خطر می‌افتد.

کمی جلوتر، دوباره کلام یوحنا را خواهیم خواند، اما ابتدا نامه‌ای در یک باب وجود دارد که باید به آن توجه کرد؛ رساله یهودا.

نامه یهودا

نویسنده این نامه را می‌توان با اطمینانی قابل قبول، **یهودا** پسر مریم و برادر ناتنی مسیح دانست. او مقام و رتبه خود را به رخ نمی‌کشد، بلکه فروتنانه خود را خدمتکار (در واقع غلام) عیسی و برادر یعقوب (یکی دیگر از اعضای خانواده عیسی) می‌نامد. او می‌گوید که در ابتدا قصد داشته است مقاله‌ای درباره اصول نجات بنویسد، اما تصمیم گرفته است آن پروژه را به حالت تعلیق درآورد زیرا مساله ضروری‌تری پیش آمده بود؛ دور شدن از انجیل واقعی. شباهت‌ها و حتی همپوشانی‌هایی بین نامه دوم پطرس و نامه یهودا هست، اما یک تفاوت مهم نیز وجود دارد. پطرس در مورد ارتداد آینده (ترک انجیل اصلی) هشدار داده بود. اما آنطور که یهودا می‌نویسد، آن ارتداد همین حالا پیش آمده است. نامه او مملو از اقدامات متقابل برای افشا و خنثی کردن تاثیرات افراد شروری است که راه خود را به کلیسا گشوده‌اند.

او اینطور شروع می‌کند که همیشه کسانی بوده‌اند که اقتدار رهبران منصوب شده توسط خدا را به چالش بکشند. او نمونه‌هایی را مثال می‌زند؛ از جمله **بلعام** که سعی کرد برکت خدا بر قوم اسرائیل را بی اثر کند، زیرا نسبت به پول طمع می‌ورزید (یهودا ۱: ۱۱)، و قورح که علیه موسی عصیان کرد. همچنین **تاتنای فرماندار** بود که با ساخت معبد توسط یوشع کاهن اعظم مخالفت کرد (این اشاره

مبهم در یهودا ۱: ۹ ما را به زکریا ۳: ۱- ۲ میبرد؛ کلمه یونانی برای "جسد" موسی میتواند به معنای "خادم" باشد. و خادم موسی نیز مردی بود به نام یوشع). یهودا از یک رشته تشبیهات شاعرانه برای این مردان شیطان صفت استفاده میکند؛ صخرههای پنهان که کشتی را میشکنند، شبانانی هستند که به جای گله، تنها خود را میپرورند و ابرهای بیبارانِ رانده از باد هستند. او یکی از اولین پیشگوییهای نوشته شده را به یاد میآورد؛ پیشگویی خنوخ، که در نسل هفتم از آدم زندگی میکرد، مبنی بر اینکه روزی خدا بر چنین مردان بیخدایی، داوری وحشتناکی خواهد آورد (یهودا ۱: ۱۴). تحقق اولیه سخنان خنوخ در طوفان نوح اتفاق افتاده بود، اما یکبار دیگر در آینده نیز وقتی که این رسولان قلابی پشت میلههای زندان قرار بگیرند محقق خواهد شد.

مضمون کلی، در آیه سه، درخواستی است برای "مجاهده در راه ایمانی که یک بار برای همیشه به مقدسین سپرده شده است". مانند پولس و پطرس و یوحنا، یهودا نیز اصرار دارد که انجیل را نمیتوان تغییر داد تا مطابق با هوی و هوسهای انسانی باشد. چیزهایی که ما باید باور کنیم در اسناد عهد جدید گنجانیده شدهاند و قابل مذاکره نیستند.

کتاب مکاشفه

این آخرین کتاب از کتاب مقدس است و توسط یوحنای رسول، احتمالاً در اواخر قرن اول نوشته شده است. او در دوران آزار و اذیتها مینویسد، زمانی که مقامات رومی او را به تبعید فرستادهاند و در جزیره **پاتموس** "به خاطر کلام خدا و شهادت عیسی" (مکاشفه ۱: ۹) رها شده است. پاتموس جزیرهای کوچک در سواحل ترکیه است که مساحتی در حدود ۱۳ مایل (۳۴ کیلومتر) مربع دارد.

مکاشفه، گزارشی از مجموعهای از رؤیاهای الهام شده است، که در آن یوحنا میبیند و میشنود که استادش عیسی با او صحبت میکند و پیامی برای برادران و خواهران مسیحی میدهد. آیه آغازین مهم است؛ "مکاشفۀ عیسی مسیح، که خدا به او عطا فرمود تا آنچه را میباید زود واقع شود، به خادمان خود بازنماید." رویا برای این بود که چیزهایی را که باید اتفاق بیفتد به یوحنا نشان بدهد. پس این یک پیشگویی بود، مانند پیشگوییهای اشعیا یا ارمیا. سیر وقایع را در آینده پیشبینی میکرد تا بندگان خدا در مواقع آزار و اذیت، آماده و تقویت شوند و بدانند وقایع جهان در دست خداست و پیوسته بسوی هدف پادشاهی او حرکت کنند.

برای درک کتاب مکاشفه، باید ابتدا بقیه کتاب مقدس را خوانده باشیم، زیرا با پیوندها و کنایه‌هایی از نوشته‌های قبلی به تصویر کشیده شده است. عملاً هر عبارت و مضمونی، از عهد عتیق (در برخی موارد عهد جدید) برداشته شده و در موقعیتی جدید اما مشابه به کار رفته است. ما پیوندهای محکمی با رؤیاهای دانیال نبی پیدا خواهیم کرد، که چهار جانور شگفت‌انگیز با ویژگی‌هایی را دید که سیر تاریخ را از زمان وی تا قرن اول پیشگویی می‌کردند. رؤیاهای یوحنا از جایی که برای دانیال متوقف شد، ادامه می‌یابد و ما با جانوران دانیال در ظاهری جدید دیدار خواهیم کرد، که اینبار به کار رفته‌اند تا وقایع تاریخ اروپا را در طول قرنها پیش‌بینی کنند.

یک نکته کلیدی در مکاشفه، عدد **هفت** است. هفت عدد کامل است، چرخه روزهایی که یک هفته را کامل می‌کند و دوباره شروع می‌شود. این کتاب به گروه‌های هفت‌تایی تقسیم شده است؛ هفت **چراغدان** و هفت **نامه**، هفت **مُهرِ مومی** بر یک طومار، هفت **شیپور** که به نوبت خود دمیده می‌شوند، و هفت **پیاله محراب** که بر روی زمین ریخته می شود. موضوع دیگری نیز وجود دارد؛ هفت در هفتمین. این مفهوم از فتح أریحا توسط یوشع می‌آید. سربازان اسرائیل روزی یک بار به مدت شش روز، شهر اریحا را دور می‌زدند. اما در روز هفتم آنها هفت دور راهپیمایی کردند و در دور آخر، دیوارها فرو ریخت و شهر سقوط کرد. بنابراین ما در مکاشفه شش مُهر داریم، اما هنگامی که هفتمین مُهر گسسته می‌شود مشخص می‌شود که هفت شیپور را در بر گرفته است و هنگامی که هفتمین شیپور شروع به دمیدن می‌کند، هفت پیاله را پنهان کرده است. تنها زمانی که به هفتمین پیاله می‌رسیم، سرانجام پادشاهی خدا با جلال تمام از راه می‌رسد.

نمودار ساختار کتاب مکاشفه

در اینجا یک نمایش شماتیک از نحوه طراحی کتاب مکاشفه در مجموعه های هفت تایی است.

هفت مُهر						
۷	۶	۵	۴	۳	۲	۱
هفت شیپور	نشانه‌های آسمانی	یک دردسر بزرگ	اسب رنگ پریده- طاعون	اسب سیاه- قحطی	اسب قرمز- جنگ	اسب سفید- فریب
۲ :۸	۱۲-۱۷ :۶	۹-۱۱ :۶	۷-۸ :۶	۵-۶ :۶	۳-۴ :۶	۱-۲ :۶

هفت شیپور: روز خداوند						
۷	۶	۵	۴	۳	۲	۱
آمدن دوم	یک سوم مردم کشته شدند	ملخ‌ها	خورشید، ماه و ستارگان تاریک شدند	آبها تلخ شدند	دریا به خون تبدیل شد	سبزه‌ها و درختان سوخت
۱۵-۱۹ :۱۱	۱۳-۲۱ :۹	۱-۱۲ :۹	۱۲ :۸	۱۰-۱۱ :۸	۸-۹ :۸	۷ :۸

هفت پیاله: بلاهای آخر						
۷	۶	۵	۴	۳	۲	۱
زمین کاملاً لرزیده است	آرماگدون	وحش قدرت خود را از دست می‌دهد	سوخته توسط خورشید	رودخانه‌ها به خون تبدیل می شوند	دریا به خون تبدیل شد	نشان وحش
۱۷-۲۱ :۱۶	۱۲-۱۶ :۱۶	۱۰-۱۱ :۱۶	۸-۹ :۱۶	۴-۷ :۱۶	۱۶:۳	۲ :۱۶

در باب آغازین، یوحنا استاد خود، عیسی را در جلال بهشتی می‌بیند. عیسی در میان هفت **چراغدان طلایی** راه می‌رود که به یوحنا گفته می‌شود که نماینده هفت جامعه کلیسایی در استان آسیا هستند. به هر کدام به نوبه خود، یک گزارش مکتوب به یوحنا دیکته می‌شود و موفقیت‌ها و نقاط ضعف آنها را مشخص می‌کند، درست مانند گزارش مرسوم پایان ترم در مدرسه. هر نامه با یک وعده زیبا به پایان می‌رسد که خطاب به "هر که غالب آید" می‌باشد. عجیب است که هفت کلیسا را در یک منطقه با چنین تنوعی از نظر سلامت معنوی می‌بینیم، از **اَفِسُس**، که صبورانه بردباری می‌کنند

و برای خاطر عیسی شکیبایی می‌کنند، تا **لائودیکیه** خودبین و ازخودراضی، که البته از نظر عیسی نزدیک به مرگ است (مکاشفه ۱: ۱۱تا ۳: ۲۲ را ملاحظه کنید).

در این مرحله از یوحنا دعوت می‌شود تا به بالا به آسمان برود تا بتواند تاریخ را در برابر چشمانش مشاهده کند. برخلاف هفت نامه، که برای معاصران او فرستاده شد، بقیه مکاشفه مربوط به وقایع پس از زندگی یوحنا است. برای درک صحنه از این نقطه به بعد، باید یک نمایشنامه را تصور کنیم، یک نمایش تاریخی که به‌صورت مجموعه‌ای از پرده‌ها روی صحنه تئاتر اجرا می‌شود. یوحنای ناظر بر اجرا به جایگاه سلطنتی دعوت می‌شود. به پایین نگاه می‌کند، زمین و دریا را در زیر پای خود می‌بیند. با اعلام هر پرده، شخصیت‌ها با جلوه‌های صوتی مناسب می‌آیند و می‌روند. "جایگاه سلطنتی" در باب چهارم به عنوان معبدی از عهد عتیق تعریف شده است، که با یک صندوق ("تخت پادشاهی" که زمانی فرشته خدا به عنوان نماینده او بر روی آن نشسته بود)، یک مذبح بخور، یک مذبح برای قربانی، یک مخزن بزرگ یا "دریا" برای آب، یک چراغدان، و چهار کروبی یا "موجود زنده" تکمیل شده بود. او همچنین در پیش رو ۲۴ پیر را می‌بیند که به خداوند خدمت می‌کنند، مانند همان ۲۴ تن از مشایخ لاویان که در معبد سلیمان خدمت می‌کردند.

در اولین صحنه، یوحنا خداوند را می بیند که بر تخت نشسته است و طوماری را در دست دارد که از هفت بخش تشکیل شده است و هر یک به طور جداگانه با یک نخ و آویزه مومی، مُهر و موم شده است. و تا زمانی که نخ‌ها بریده نمی‌شد، هیچ کس نمی‌توانست طومار را بخواند. یوحنا یک بره زخمی را می‌بیند که به تاج و تخت نزدیک می‌شود. او عیسی، بره خداست، و حق باز کردن طومار به او داده شده است.

نخ اول را قطع می‌کند و همانطور که طومار باز می‌شود، اسبی سفید با یک جنگجو بر پشتش، به صحنه می‌تازد. مُهر بعدی یک اسب قرمز را نشان می‌دهد که مردی با شمشیری بزرگ بر آن سوار شده است. اسب سوم، سیاه است. و سوارکارش ترازویی برای وزن کردن جیره غذایی روزانه حمل می‌کند. چهارمی به رنگ جسد است و اسکلتی پشت اوست که بصورت نمادین، گور مردگان را در یک چهارم زمین بیل می‌زند.

چهار اسب رنگی از زکریای نبی در عهد عتیق گرفته شده است. بسادگی می‌توان چهار مُهر را با تاریخ امپراتوری روم پس از مرگ یوحنا همردیف کرد؛ دوران اولیه صلح و شکوفایی، به دنبال آن جنگ داخلی، سپس قحطی و بیماری طاعون، به ویژه در قسمت ایتالیایی امپراتوری، که در این

زمان به چهار ربع تقسیم شد. این دوران از سال ۱۰۰ تا ۲۷۰ بعد از میلاد را دربرمی‌گیرد. مُهر بعدی، مذبحی را نشان می‌دهد که بر آن خون پاشیده شده است، و گفته می‌شود که خون نشان‌دهنده جان ایمانداران مسیحی است. بسیاری از آنها در حوالی سال ۳۰۰ میلادی توسط امپراتور **دیوکلتیانوس**[1] کافر (بت‌پرست) به شهادت رسیدند. مُهر ششم همراه با جلوه‌های صوتی نمایشی، زلزله، و حذف شدن خورشید، ماه و ستارگان (یک نماد سنتی در کتاب مقدس برای تغییر حاکمیت) گشوده می‌شود. این موضوع مرتبط با تغییرات انقلابی در زمانی است که **کُنستانتین** با موفقیت برای کنترل امپراتوری مبارزه کرد. روم کافر به روم مسیحی تبدیل شد، زیرا او یک بار و برای همیشه، آزار و شکنجه را از کسانی که از پرستش خدایان باستان امتناع می‌کردند، برداشت. کُنستانتین در سال ۳۱۲ میلادی به سلطنت رسید.

در خلال زمان آرامی که پس از آن به وقوع پیوست، یوحنا در باب هفتم ۱۴۴۰۰۰ نفر را مشاهده کرد که توسط یک فرشته پیام‌آور، بر پیشانی آنها نشان گذاشته شده بود، مانند آن مردان وفادار که حزقیال پیش از سقوط اورشلیم در رؤیای خود دید که برای خدا کنار گذاشته شده بودند (حزقیال ۹: ۴). آنها از ۱۲ قبیله اسرائیل می‌آیند، اما قبیله دان از لیست حذف شده است، زیرا آنها به معنای واقعی کلمه یهودی نیستند، بلکه میوه ایماندارانی هستند که تحت رژیم جدید و مطلوب، در آرامش قبل از نابودی امپراتوری توسط قبایل بربر، برداشت شده‌اند. آنها بخشی از جمعیت عظیمی از همه ملل زیر آسمان را تشکیل می‌دهند که یوحنا اکنون صدایشان را در هنگام ستایش خدا، در رویایی آرامش‌بخش از پادشاهی خدا می‌شنود. اما قبل از دادن آن پاداش، باید افراد دیگری را فراخواند تا به آنها بپیوندند، و بنابراین مُهر شماره هفت، هفت شیپور را نشان می‌دهد؛ مرحله بعدی از "آنچه می‌باید زود واقع شود."

در طول مدت گشودن مُهر و مومها، از وزش طوفان باد برای ویران کردن زمین زیر پای رسول، جلوگیری شده بود. این بادها نشان‌دهنده حملات بربرها بود که قرار بود امپراتوری را درنوردیده و قدرت سیاسی روم را در غرب از بین ببرد. اکنون، همانطور که اولین شیپور به صدا درمی‌آید، تگرگ و آتش (برگرفته از بلایای موسی بر مصر) بر زمین می‌بارد؛ همچنان که در حمله **گوتیان** به ایتالیا، آنها تا یک سوم زمین را درنوردیدند. با شیپور دوم، کوهی سوزان به دریا می‌افتد؛ نیروی دریایی **وندال‌ها** رومیان را در مدیترانه غرق می‌کند. شیپور سوم شاهد برخورد یک شهاب سنگ به منطقه

رودخانه‌ها و نهرها است، چنانکه **آتیلا** و **هون‌ها** به منطقه آلپ سقوط می‌کنند. چهارمین شیپور، خورشید، ماه و ستارگان را حذف می‌کند، که مربوط به **اودوآکر**، پادشاه **گوت‌ها** است که آخرین امپراتور را در شهر روم برکنار کرد و خود را بعنوان پادشاه برگزید. امپراتوری در این دوره، سه بخش داشت و یک سوم بخش غربی اکنون دیگر وجود نداشت.

قرار نبود سمت شرقی امپراتوری که تحت حکومت قسطنطنیه بود، از داوری خدا بگریزد. شیپور پنجم به صدا درآمد و دسته‌ای از ملخ‌ها مانند دود از یک گودال بیرون آمدند (این نما با نمایی که ابراهیم در لبه صخره از نابودی سُدوم دیده بود مرتبط است) و روی زمین را پوشاندند. ستاره‌ای که آنها را رهبری کرد محمد بود و پیروانش آمده بودند تا برای سیصد سال حوضه مدیترانه را تحت سلطه خود درآورند. شیپور ششم نیروی عظیمی از سواره نظام را در سراسر زمین می‌بیند، زیرا تُرک‌ها به نوبه خود امپراتوری شرقی را تحت سلطه درمی‌آورند. در ماه مه ۱۴۵۳ **قسطنطنیه** را گرفتند و امپراتوری روم به پایان رسید.

شیپور ششم برای مدتی به طنین خود ادامه می‌دهد. باب دهم رؤیایی دارد که مهر و موم شده نگه داشته شد، اما در باب یازدهم، یوحنا دو شاهد را می‌بیند که علیه بدی‌های زمان خود صحبت می‌کنند. این مردان با موسی و ایلیا، دو پیامبر بزرگ عهد عتیق مرتبط هستند. در این زمان، خود کلیساهای مسیحی به انحراف کشیده شده بودند و کسانی که اعتراض می‌کردند زندگی خود را به خطر می‌انداختند. آنها به مدت ۱۲۶۰ روز بشارت دادند (در گاهشماری کتاب مقدس یک روز نشانگر یک سال است) اما در نهایت خاموش شدند. آن تاریکی که پس از **کشتار تاریخی سن‌بارتلمی**[1] در سال ۱۵۷۲ میلادی، اروپا را فراگرفته بود، تنها با زلزله بزرگ دیگری برطرف شد، که در آن یوحنا بار دیگر شاهد تغییر شدید حاکمیت بود. این موضوع با **انقلاب فرانسه** مطابقت دارد که در سال ۱۷۵۹ میلادی اتفاق افتاد و آزادی بیان را احیا کرد، و کنترل خفقان آور کلیسا و پادشاهان را بر زندگی بشر از بین برد، و ابتدا در فرانسه و سپس به سایر نقاط جهان گسترش یافت.

سرانجام به شیپور هفتم می‌رسیم (مکاشفه ۱۱: ۱۵)، و با شروع به دمیدن، پادشاهی خدا اعلام می‌شود. اما پایان، هنوز کاملا فرانرسیده است، زیرا پیش از آن که آخرین قدیس (مؤمنی که برای خدا کنار گذاشته شده است) از بین ملل زمین فراخوانده شود، تاریخ بیشتری باید از سر گذشته

Massacre of St Bartholomew [1]

شود. در واقع، در این مرحله، روایت این نمایش، مانند یک رمان، به گذشته برمی‌گردد تا به آنچه در هنگام همه این تغییرات سیاسی، در جبهه مذهبی رخ داده است، نگاهی کند. در باب دوازده، ما با رویدادهای داخل کلیسا آشنا می‌شویم. که تصویری دلگرم کننده نیست. با شروع باب دوازده، یوحنا زنی باردار را در بهشت می‌بیند. پسری به دنیا می‌آورد که می‌جنگد و اژدهای قرمز بزرگی را که یک سوم ستاره‌ها را پشت دمش می‌کشید، از آسمان‌ها به زمین می‌افکند. این تصویر عجیب بر اساس اولین پیشگویی در کتاب مقدس است؛ وعده به آدم و حوا مبنی بر اینکه یک نفر از نسل زن، مار را که گناه را به جهان آورده است نابود خواهد کرد (پیدایش ۳: ۱۵). آن وعده‌ای بود که ما در سرورمان عیسی، پسر مریم باکره، دیدیم. بنابراین نسل زن، و شکستن قدرت گناه در مرگ و رستاخیز او، تحقق یافت. اما این سیصد سال پیش بود. کتاب مکاشفه، از این زبان عهد عتیق، برای توصیف نبرد قرن چهارم بین کنستانتین[1] و امپراتور کافر (لیسینیوس[2]) استفاده می‌کند که بر یک سوم شرقی امپراتوری حکومت می‌کرد و با او مخالف بود. با سرنگونی کافران، مسیحیان می‌توانستند شادمان و در آرامش عبادت کنند. برای آنها، این یک پیشگویی از صلح در پادشاهی بود.

اما تردیدهایی بوجود آمد. آن زن، نماینده کلیسا بود. او دیگر باکره‌ای نبود که خالص و جدا از دنیا، منتظر بازگشت سروری باشد که با او نامزد شده بود (دوم قرنتیان ۱۱: ۲ را ملاحظه کنید). او باردار بود. او به نامزدش بی‌وفایی کرده بود. او به عنوان شریک امپراتوران و شاهزادگان در موقعیت قدرت قرار داشت. به همین دلیل است که در رؤیا او را می‌بینیم که در آسمان، مکان فرمانروایی، نشسته و با خورشید و ستارگان تاجگذاری کرده است. انجیل واقعی کلیسای قرن اول، همانطور که رسولان پیش‌بینی کردند، فاسد و آلوده شده بود. آموزه‌های جدید، مانند جاودانگی روح، و این مفهوم که عیسی خداست، از فلسفه یونانی به آن راه یافته بود. سلسله مراتبی از کشیشان، اسقف‌ها و اسقف اعظم جایگزین سادگی کلیسای اولیه شده بود. مسیحیان که زمانی از جنگیدن در ارتش روم امتناع می‌کردند، اکنون جذب درجات نظامی شده بودند.

با این حال، عده‌ای بودند که به روی‌گرداندن از دین و ارتداد، اعتراض کردند. با این وجود، اقلیتی کوچک از آنها، از حقیقت گفته شده توسط رسولان دفاع کردند. و در نتیجه متضرر شدند. با گذشت قرنها، آنها با طرد، زندان و مرگ مواجه شدند.

Constantine [1]
Licinius [2]

در باب دوازده، اژدهای کافر اخراج شده، هفت سر داشت. در باب بعد جانور ترکیبی دیگری جایگزین او شد که شبیه به آنهایی بود که دانیال دید اما باز هم هفت سر داشت. این بار یکی از سرها زخم مرگباری گرفته بود، اما دوباره جان گرفت و زنده شد. به این جانور

"اجازه داده شد با مقدسین بجنگد و بر آنها پیروز شود؛ و به او اقتدار بر هر طایفه و ملت و زبان و قوم داده شد. همهٔ ساکنان زمین آن وحش را خواهند پرستید - همهٔ آن کسان که نامشان در آن دفتر حیات نیامده که از آنِ آن بره است که از بدو آفرینش جهان ذبح شده بود. ... اگر کسی میباید به اسارت برود، به اسارت خواهد رفت. اگر کسی میباید به شمشیر کشته شود، به شمشیر کشته خواهد شد. این پایداریِ مقدسین را میطلبد و ایمان آنان را." (مکاشفه ۱۳: ۷-۱۰)

همانطور که این جانور از صحنه خارج میشود، جانور دیگری ظاهر میشود. دو شاخ دارد و تمثالی از جانور قبلی میسازد (مانند نبوکدنصر) و مردم را مجبور به پرستش آن می کند و دارای عدد ۶۶۶ است.

این همه درباره چیست؟ هفت سر، برای ما در باب هفده شناسانده شده است؛ آنجا که آخرین مرحله آن جانور را در نظر میگیریم؛ جانوری قرمز با فاحشهای که سوار بر آن است. جانور سرخ، هنوز هفت سر دارد که آن سرها در آیات ۹ و ۱۸ با شهری که بر روی زمین حکمرانی میکند و متشکل از هفت تپه است است مرتبط هستند. این شهر به وضوح رُم است. اما یوحنا جرأت نمیکند در نوشتههایش به اسم به روم هجوم ببرد، زیرا روم بود که او را به تبعید فرستاده بود و خوانندگان نامهاش را مورد آزار قرار میداد. بنابراین او از این رمز ساده استفاده میکند که مسیحیان آن را تشخیص میدهند. این روم بود که قدیسان خدا را در زمان سلطنت امپراتوران کافر کشت. و هنگامی که آنها مردند، رومی دیگر، یک رومِ کاتولیک، از خاکستر شهر امپراتوری برخاست تا تبدیل به یک رئیس جدید مذهب شود تا در مخالفت با کسانی که به او اعتراض میکردند، با مرگ پاسخ دهد.

دو باب بعدی، ۱۴ و ۱۵ به مقدسین، با تصویری از روز داوری، زمانی که انتقام خون بیگناه آنها گرفته میشود، آرامش میبخشد. اما با نزدیک شدن به پایان داستان، کانون توجه به دنیای سیاست غیردینی بازمیگردد تا ببینیم چگونه این امر محقق میشود. در باب ۱۶، هفت پیاله به ترتیب بر روی این جهان ریخته میشود، مجموعهای از قضاوتها در مورد امپراتوری روم مسیحی که برای مدتهای طولانی، خون قدیسین خدا را ریخته بود. ما ماندیم و انقلاب فرانسه. و به دنبال آن

ناپلئون ظهور کرد، که با ویرانگری که برای حاکمان و کلیسا به ارمغان آورد، اروپا را از چنگال آنها رها کرد. پیاله ششم شاهد خشک شدن **رود فرات** (نماینده امپراتوری ترکیه) در پایان قرن نوزدهم بود تا راه را برای آمدن مسیح آماده کند و سرزمین اسرائیل را برای بازگشت مردمش آزاد کند. و سپس، ناگهان، عیسی می‌آید! مانند دزدی که در شب ناغافل می‌آید به دنیا می‌زند (مکاشفه ۱۶: ۱۵). ظهور او آغازگر نبرد **آرماگدون** است، اوج رویارویی که در تمام متون مقدس جریان دارد، زمانی که نیروهای متحد انسان، خود را در برابر خدا و پسرش قرار می‌دهند. نتیجه مشخص است. زمین لرزه سوم جهان را متلاشی می‌کند، و ائتلاف، با تگرگ‌های غول پیکر ویران می‌شود، مانند دشمنان اسرائیل در نبرد جبعون (یوشع ۱۰: ۱۱ را ملاحظه کنید).

تنها چیزی که باقی می‌ماند، آخرین پرتو از دنیای دینی است. این دو زن، عروس باکره وفادار و فاحشه رومی زناکار، قرنهاست که با آن مبارزه می‌کنند. نتیجه مبارزه چیست؟ در باب ۱۷ یوحنا هیولای سرخ را می بیند که فاحشه سوار آن شده است و امتها را علیه عیسی مسیح خداوند جمع می‌کند. عیسی برنده می‌شود و او را به نابودی آتشین و مرگبار فرومی‌اندازد و نامزد وفادار عیسی، خود را برای شام عروسی بره آماده می‌کند. یوحنا رستاخیز مردگان و روز قیامت را مشاهده می‌کند، جایی که شریران به مرگ دوم بازگردانده می‌شوند، اما وفاداران باید زندگی کنند و با سرورشان بر روی زمین سلطنت کنند. دو باب آخر، تصویری شگفت‌انگیز از دنیای جدید، پادشاهی خدا، ترسیم می‌کنند، جایی که اشکها و رنجها، که همگی بخشی از لعنت هستند، از بین می‌روند. خدا با مردان و زنان در شهر مقدس خود اورشلیم زندگی می‌کند و آبهای زنده از پایتخت به بیرون سرازیر می‌شود تا شفا و صلح را برای همه ملتها به ارمغان بیاورد. داستان دور کامل را طی کرده است. پیدایش با بهشت روی زمین آغاز شد. که در اثر گناه آدم از بین رفت. وظیفه عیسی این بوده است که با قربانی کردن خودش و ایمان ما به او، هماهنگی با خدا را بازگرداند. به تعبیر نمادین باب آخر این کتاب گرانبها، به پیروانش حق خوردن از درخت زندگی داده می‌شود و تا ابد زنده می‌مانند.

خاتمه

آیا در آن عصر باشکوه آنجا خواهید بود؟ پاسخ در دستان خود شماست. همه ما باید با مطالعه و یادگیری راه خداوند از صفحات کتاب مقدس شروع کنیم. پیشنهاد می‌کنیم سعی کنید هر روز صبح یا عصر یک یا دو باب را به صورت منظم مطالعه کنید تا تبدیل به عادت شود. اگر به آدرس روی جلد نامه بنویسید، برنامه رایگان برای خواندن کتاب مقدس، برای شما ارسال خواهد شد که

هر روز شما را اندکی در کتاب مقدس به پیش می‌برد. قبل از شروع، دعای کوتاهی بخوانید تا از خداوند راهنمایی و برکت بخواهید. سپس، ذره ذره، امید انجیل مانند قطعات یک پازل در ذهن شما شکل می‌گیرد. شما راه نجات را از طریق ایمان به عیسی و تعمید در او خواهید دید. و آرامشی خواهید یافت که دنیا نمی‌تواند به شما بدهد، زیرا شما با خدا در صلح هستید. خداوند به شما در مطالعه کلامش برکت دهد!

(همه نقل قول‌ها از نسخه فارسی ترجمه هزاره‌نو هستند.)